Jürgen Elvert
Die europäische Integration

Geschichte kompakt

Herausgegeben von
Kai Brodersen, Gabriele Haug-Moritz,
Martin Kintzinger, Uwe Puschner

Herausgeber für den Bereich *Neuzeit:*
Uwe Puschner

Beratung für den Bereich *Neuzeit:*
Walter Demel, Merith Niehuss, Hagen Schulze

Jürgen Elvert

Die europäische
Integration

Einbandgestaltung: schreiberVIS, Seeheim

Redaktion: Christina Kotte, Freiburg

Die Deutsche Bibliothek verzeichnet diese Publikation
in der Deutschen Nationalbibliografie;
detaillierte bibliografische Daten sind im Internet über
http://dnb.ddb.de abrufbar.

© 2006 by WBG (Wissenschaftliche Buchgesellschaft), Darmstadt
Die Herausgabe des Werkes wurde durch
die Vereinsmitglieder der WBG ermöglicht.
Gedruckt auf säurefreiem und alterungsbeständigem Papier
Satz: Lichtsatz Michael Glaese GmbH, Hemsbach
Printed in Germany

Besuchen Sie uns im Internet: www.wbg-darmstadt.de

ISBN 13: 978-3-534-15444-9
ISBN 10: 3-534-15444-4

Inhaltsverzeichnis

Geschichte kompakt

In der Geschichte, wie auch sonst,
dürfen Ursachen nicht postuliert werden,
man muss sie suchen. (Marc Bloch)

Das Interesse an Geschichte wächst in der Gesellschaft unserer Zeit. Historische Themen in Literatur, Ausstellungen und Filmen finden breiten Zuspruch. Immer mehr junge Menschen entschließen sich zu einem Studium der Geschichte, und auch für Erfahrene bietet die Begegnung mit der Geschichte stets vielfältige, neue Anreize. Die Fülle dessen, was wir über die Vergangenheit wissen, wächst allerdings ebenfalls: Neue Entdeckungen kommen hinzu, veränderte Fragestellungen führen zu neuen Interpretationen bereits bekannter Sachverhalte. Geschichte wird heute nicht mehr nur als Ereignisfolge verstanden, Herrschaft und Politik stehen nicht mehr allein im Mittelpunkt, und die Konzentration auf eine Nationalgeschichte ist zugunsten offenerer, vergleichender Perspektiven überwunden.

Interessierte, Lehrende und Lernende fragen deshalb nach verlässlicher Information, die komplexe und komplizierte Inhalte konzentriert, übersichtlich konzipiert und gut lesbar darstellt. Die Bände der Reihe „Geschichte kompakt" bieten solche Information. Sie stellen Ereignisse und Zusammenhänge der historischen Epochen des Mittelalters und der Neuzeit verständlich und auf dem Kenntnisstand der heutigen Forschung vor. Hauptthemen des universitären Studiums wie der schulischen Oberstufen und zentrale Themenfelder der Wissenschaft zur deutschen und europäischen Geschichte werden in Einzelbänden erschlossen. Beigefügte Erläuterungen, Register sowie Literatur- und Quellenangaben zum Weiterlesen ergänzen den Text. Die Lektüre eines Bandes erlaubt, sich mit dem behandelten Gegenstand umfassend vertraut zu machen. „Geschichte kompakt" ist daher ebenso für eine erste Begegnung mit dem Thema wie für eine Prüfungsvorbereitung geeignet, als Arbeitsgrundlage für Lehrende und Studierende ebenso wie als anregende Lektüre für historisch Interessierte.

Die Autorinnen und Autoren sind jüngere, in Forschung und Lehre erfahrene Wissenschaftler und Wissenschaftlerinnen. Jeder Band ist, trotz der allen gemeinsamen Absicht, ein abgeschlossenes, eigenständiges Werk. Die Reihe „Geschichte kompakt" soll durch ihre Einzelbände insgesamt den heutigen Wissensstand zur deutschen und europäischen Geschichte repräsentieren. Sie ist in der thematischen Akzentuierung wie in der Anzahl der Bände nicht festgelegt und wird künftig um weitere Themen der aktuellen historischen Arbeit erweitert werden.

Kai Brodersen
Gabriele Haug-Moritz
Martin Kintzinger
Uwe Puschner

I. Europäische Variationen in der Geschichte

Am 23. Juli 1952 trat der Gründungsvertrag für die Europäische Gemeinschaft für Kohle und Stahl (EGKS) als der ersten echten, weil supranationalen europäischen Gemeinschaft mit eigenen Zuständigkeiten und eigener unmittelbarer Rechtssetzungskompetenz in Kraft. Die politischen Entscheidungsträger in den sechs beteiligten Staaten – Belgien, die Bundesrepublik Deutschland, Frankreich, Italien, Luxemburg und die Niederlande – waren sich vor dem Hintergrund der im Zweiten Weltkrieg gemachten Erfahrungen darüber einig, dass westlich des „Eisernen Vorhangs" eine Zone politischer Stabilität und wirtschaftlichen Wohlstandes geschaffen werden musste, um die jahrhundertealten Gräben überwinden zu können, die auf der Suche nach der Durchsetzung nationalstaatlicher Interessen zwischen den europäischen Staaten aufgerissen worden waren. Um diesen Gründungskonsens verwirklichen zu können, galt es überdies, die Ursachen für die deutsch-französische „Erzfeindschaft" zu beseitigen und Westdeutschland möglichst fest in die neue Staatengemeinschaft einzubinden. Dafür reichte die nur partielle Integration des Kohle- und Stahlsektors nicht aus. Die Gründung der EGKS markiert lediglich den Beginn der wirtschaftlichen Integration der beteiligten Staaten, die ihrerseits als Grundlage eines politischen Integrationsprozesses dienen sollte, der in nicht allzu ferner Zukunft Grundlage eines europäischen Bundesstaates sein würde.

Doch auch wenn sich aus den bescheidenen Anfängen des Jahres 1952 bis heute die Europäische Union der 25 (Stand September 2005) herausbilden konnte und der Integrationsgrad eine Tiefe erreicht hat, von der die Gründerväter der EGKS nur träumen konnten, besteht nach wie vor keine Klarheit über die endgültige Ausgestaltung des „europäischen Hauses", über die *finalité politique* des Integrationsprozesses. Dennoch werden die Spezifika des europäischen Integrationsprozesses mit zunehmender Distanz zum Ausgangspunkt immer deutlicher sichtbar. Aus geschichtswissenschaftlicher Perspektive lässt sich die europäische Integration als ein in drei größere, einander teilweise überschneidende Phasen unterteilbarer Entwicklungsprozess darstellen. In der Gründungsphase (1952–1973) fanden sich die westeuropäischen Demokratien mit Ausnahme jener, die aus bestimmten Gründen die Exklusion vom Integrationsprozess bevorzugten, unter dem Dach supranationaler Institutionen zusammen und legten gemeinsam die Richtung des Integrationsprozesses fest. Die Konsolidierungsphase (1970–1992) ist einerseits markiert durch den Beitritt der drei ehemals autoritär regierten Staaten Griechenland, Portugal und Spanien, andererseits durch die systematische Vertiefung der europäischen Binnenstrukturen, so wie sie in der Einheitlichen Europäischen Akte (1987) und dem Maastrichter Vertrag (1993) zusammengefasst wurden. Die Europäisierungsphase (seit 1991) ist schließlich dadurch gekennzeichnet, dass die Spaltung des Kontinents durch den „Eisernen Vorhang" überwunden wurde, womit zunächst die Gründe für den Selbstausschluss einiger westeuropäischer Demokratien entfielen und die EFTA-Erweiterung von 1995 stattfinden konnte. Darüber hinaus wurden infolge des Zerfalls des Warschauer Paktes und der Sowjet-

Die drei Phasen des Integrationsprozesses

union die Voraussetzungen für die Osterweiterung der Europäischen Union geschaffen. Für die Europäische Union (EU) stellte das Ende des Kalten Krieges jedoch nicht nur eine quantitative Herausforderung dar, sondern auch eine qualitative, schließlich hatte der Ost-West-Gegensatz der späten 1940er Jahre die Einleitung des Integrationsprozesses mit vorangetrieben. Im Umkehrschluss bedeutete dessen Ende für die EU als Nachfolgerin der EGKS die Notwendigkeit, sich neu zu erfinden. Die einzelnen Integrationsphasen werden in den Kapiteln 2 bis 4 dieses Buches näher betrachtet. Da ein angemessenes Verständnis der Geschichte der europäischen Integration ohne hinreichendes Wissen um die Geschichte des Bildes, das sich die Menschen Europas im Laufe der Zeit von „ihrem" Kontinent gemacht haben, nicht möglich wäre, ist das erste Kapitel dieses Buches der Einführung in die wechselvolle Geschichte des Begriffs „Europa" gewidmet.

Europa als geographischer Begriff

Die geographische Aufteilung der Erde im Mittelalter

„Divisus est autem orbis trifarie, e quibus una pars Asia, altera Europa, tertia Africa nuncupatur" – Aufgeteilt ist die Erde aber in drei Teile, von denen der eine Asien, der andere Europa, der dritte Afrika genannt wird. – In seinen in der ersten Hälfte des 7. Jahrhunderts entstandenen „Etymologiae", dem wohl bekanntesten Nachschlagewerk des Mittelalters, definierte der spanische Bischof Isidor von Sevilla Europa primär geographisch. Dabei griff er auf Überlegungen zurück, die auf Äußerungen des Kirchenvaters Augustin beruhten, dessen Auslegung der Trinitätslehre ihren Niederschlag ebenfalls in dem Bild von einer dreigeteilten Welt gefunden hatte. Der jüdisch-christlichen Tradition zufolge hatten Sem, Ham und Japhet als die drei Söhne des Erzvaters Noah je einen Erdteil als Erbe erhalten: Sem, der älteste, Asien, Ham, der mittlere, Afrika und Japhet, der jüngste, Europa. Schon im Mittelalter sprach man den Bewohnern dieser Erdteile bestimmte Merkmale und Charaktereigenschaften zu, zwischen dem 18. und dem 20. Jahrhundert sollten diese dann als Unterscheidungskriterium in der neuen Lehre von der Ungleichheit der menschlichen Rassen dienen. Hinweise auf die Dreigliederung des Erdkreises finden sich öfter in mittelalterlichen Chroniken, so beispielsweise auch bei Beda Venerabilis im 8. oder bei Martin von Troppau im 13. Jahrhundert. Die verschiedenen Texte spiegeln allerdings unterschiedliche Vorstellungen von der Größe der einzelnen Erdteile und dem Verlauf der Grenzen zwischen ihnen. So liest man in Otto von Freisings „Historia de duabus civitatibus" dazu: „Die früheren Schriftsteller erklären, es gebe drei Erdteile: Asien, Afrika und Europa. Deren ersten setzten sie an Größe den beiden anderen zusammengenommen gleich, manche nehmen jedoch nur zwei Erdteile an, nämlich Asien und Europa, wobei sie Afrika wegen seiner Kleinheit zu Europa rechnen."

Jerusalem im Mittelpunkt des mittelalterlichen Weltbildes

Im Zentrum der mittelalterlichen Vorstellungswelt stand mit Asien jener Erdteil, in dem Jerusalem als Stadt des Heilsgeschehens lag. Unsicher war der Grenzverlauf zwischen den Erbteilen Sems und Japhets, also zwischen Asien und Europa. Die schriftlichen Überlieferungen erlauben die Rekonstruktion einer relativ klaren Trennungslinie von Bosporus und Dardanellen in Richtung Nil. Demzufolge galt Ägypten als ein Teil Asiens, während Afrika, auch Libyen genannt, wenn es überhaupt als eigenständiger Erdteil wahrgenommen wurde, westlich davon platziert wurde. Nördlich des Bosporus diente die Donaumündung, gelegentlich auch die Donmündung als Fixpunkt der Grenzmarkierung. Je weiter sich der Blick aber nach Norden richtete, desto unsicherer wurde der Befund. Mitte des 11. Jahrhunderts reichte er bis an die Nord- und Ostsee, Skandinavien hingegen wurde als eine „Insel" jenseits des europäischen Kontinents wahrgenommen.

Damit wäre der im Mittelalter geläufige geographische Rahmen Europas abgesteckt. Er spiegelt im Wesentlichen den Kenntnisstand seit der Antike. Seit jeher hatte dabei die Abgrenzung Europas gegenüber Asien ein Hauptproblem dargestellt. In gewisser Weise gilt das noch heute, auch wenn der geographische Befund vergleichsweise klar ausfällt: Europa – das ist der flächenmäßig viertgrößte, an der Zahl seiner Einwohner gemessen sogar zweitgrößte Erdteil. Seit dem 18. Jahrhundert gilt der Ural als seine Ostgrenze zu Asien, obwohl dieses Mittelgebirge keine topographisch markante Barriere darstellt. Weiter nach Süden folgt der Grenzverlauf zu Asien dem Fluss Ural bis zum Kaspischen Meer, von hier aus verläuft er von der Manytschniederung zum Schwarzen Meer und, über Bosporus und Dardanellen, bis zur Ägäis. Mittelmeer, Atlantik, Nordmeer und Barentssee markieren die weiteren Grenzen des Kontinents als der stark gegliederten westlichen Halbinsel Asiens, die zusammen mit Asien die eurasische Landmasse bildet.

Die nicht zwingenden geographischen Gegebenheiten folgende Ostgrenze Europas deutet bereits an, dass es neben der Geographie noch andere Gesichtspunkte gibt, die die Selbständigkeit Europas als eines eigenständigen Kontinents gerechtfertigt erscheinen lassen. Insbesondere sind das seine geschichtlichen, wirtschaftlichen und kulturellen Besonderheiten. Um aber den Raum von Lissabon im Westen bis Astrachan im Osten, von Hammerfest im Norden bis Palermo im Süden als eine geschichtliche, ökonomische und kulturelle Einheit aufzufassen, bedarf es fraglos eines sehr weiten Blickwinkels, da er bekanntlich von einer Vielzahl regional begrenzter Sonderentwicklungen geprägt wurde. Offensichtlich müssen weitere Binnendifferenzierungen vorgenommen werden, um die Besonderheiten des „gemeinsamen Hauses Europa" zu begreifen. Die Dichotomie „Russland und Europa" allein genügt nicht, da die russische Dimension weit über Europa hinausreicht und damit das bedeutendste Bindeglied der eurasischen Landmasse darstellt.

Dieser Tatsache trägt die begriffliche Ambivalenz des russischen Europabegriffs Rechnung, denn auch wenn Michail Gorbatschow in den 1980er Jahren die Formulierung vom „gemeinsamen europäischen Haus" geprägt und ihr eine zentrale Bedeutung in seinem politischen Zielkatalog beigemessen hatte, blieb unklar, was genau er darunter verstand, abgesehen davon, dass es in dem Haus friedlich zugehen und es Raum für verschiedene politische Systeme bieten sollte. Europa und Russland wurden als Synonyme gebraucht und so eine Perspektive genutzt, die der der Sibirier ähnelt, die unter Europa üblicherweise alles Land westlich des Urals verstehen. Jedoch gab es immer auch andere russische Blickwinkel auf Europa. So wollte Zar Peter der Große, als er mit dem Bau Sankt Petersburgs begann,

Der heutige Verlauf der geographischen Grenzen Europas

Das „gemeinsame Haus Europa"

erklärtermaßen „ein Fenster nach Europa öffnen" – und nahm mit dieser Baubeschreibung *nolens volens* eine klare Trennung zwischen Russland und Europa vor.

Antike Europabilder

Antiker Mythos und Überlieferung

Die Auffassungen davon, was „Europa" ist, hängen also auch vom jeweiligen Standpunkt des Betrachters ab. Freilich ist die Einsicht in die Notwendigkeit, zwischen einem geographischen und einem kulturellen Europabegriff zu unterscheiden, keineswegs neu. Sie reicht im Gegenteil zurück bis in die griechisch-hellenistische Mythologie, man denke an die Sage vom Raub der Europa durch den als Stier verkleideten Zeus, auf dessen Rücken sie von ihrer phönizischen Heimat „übers Meer" bis nach Kreta geritten sein soll. Das sich hierin spiegelnde Europabild ist begriffsgeschichtlich in dreifacher Hinsicht aufschlussreich: hinsichtlich der Betonung der ursprünglichen Verbindung Europas mit Asien, der gewaltsamen Trennung beider Teile voneinander und der Suche Europas nach einer neuen Identität. Diese drei Aspekte verklammern den Mythos mit der historischen Überlieferung. Unter dem Eindruck der Auseinandersetzung mit den Persern unterschied zum Beispiel Herodot zwischen den Griechen europäischer und den Persern asiatischer Herkunft. Damit prägte er eine Dichotomie, die fortan in unterschiedlichen Variationen die Literatur des Hellenismus durchziehen sollte. Bei Hippokrates zeichneten sich die Europäer dadurch aus, dass sie sich auf Gesetze stützten, während die Asiaten die Herrschaft eines Despoten ertragen mussten. Aristoteles zufolge lebten die Asiaten in Untertänigkeit als Knechte, die Europäer hingegen selbstverantwortlich in Freiheit. Hier ist bereits ein Einvernehmen über die Grundlagen des ideellen Begriffsverständnisses erkennbar, das Europa als Quelle der Freiheit, Asien hingegen als Hort der Despotie begriff. Auch über die räumliche Ausdehnung Europas gab es seinerzeit bereits unterschiedliche Auffassungen. Während Isokrates Griechenland und Europa als Synonyme nutzte, gebrauchte Aristoteles bei seiner Definition einen engeren und einen weiteren Raumbegriff, demzufolge Europa aus Griechenland als einem kulturell höher und dem Skythenreich als einem kulturell weniger weit entwickelten Teil bestand. Mit dieser Zweiteilung lehnte er sich an Herodot an, der ebenfalls zwischen einem kulturellen, im Wesentlichen aus Thrakien und Mazedonien bestehenden, und einem geographischen Europa unterschieden hatte, das von der Adria bis zu den Hebriden im Westen bzw. Sibirien im Norden reichte.

Die Ökumene der Völker

Doch obwohl die griechische Antike schon einen verhältnismäßig differenzierten Europabegriff besaß, der sich seit dem fünften vorchristlichen Jahrhundert infolge der bewussten Abgrenzung von einer als fremd und feindlich empfundenen benachbarten Macht entwickelt hatte, stellte das Bewusstsein von der Zugehörigkeit zur „Ökumene der Völker" des Westens und des Ostens das zentrale Grundelement der klassischen griechischen Kultur dar. Insbesondere galt das für die Zeit nach dem Alexanderzug, als die politische Notwendigkeit einer Gegenüberstellung Europas und Asiens wieder entfiel. Im Gegenteil dürfte die Vorstellung von der „Ökumene der Völker" im Sinne einer Beherrschung der Welt ein zentrales Leitmotiv für Alexander den Großen gewesen sein. Ähnliches traf für das *Imperium Romanum* zu, das sich aufgrund seiner interkontinentalen Dimension und seiner militärischen, politischen und kulturellen Besonderheiten durch eine ganz andere Form der Selbst- und Fremdwahrnehmung auszeichnete. Mangels gleichwertiger Gegner konnten die Römer im Verlauf des zweiten vorchristlichen Jahrhunderts den von Alexander bereitgestellten Weltherrschaftsgedanken übernehmen und das *Imperium Romanum* mit *orbis terrarum* gleichsetzen. Cicero sah es Anfang des ersten vorchristlichen Jahrhunderts bereits als selbstverständlich an, dass sich die römische Herrschaft über den ganzen Erdkreis erstreckte. Gleichwohl konnten auch Zeitgenossen nicht übersehen, dass zwischen dem Anspruch auf Weltherrschaft und der geographischen Realität lange Zeit noch eine große Lücke klaffte – manche Althistoriker sehen hierin sogar die Wurzel des römischen Imperialismus, der erst jene Kräfte freisetzte, die die Grenzen des Imperiums bis an den Atlantik, an die Nordsee und an den Rhein vorschoben.

Im Umgang mit den eroberten Gebieten begründete Caesar eine Tradition, die sein Nachfolger Augustus ebenso wie die späteren Caesaren fortsetzen sollten: Zuverlässige Bewohner wurden als römische Bürger in römische Dienste aufgenommen und so mit römischen Sitten und Gebräuchen vertraut gemacht. Städte, die sich im römischen Sinne bewährt hatten, erhielten das römische Munizipalrecht, andere Städte römischer oder lateinischer Rechtstellung entstanden neu, zumeist nach römischem Vorbild planmäßig angelegt und mit einer entsprechenden Ver- und Entsorgungsinfrastruktur, mit Theatern, Thermen und anderen Repräsentativbauten ausgestattet. Diese Städte bildeten einen bedeutenden Grundstein für die spätere europäische Stadtkultur.

Das Imperium Romanum und Europa

Allerdings trug die Erschließung der nördlichen Provinzen auch zum Entstehen eines differenzierteren Europabildes in Rom selbst bei. Hatte es sich bei dem mittel- und nordeuropäischen Raum noch in Ciceros Zeiten um eine Gegend gehandelt, von der „wir bisher durch kein Literaturwerk, keine Nachricht, kein Hörensagen etwas wussten" (Cicero), beginnt der Geograph und Historiker Strabon Anfang des ersten nachchristlichen Jahrhunderts seine Erdbeschreibung bereits mit Europa, da es vielgestaltig und für die sittliche Tüchtigkeit der Menschen und der Staatseinrichtungen am gedeihlichsten sei. Europa genüge dem Ideal der Autarkie, da es hinreichend Krieger, Ackerbauern und Stadtbürger besitze. Wenig später verfasste der Dichter Manilius den wohl ältesten Panegyricus auf Europa, in dem erstmals auch den Germanen ein fester Platz in Europa eingeräumt wurde. Manilius sah Europa als eine historisch gewachsene Schicksalsgemeinschaft, die über ein großes geschichtliches und kulturelles Erbe verfügte, das freilich erst im von der italienischen Zivilisation geprägten *Imperium Romanum* seine eigentliche Blütezeit erlebte. Ähnliches gilt für Plinius den Älteren, der Rom bereits ausdrücklich als eine europäische Macht verstand und Europa selbst als die mit Abstand schönste aller Weltgegenden beschrieb.

Ansatzweise ist somit im ersten nachchristlichen Jahrhundert auch im *Imperium Romanum* ein europäisches Bewusstsein erkennbar. Wenn sich daraus zunächst kein europäisches Sonderbewusstsein entwickeln konnte, so hing das mit der Politik der Caesaren zusammen, die in der Folgezeit dem kleinasiatischen Raum wieder vermehrt Aufmerksamkeit widmeten und so anstelle des europäischen die Festigung eines gesamtrömischen Reichsbewusstseins begünstigten. Allerdings finden sich bei dem Historiker Herodian in der ersten Hälfte des 3. nachchristlichen Jahrhunderts Hinweise auf den Plan einer Reichsteilung zwischen Caracalla und Geta, wobei der Erstgenannte „Europa" als Herrschaftsbereich erhalten sollte. Dessen Senat setzte sich ausschließlich aus Europäern zusammen, da die aus Asien stammenden Senatoren mit Geta nach der Teilung dorthin zurückgekehrt wären. Der Bericht ist ein beredtes Zeugnis dafür, dass der einheitliche Reichsgedanke zu dieser Zeit bereits ernsthaft hinterfragt wurde. Gleichwohl führte die tatsächliche Reichsteilung der Spätantike zunächst nicht zu einer Aufwertung des Europabegriffs, weil mit Thrakien und Illyrien große Teile des Raumes, der in der antiken Literatur als „Europa" bezeichnet worden war, nun zum östlichen Reichsteil zählten. Stattdessen setzten sich die Begriffe *imperium occidentale* bzw. *occidens* und *imperium orientale* bzw. *oriens* durch.

Europa in Mittelalter und Renaissance

Abendland, translatio imperii und renovatio

Diese Unterscheidung trug zweifellos dem kulturell-sprachlichen Dualismus im Mittelmeerraum Rechnung. Für den weströmischen Teil des späten *Imperium Romanum* war mit dem Begriff „Abendland" eine neue Bezeichnung gefunden worden, die sich im Verlauf des frühen Mittelalters zur Definition jenes Raumes durchsetzen konnte, in dem bis zu seinem Untergang das christlich-weströmische Kaisertum gewirkt hatte. Die Ansiedlung kriegsgefangener „Barbaren" hatte hier jene römisch-fränkische Symbiose bewirkt, auf deren Grundlage Karl der Große im Bunde mit dem römischen Papsttum die imperiale Idee des römischen Kaisertums durch die *translatio imperii* zu neuem Leben erwecken wollte. Wesentlichen Anteil daran hatte die *renovatio*, später „karolingische Renaissance" genannt, eine gezielte Pflege der Bildung, Wissenschaft und Künste in der Zeit der karolingischen Herrscher. Deren Folgen waren weitreichend. Wenn Isidor von Sevilla an der Wende vom 7. zum 8. Jahrhundert „Europa" noch primär im geographischen Sinne zur Abgrenzung eines zwischen dem Don, dem Atlantik und der Iberischen Halbinsel gelegenen Raumes von Asien und Afrika genutzt hatte, diente der Begriff zwei Jahrhunderte später zur Kennzeichnung des Lebensraums jener Gruppe von Völkern, die sich zwar in der Sprache und manchen anderen besonderen Charakteristika unterscheiden mochten, die aber auch um ihre gemeinsame Bestimmung als Repräsentanten einer abendländischen Kultur – nicht zuletzt auch in Abgrenzung von Byzanz – wussten. So nannten Zeitgenossen Karl den Großen bereits „Vater Europas" und „Leuchtturm Europas", sein Enkel Karl der Kahle wurde als „Herrscher Europas" tituliert, Otto I. gar als „Kaiser von ganz Europa".

Hierin allerdings bereits den Keim eines ausgeprägten mittelalterlichen Europabewusstseins sehen zu wollen, wäre voreilig. Denn ein Vergleich der verschiedenen Begriffe, die in früh- und hochmittelalterlichen Texten zur Definition des abendländischen Herrschaftsraums genutzt wurden – zu nennen wären hier *imperium, ecclesia* bzw. *ecclesia romana, christianitas* und *occidens* –, zeigt, dass sie sich nicht oder nur teilweise mit „Europa" deckten. Sowohl das weltliche *imperium* als auch die geistliche *ecclesia* oder *christianitas* besaßen durchweg universale Perspektiven, die den mit „Europa" umrissenen geographischen Raum weit übertrafen. Und die Kreuzzüge als das einzige abendländische Gemeinschaftsunternehmen des Mittelalters stellten bei genauerer Betrachtung auch keine auf Europa oder das Abendland beschränkte Aufgabe dar, sondern eine der universalen *christianitas* unter Beteiligung der byzantinischen Welt. Es handelte sich hier also, jedenfalls vom Anspruch her gesehen, um ein Anliegen der christlichen Ökumene insgesamt. Die universalen Ansprüche des Reichsgedankens und des Christentums standen somit im Früh- und Hochmittelalter der Ausbildung eines idellen Europabegriffes als Ausdruck eines gemeinsamen Zugehörigkeitsgefühls zu einem einheitlichen Kulturraum entgegen. „Europa" diente auch Jahrhunderte nach der eingangs zitierten Definition Isidors von Sevilla weiterhin primär zur Bestimmung eines geographischen Raums.

Der Zusammenbruch des Kreuzzugsgedankens, der zunehmende Machtverlust des Papstes sowie die partikulare Differenzierung der politischen Ordnung Europas im Verlauf des hohen Mittelalters zeigten aber, dass weder der geistliche noch der weltliche Universalitätsanspruch realisierbar waren. Seit dem 14. Jahrhundert erfuhr stattdessen der ideelle Europabegriff eine spürbare Stärkung, die ihn vor dem Hintergrund einer erneuten Auseinandersetzung mit Asien aus den Niederungen rein geographischer Begriffsnutzung wieder in die Rolle einer qualitativen Kategorie führte. Wenn beispielsweise Nicolas Oresme konstatierte, dass Europa im Vergleich mit Asien *„plus noble"* sei, da dort das Verhältnis von Herren und Sklaven die soziale Ordnung bestimme, stellte er zugleich einen Zirkelschluss zu den frühen hellenistischen Äußerungen her. In seiner Sicht wandelte sich Europa erneut zu einer Region *„de la liberté et de la bonne policie"*. Hatte es sich bei dieser Entwicklung zunächst noch um eine eher zögerliche Reaktion auf die zunehmende Säkularisierung des Abendlandes gehandelt, wurde die Neubestimmung der besonderen europäischen Qualitäten nach dem Fall Konstantinopels gleichsam zum Programm. So beklagte Aeneas Silvius Piccolomini, der spätere Papst Pius II., nach dem Sieg Mehmeds II. im Jahre 1453, dass mit Byzanz „das zweite Auge Europas", das „Bollwerk" gegen den Islam verloren sei. Fünf Jahre später knüpfte er daran an, als er in seiner Schrift „De Europa" dies als Gesamtheit der abendländischen Reiche (freilich auch unter Einbezug Griechenlands, des Balkans und Byzanz) definierte, welches all jenen als Vaterland *(patria)* diene, die gegen die islamische Herausforderung zu bestehen hätten. Dass die Piccolominische Neubewertung Europas durchaus rezipiert wurde, lässt sich am Beispiel Machiavellis zeigen, der den impliziten Abwehranspruch Piccolominis in seinem Werk über die Kriegskunst wieder aufgriff, in welchem er Europa als einen von Republiken und gemäßigten Demokratien geprägten Kontinent bezeichnete, in dem die Entfaltung von *virtù*, also von für die Gesamtheit nützlicher politischer Leistungskraft, viel eher möglich sei als im vom Despotismus geplagten Asien.

Europavorstellungen
in der Renaissance

So war das Piccolominische Europa endgültig in den geistesgeschichtlichen Spannungsbogen der Renaissance gerückt, wo es als politischer Begriff zur Bezeichnung eines Raumes diente, in dem humanistisch gebildete und verantwortungsbewusste Führer und Fürsten ihr jeweils Bestes für ihre Staaten gaben, bzw. das in die politische Realität umzusetzen versuchten, was politische Denker wie Machiavelli oder Bodin für das Beste hielten. Damit erfuhr die Tradition der Mehrschichtigkeit des Europabegriffs in der Frühen Neuzeit ihre Fortsetzung. Einerseits besaß der Begriff zur Kennzeichnung des übergreifenden Daches der humanistischen Bildungsgemeinschaft eine starke ideelle Komponente, andererseits diente er weiterhin im geographischen Sinne als Rahmen zur Abgrenzung des Gebiets, in dem sich das moderne europäische Staatensystem entwickeln konnte.

Das europäische Staatensystem, das sich im Verlauf der Säkularisierung des hohen Mittelalters herausbildet hatte, stellte zugleich eine große Herausforderung für den Universalanspruch von *Imperium* und *Sacerdotium* dar. Hatte es seinerzeit zumindest noch eine partielle Deckungsgleichheit zwischen geistlichem und weltlichem Reich und Europa gegeben, schwand diese im Verlauf der Frühen Neuzeit zusehends. In mancherlei Hinsicht markiert das Ende des Dreißigjährigen Krieges zugleich auch den Endpunkt des weltlichen Universalanspruchs, da der Kaiser mit dem Westfälischen Frieden die letzten politischen Kompetenzen verlor, die es ihm gestattet hätten, seine Stellung im Reich und in Europa zu konsolidieren. Stattdessen war es seit dem Spätmittelalter zunächst in Norditalien, später in ganz Europa darum gegangen, eine neue Form des zwischenstaatlichen Zusammenlebens in Europa zu finden. In diesem Zusammenhang prägten die Staatstheoretiker der Renaissance und ihre Nachfolger die Idee vom souveränen Staat (Staatsraison).

Vom „ius gentium"
zum „ius inter
gentes"

Damit war der Staat *per definitionem* nicht mehr dazu in der Lage, übergeordnete Gewalten anzuerkennen – was nicht heißt, dass es keine die europäischen Staaten verbindenden Wertvorstellungen mehr gegeben hätte. Im Gegenteil: Das mittelalterliche Völkerrecht als ein bei allen Völkern und für alle Menschen gültiges System von Rechtsgrundsätzen blieb als *„ius gentium"* in der Überzeugung der Menschen bis weit in das 18. Jahrhundert hinein gültig. Allerdings konnte nicht mehr übersehen werden, dass seine Normen keine praktikablen Lösungen mehr für die Beziehungen der Staaten untereinander lieferten. Daher bildete sich seit Mitte des 16. Jahrhunderts ein neues interstatales Rechtssystem als ein neues europäisches Völkerrecht im Sinne eines *„ius inter gentes"* heraus. Dieses gründete sich auf naturrechtliche Prinzipien und orientierte sich an der Praxis des zwischenstaatlichen Verkehrs. Die Entstehung des modernen Völkerrechts spiegelt die Suche nach einer Lösung dieses Problems, für das es zunächst, im ausgehenden 15. Jahrhundert, nach der zunehmenden Aushöhlung des mittelalterlichen *„ius gentium"*, das auf einem für alle Völker und Menschen gültigen, von Gott gegebenen System von Rechtssätzen beruht hatte, an Vorbildern mangelte. Sie mussten neu geschaffen werden, und die staatstheoretischen Schriften des 16. Jahrhunderts und der Folgezeit spiegeln die intensive Suche der Zeitgenossen nach praktikablen Verfahrensweisen.

Socialitas, Balance of Power und Ewiger Frieden

Wesentlichen Anteil an der Ausdifferenzierung dieser neuen europäischen Rechtsauffassung hatte der niederländische Rechtsphilosoph Hugo Grotius, der ebenso als Theologe, Humanist, Historiker und Politiker hervortrat und heute als Mitbegründer des modernen Völker- und Natur- bzw. Vernunftrechts gilt. Das Europaverständnis Grotius' war noch stark vom Gedanken der *christianitas* beeinflusst. In ihrem Sinne wollte er die europäische Christenheit unter Berücksichtigung konziliarer Gesichtspunkte neu ordnen. Die Funktionsfähigkeit des europäischen Staatensystems sollte durch den Aufbau korporativer Strukturen sichergestellt werden. Dafür schlug Grotius beispielsweise die Einrichtung eines europäischen Staatenkongresses und eines höchsten europäischen Schiedsgerichts vor, das für die Lösung interstataler Konflikte zuständig sein sollte.

Im Mittelpunkt seiner Überlegungen stand die Frage nach einem Regelwerk, das das Funktionieren eines Europas als Verband christlicher Staaten gewährleisten konnte. Zeit seines Lebens widmete er sich daher der Suche nach Möglichkeiten, wie eine Wiederherstellung der Einheit der in Konfessionen zerfallenen lateinischen europäischen *ecclesia* zu erreichen war. Seiner Meinung nach mussten dafür die Rahmenbedingungen der neuen Verhältnisse zwischen Staat und Kirche, Herrscher und Volk, Völkern und Staaten, die allesamt unter dem „natürlichen Recht des Menschen und der Menschheit" standen, adäquat formuliert werden. Damit schuf er die Grundlage für ein primär naturrechtlich hergeleitetes Verständnis von der *„societas gentium"*, das als Ausgangspunkt beinahe aller späteren Entwürfe für eine *socialitas* der europäischen Völker dienen sollte. Zwar strebten auch nach Grotius die großen europäischen Nationen unter Vorherrschaft der führenden Häuser (insbesondere Spanien und Frankreich bzw. der Häuser Habsburg und Bourbon) nach einer hegemonialen Rolle auf dem Kontinent. Je näher aber die Höfe der Suprematie zu sein glaubten, umso heftiger wurde der Widerstand der bedrängten Europäer gegen „viehische Servitut" und Universalmonarchie. Wer immer hegemoniale Pläne zu Fall gebracht hatte, galt als „großer Europäer". Ein prominentes Beispiel dafür wäre Wilhelm III. von Oranien. Dieser widersetzte sich als vom englischen Parlament eingesetzter Monarch nicht nur erfolgreich den Versuchen Jakobs II., die englische Krone zurückzugewinnen, sondern verzichtete zudem in der „Declaration of Rights" (1689) auf bestimmte königliche Prärogative zugunsten des Parlaments.

Die Entwicklung im England des ausgehenden 17. Jahrhunderts stand in einem direkten Verhältnis zu den Ereignissen in Kontinentaleuropa, wo die Häuser Habsburg und Bourbon sich in einer verbissen geführten Auseinandersetzung um die Hegemonie in Europa gegenseitig paralysierten. Dieser Konflikt endete 1713 im Frieden von Utrecht. In Artikel II des Friedensvertrages wurde festgehalten, dass fortan die Ruhe und der Frieden des christlichen Erdkreises auf ein gerechtes Gleichgewicht der Macht *(iusto potentiae equilibrium)* gegründet werden sollen. Deshalb gilt der Vertrag als erstes Musterbeispiel für die Umsetzung eines Leitmotivs europäischer Politik, das sich in den einschlägigen Politikentwürfen des 17. Jahrhunderts herauskri-

Marginalien:

Hugo Grotius prägt eine neue europäische Rechtsauffassung

Societas gentium und socialitas der europäischen Völker

Englische Ordnungsmodelle

stallisiert hatte: das Gleichgewichtsprinzip. Es entwickelte sich aus der Erkenntnis heraus, dass es zwischen den werdenden souveränen Staaten Europas weder eine institutionalisierte Form der Zusammenarbeit noch allgemein anerkannte Prinzipien für das Regulieren der Machtverhältnisse gab. Für diese Erkenntnis spielten staatstheoretische Konzeptionen eines Bodin oder Machiavelli, aber auch eines Thomas Hobbes oder John Locke eine wichtige Rolle, die unter dem Eindruck der Entstehung eines neuen, die zwischenstaatlichen Beziehungen regelnden Rechts sowie als Ausdruck des humanistischen Bildungsbegriffs formuliert wurden. Sie prägten seit dem frühen 16. Jahrhundert die Vorstellung, das Verhältnis der europäischen Staaten unter- und zueinander könnte auf dem Prinzip des Gleichgewichts ruhen.

Das Balance-Prinzip   Zunächst als regionales Ordnungsprinzip von Francesco Guicciardini für die italienische Staatenwelt entwickelt, empfahlen venezianische Diplomaten das Prinzip vor dem Hintergrund der spanisch-französischen Machtrivalität als Ordnungsmodell für den europäischen Kontinent insgesamt. Seither finden sich immer wieder in staatstheoretischen Entwürfen Hinweise auf das Balanceprinzip als empfehlenswerter Ausweg aus zwischenstaatlichen Krisen. So erklärte Francis Bacon das Staatengleichgewicht zu dem vernünftigsten Gestaltungsprinzip für alle Bereiche des menschlichen Zusammenlebens. James Harrington ließ seine Idealrepublik Oceana (1656) im Inneren wie im Äußeren auf dem Gleichgewichtsprinzip ruhen. Und der kaiserliche Diplomat Franz Paul von Lisola brachte die neue *raison d'être* der europäischen Gleichgewichtspolitik auf den Punkt, als er es 1673 als eine jederzeit gehandhabte Staatsmaxime bezeichnete, die Staaten Europas so zu balancieren, „dass keiner unter ihnen zu solcher Größe gelangt, dass er den anderen furchtbar wird".

Offensichtlich passte das Balanceprinzip in die Zeit. In ihm schien sich das im Bereich der Politik realisiert zu haben, was die aufblühende Naturwissenschaft auch als Bauprinzip von Mensch und Universum entdeckt zu haben glaubte. So ging beispielsweise die zeitgenössische Medizin von einem Gleichgewicht der verschiedenen Körpersäfte als Voraussetzung für Gesundheit aus. Isaac Newton zufolge musste sogar das ganze Weltall als ein gigantisches Equilibrium verstanden werden. Und in der Moralphilosophie der Zeit galt die Harmonie von Vernunft und Leidenschaften als Ausdruck der höchsten Form menschlicher Existenz.

Besondere Popularität genoss das Modell vom Gleichgewicht als politischem Ordnungsprinzip in Großbritannien, wo die politischen Entscheidungsträger im 18. Jahrhundert erkannten, dass das kontinentaleuropäische Staatengleichgewicht den Britischen Inseln wirtschaftliche Unabhängigkeit sicherte und die Machtentfaltung in Übersee ermöglichte. In dieser Hinsicht erwies sich die britische Randlage in Europa durchaus als Vorteil. So kann es nicht überraschen, dass das Gleichgewichtsprinzip in vielerlei Hinsicht auch Gegenstand von staatstheoretischen Überlegungen war. David Hume beispielsweise unternahm in seinem Essay „On the Balance of Power" (1752) den Versuch, dem Gleichgewichtsprinzip historische Dignität zu verleihen. Dabei diente ihm die Antike als Vorbild, in der schon Polybios ausdrücklich gefordert habe, dass „man niemals die Vorsicht außer Acht lassen darf, niemals einer Macht zu einer solchen Höhe verhelfen darf, dass man ihr gegenüber nicht einmal die vertraglich festgelegten Rechte zu behaupten vermag". Hume folgerte daraus, dass Großreichsbildungen der menschlichen Natur an sich widersprachen.

Aber auch jenseits der britischen Grenzen dominierte der Gleichgewichtsgedanke. Durch die Aufklärung begünstigt, erhoben ihn manche Denker geradezu zu einem geschichtsphilosophischen Prinzip. So konnte Jean-Jacques Rousseau etwa zeitgleich mit Hume feststellen, dass das „vielgerühmte Gleichgewicht" von niemandem geschaffen, sondern einfach da sei und nur sich selbst brauche, um sich zu erhalten. Wenn man es auch nur vorübergehend in einem Punkt verletzte, würde es sich alsbald in einem anderen wiederherstellen. Eine ähnliche Meinung spiegelt sich in der Geschichtsphilosophie Johann Gottfried Herders. Auch für ihn galt ein Zustand von Harmonie und Gleichgewicht als ein Meilenstein auf dem Weg der Menschheit zur wahren Humanität. Dieser Prozess verlaufe jedoch, so Herder, nicht gradlinig. Stattdessen werde das „Gleichgewicht der Vernunft" immer wieder durch Leidenschaften gestört. Er zweifelte aber nicht daran, dass sich Vernunft und Billigkeit, das Gleichgewicht gegeneinander strebender Kräfte, letztlich immer durchsetzen würden, da auf dieser Harmonie „der ganze Weltbau" ruhe.

Immanuel Kant hingegen glaubte nicht daran, mittels einer Machtbalance in Europa zu einem dauerhaften Frieden gelangen zu können. Aber auch wenn er dies für ein „Hirngespinst" hielt, ging er trotzdem davon aus, dass der zu erstrebende Zustand der öffentlichen Staatssicherheit die Menschen nötigen würde, ein Gesetz der Balance und eine vernünftige vereinigende Gewalt, die demselben Nachdruck geben müsse, aufzufinden. Damit entwickelte Kant das Konzept eines universalen Gleichgewichts der politischen Welt als mögliche und moralisch notwendige Vorstellung eines „ewigen Friedens". Dass dieser Frieden letztlich ein europäischer Frieden sein würde, liegt in der Logik seiner Gedankenführung. So gesehen, sind auch die Friedensutopien des 18. Jahrhunderts Ausdruck eines Europabewusstseins, das die Staaten trotz der blutigen Kriege, die sie untereinander führten, als Mitglieder einer Völkergemeinschaft verstand. Eine solche Sichtweise findet sich in zahlreichen Schriften der Zeit. Voltaire begriff Europa ausdrücklich als eine literarische Republik, bei Edmund Burke lesen wir von dem „Bürger Europas", der sich nirgendwo auf dem Kontinent wirklich als Fremder fühlen könne.

Die europaweite Rezeption und Diskussion des Gleichgewichtsgedankens im 18. Jahrhundert warf die Frage nach dem Inhalt des Europabegriffs auf. Dass es sich bei dem europäischen Staatensystem um ein Phänomen handelte, dessen einzelne Gliedstaaten nur im Rahmen einer europäischen Lösung durch die Errichtung eines zwischenstaatlichen Gleichgewichts Schutz vor allzu machthungrigen Großmächten finden konnten, wurde in vielen Schriften politischer Publizisten thematisiert. Aus Sicht der Aufklärung schien ein solcher Lösungsweg nicht nur vernünftig zu sein, sondern geradezu einen Königsweg zur Herstellung internationaler politischer Stabilität darzustellen. Gleichwohl scheiterte die Realisierung dieses Konzepts Ende des 18. Jahrhunderts an der Französischen Revolution und damit an einer Bewegung, der es ursprünglich nur um die nationale Erneuerung Frankreichs gegangen war, deren Dynamik jedoch rasch ganz Europa erfassen sollte.

Das napoleonische Europa und seine Gegner

Napoleon Bonaparte und Europa

Aus der Perspektive des 21. Jahrhunderts gelten die seinerzeit formulierten Menschen- und Bürgerrechte sowie die damit verbundenen Werte als Kristallisationspunkt einer europäischen Identität, die sich eines Tages als tragfähig genug erweisen könnte, um neben der die Selbst- und Fremdwahrnehmung im Europa der EU und darüber hinaus bestimmenden nationalen Perspektive ein gesamteuropäisches Denken und Handeln zu ermöglichen. Dass die wohl prominenteste Persönlichkeit aus dem Kreis der Träger der Französischen Revolution, ihr Vollender und Überwinder Napoleon Bonaparte, es sich schon damals zum Ziel gesetzt hatte, Europa politisch zu einigen, gerät dagegen zunehmend in Vergessenheit. Ein Blick auf die Europakarte des Jahres 1812 zeigt jedoch, wie nahe er diesem Ziel bereits gekommen war. Ihm allerdings deshalb so etwas wie einen aus einem dezidierten europäischen Bewusstsein geborenen „europäischen Plan" attestieren zu wollen, wäre problematisch, da aus seiner aktiven politischen Zeit keine entsprechenden Äußerungen überliefert sind. In dieser Frage ist die Geschichtswissenschaft stattdessen weitgehend auf die Berichte von Benjamin Constant und Emmanuel de Las Cases angewiesen, die sie nach ihren Gesprächen mit dem abgesetzten Kaiser verfasst hatten und in denen dieser sich rückblickend über seine entsprechenden Absichten geäußert hatte. So ist in Constants „Acte Additionel aux Constitutions de l'Empire" von 1814 von einem großen föderativen europäischen Staatensystem als Ziel der napoleonischen Politik zu lesen, das dem Geist des Jahrhunderts entsprechen und dem Fortschritt dienen sollte. Las Cases Aufzeichnungen zufolge hatte Napoleon seine kriegerische Expansion nach dem Frieden von Moskau als beendet betrachtet, da damit der Rahmen für ein europäisches System gesteckt worden war, dessen innere Organisation allerdings noch fehlte. Dazu zählte er unter anderem die Schaffung einer europaweit einheitlichen Währung, einheitlicher europäischer Maße und Gewichte und eines europäischen Gesetzwesens. Ohne die Verschmelzung und Konzentration aller Völker zu einem einheitlichen europäischen Volk jedoch, das sich den Grundsätzen der Aufklärung und den Idealen der Französischen Revolution verpflichtet fühle und das in einem gemeinsamen europäischen Bund lebe, blieben all diese Strukturverbesserungen bloße Makulatur.

Kontinentalität und Ozeanität

Diese Äußerungen stammten aus der Zeit des Exils. Der Verdacht, dass sie als Versuche des abgesetzten Kaisers verstanden werden müssen, der Nachwelt ein geschöntes Bild von seiner Expansionspolitik zu hinterlassen, ist durchaus berechtigt. Auch die napoleonische Europapolitik konnte sich nicht von den Vorbildern der Vergangenheit freimachen, sondern stand in jeder Phase in enger Beziehung zu den Überlieferungen der traditionellen Europapolitik Frankreichs seit Anfang des 17. Jahrhunderts. Aber wenn Napoleon Zeit seiner Herrschaft Europa als ein Feld betrachtet haben mochte, auf dem die Heere der Republik den Ruhm und die Macht der französischen Nation mehren sollten, klingt in seinen Ausführungen aus dem Exil doch jener revolutionäre Elan nach, der seinerzeit viele Menschen beiderseits des Rheins in seinen Bann geschlagen hatte. Vielleicht besaß auch die Herausforderung der britischen Seemacht durch den von Frankreich erzwungenen kontinentaleuropäischen Zusammenschluss eine nicht zu unterschätzende Anziehungskraft. Schließlich wurde doch damit der alte Dualismus „Kontinentalität" gegen „Ozeanität" unter zunächst durchaus Erfolg versprechenden Vorzeichen neu aufgelegt, der sich auf eine in weiten Teilen der Bevölkerung Kontinentaleuropas durchaus vorhandene anti-englische Stimmung stützen konnte. Ursprünglich eher nüchtern-pragmatisch als Mittel zum Zweck gedacht, gewann die kontinentale Europapolitik Napoleons somit eine Dynamik, die wiederum auf den Kaiser rückwirkte. Diese Eigendynamik entfachte in Frankreich und bei vielen Anhängern der Revolution jenseits der Grenzen des Mutterlandes das alte revolutionäre Sendungsbewusstsein zu neuem Leben. So fiel es der Staatsführung nicht schwer, die Bevölkerung von der Notwendigkeit zu überzeugen, die Werte, für die sie zunächst in den Grenzen Frankreichs das eigene Leben riskiert und dann erfolgreich gegen restaurative Tendenzen von außen verteidigt hatten, nun gleichsam im Gegenzug europaweit zu etablieren.

Der Kontinent sollte unter Aufhebung der ohnehin verfallenen Strukturen des römisch-deutschen Reiches nach den Prinzipien des Rechts, der Gerechtigkeit und der Freiheit neu geformt werden. Im Mittelpunkt dieser Neustrukturierung stand bei vielen jungen revolutionären Intellektuellen eine Achse Paris–Berlin. Einem vergrößerten und erstarkten Frankreich, als dessen Ostgrenze häufig genug der Rhein genannt und dessen Direktorialverfassung noch als nahezu unübertrefflich eingeschätzt wurde, wäre dabei die Rolle des revolutionären Impulsgebers zugefallen. Preußen sollte als Bollwerk des Bündnisses mit Frankreich dienen und so die Verhältnisse in ganz Deutschland ändern, denn dass sich alle anderen deutschen Staaten über kurz oder lang um ein solches Preußen geschart hätten, galt in diesen Kreisen als sicher. Die Idee eines Europa beherrschenden franko-borussischen Bündnisses wurde auch nach dem Aufstieg Napoleons im Links- und Rechtsrheinischen von einflussreichen Kreisen propagiert – es sei hier nur an Emmanuel Joseph de Sieyès, Charles Théremin, Hans von Held, Dietrich von Bülow und Friedrich Buchholz erinnert. Dass der Kaiser selbst solche Gedanken durchaus interessiert zur Kenntnis nahm und in seine politischen Überlegungen einzubeziehen verstand, ist anzunehmen, zumal seine Herrschaftssymbolik auf ein, wenn auch stark historisch geprägtes, Europaverständnis schließen lässt.

Frankreich und Deutschland als Zentrum des europäischen Kontinents

Dieses orientierte sich an zwei Vorbildern, dem klassisch-römischen und dem karolingischen. Das klassische Rom stand im napoleonischen Reich überall dort Pate, wo es um die Glorifizierung der Person des Kaisers, seines Reiches und dessen Institutionen ging. In diesem Zusammenhang sei an Jacques Louis David, den ehemaligen Revolutionär und späteren Hofmaler Napoleons, erinnert, der die Geschichte des Kaiserreiches in monumentalen Gemälden festgehalten hat und der dabei römischen Stilelementen ebenso folgte wie Canova, der römische Bildhauer, und natürlich auch die Architektur der Zeit – der Arc de Triomphe verkörpert geradezu idealtypisch die zu Stein gewordene Erinnerung an klassisch-römische Triumphbauten. Darüber hinaus war die staatliche Verwaltung wenigstens nominell nach dem Muster des *Imperium Romanum* organisiert, womit die Zeitgenossen ebenfalls unmissverständlich an das politische Selbstverständnis und den damit verbundenen Machtanspruch des Kaisers erinnert wurden.

Römische und karolingische Vorbilder

Allerdings stammten die Bezüge zum klassischen Rom zumeist schon aus der Spätphase der Revolution, die von Napoleon während der Konsolidierung seiner Herrschaft lediglich den neuen Verhältnissen angepasst werden mussten. Deswegen blieben sie überwiegend indirekt und allgemein. Wesentlich konkreter wurde der Kaiser bei der Erinnerung an das karolingische Imperium. Schon seine Krönung wollte er in Aachen vornehmen lassen. Nachdem er, dem Drängen seiner Ratgeber folgend, sich schließlich doch für Paris als Krönungsort entschieden hatte, mussten wenigstens die Reichsinsignien Karls des Großen (oder das, was man dafür hielt) nach Paris geschafft werden. Und zwei Jahre nach der Krönung, am 13. Mai 1806, schrieb er an Papst Pius VII.: „Ich bin von nun an Karl der Große. Denn ich besitze die Krone Frankreichs samt jener der Lombardei, und mein Reich grenzt an den Orient ..."

Ebenso wie die napoleonischen Eroberungen beim Kaiser und seinen Anhängern visionäre Kräfte in Bezug auf die Neugestaltung der europäischen Landkarte freigesetzt zu haben scheinen, vermochte die damit verbundene Herausforderung bei ihren Gegnern grenzübergreifende Überlegungen zu entfalten. Deren Positionen konnten gegensätzlicher kaum sein, finden sich unter ihnen doch Anhänger des europäischen Gleichgewichtsdenkens einerseits und vom Geist der Romantik und des romantischen Nationalismus durchdrungene Köpfe andererseits. Waren den Ersteren Revolution und Nationalismus gleichermaßen suspekt, forderten Letztere eine Erneuerung insbesondere der deutschen als der führenden europäischen Nation aus dem christlich-universalen Denken des Mittelalters heraus.

Edmund Burke sieht Großbritannien als Heimat der „civil society"

Es war das Verdienst Edmund Burkes, die keineswegs neue Idee vom Gleichgewicht der europäischen Staaten in der Auseinandersetzung mit der Französischen Revolution neu entdeckt zu haben. Dass seine britische Heimat in diesen Überlegungen eine besondere Rolle spielte, kann nicht überraschen, schließlich hatte sich Großbritannien unter allen europäischen Mächten dem napoleonischen Machtstreben am entschiedensten und wirkungsvollsten widersetzt. Wenn Burke und seine Anhänger vor diesem Hintergrund Großbritannien die Rolle einer Kontrollmacht des europäischen Gleichgewichtssystems zuschrieben, sollte das jedoch nicht nur als ein Reflex auf die akute Bedrohung verstanden werden, sondern als ein Spiegel des Burkeschen Europa- und Geschichtsverständnisses insgesamt, in dem die konstitutionelle Entwicklung des Kontinents und Großbritanniens als eine Einheit erschien, welche ihre edelste Form in England als der Heimat der „civil society" und als „the arbitress of Europe, the tutelary angel of the human race" erhalten habe.

Burkes Einfluss auf Friedrich von Gentz

Bekanntlich beeinflussten die Burkeschen Überlegungen die politischen Entscheidungsprozesse, die der Neuordnung der europäischen Landkarte im Rahmen der Arbeit des Wiener Kongresses vorausgingen, nachhaltig. Dafür hatte nicht zuletzt Friedrich von Gentz als enger Berater des Fürsten Metternich gesorgt. Gentz war nach der Lektüre von Burkes „Reflections on the Revolution in France" von einem ursprünglichen Anhänger der Französischen Revolution zu einem entschiedenen Gegner geworden und hatte zudem mit seiner deutschen Übersetzung für eine weitere Verbreitung der Burkeschen Thesen gesorgt. 1805 stellte Gentz vier zentrale Bedingungen auf, die seiner Meinung nach den wahren Begriff des politischen Gleichgewichts in Europa ausmachten. Danach durfte erstens keine Macht in Europa so stark sein, dass die Gesamtheit der anderen europäischen Mächte sie nicht mehr bezwingen konnte. Zweitens sollte jede Destabilisierung des Gleichgewichts von einer einfachen Koalition anderer europäischer Mächte unterbunden werden. Drittens musste die Furcht vor gemeinsamem Widerstand bzw. gemeinsamer Sanktion der anderen europäischen Mächte hinreichend sein, um jede einzelne europäische Macht in ihre Schranken zu weisen. Viertens galt jede Macht *a priori* als Feind des europäischen Systems, die sich widerrechtlich eine Hegemonialstellung erwarb. Für den Fall des rechtmäßigen Erwerbs solcher Macht hatten die anderen Mächte alles zu unternehmen, um diese Machtstellung zu schwächen. Auch wenn Gentz diese Punkte unter dem Eindruck der napoleonischen Hegemonie über Europa geschrieben hatte, sind die Bezüge zu den Grundsätzen des späteren „Wiener Systems", insbesondere des Legitimations- und des Interventionsprinzips, unverkennbar.

Damit hatte Gentz ein Ziel formuliert, das sich vorzüglich als Leitlinie des konservativen und antirevolutionären europäischen Widerstandes gegen Napoleon eignete, da es sich am europäischen *Status quo ante* 1789 orientierte. Es sollte einerseits die Unabhängigkeit der europäischen Nationen garantieren, andererseits aber auch den Rahmen für einen „schönen, frei wirkenden Bund der europäischen Staaten" bilden, wie es der Freiherr vom Stein formuliert hatte. Dieser wollte die Unabhängigkeit aller seiner Glieder gewahrt wissen, ebenso die politische und Denkfreiheit der ihm innewohnenden Menschen, ihr materielles Wohlergehen und ihre Kultur. All das schien ihm unter Napoleon, „dem Feind Deutschlands und der europäischen Kultur und Freiheit", nicht möglich zu sein. Anstelle des französischen Kaiserreiches sollte seiner Meinung nach wieder das deutsche treten, dem das mittelalterliche *Imperium sacrum* als Vorbild dienen müsse, das vielen fremden Völkern Schutz und Gesetze gegeben habe. Freilich wusste Stein um die Unmöglichkeit einer Restauration des Alten Reiches, ihm ging es dabei primär um die Suche nach einem Rahmen, innerhalb dessen der deutsche Nationalstaat vollendet werden konnte, um den es ja auch in der preußisch-deutschen Erhebung gegen die napoleonische Herrschaft ging. Da die Schaffung eines deutschen Einheitsstaates das europäische Gleichgewicht erheblich ins Wanken bringen würde, musste er so gestaltet werden, dass er niemals eine Suprematie im europäischen Rahmen erlangen konnte. Damit hatte Stein auf einen Zusammenhang hingewiesen, den es seit der Herausbildung des frühneuzeitlichen europäischen Staatensystems aufgrund der besonderen Rolle des *Imperium sacrum* in ihm stets gegeben hatte, der jedoch seit dem 19. Jahrhundert für das Europa der modernen Nationalstaaten von besonderer Bedeutung sein sollte – die enge Verflechtung Deutschlands mit Europa.

Leitlinien des konservativen und antirevolutionären europäischen Widerstandes gegen Napoleon

Das romantische Europa

Friedrich von Hardenberg (gen. Novalis) fordert die Aufhebung der Kirchenspaltung

Unter den frühen Vordenkern des christlichen Widerstandes gegen die allzu weltliche Französische Revolution steht Friedrich von Hardenberg, genannt Novalis, an prominenter Stelle. Er forderte vor dem Hintergrund der Ereignisse in Frankreich in seinem Fragment „Die Christenheit oder Europa" (1799) die Wiederherstellung eines einigen christlichen Europas, allerdings unter anderen Voraussetzungen als denen des kontinentalen Staatengleichgewichts. Deutschland sah er bereits auf dem richtigen Weg, denn im Gegensatz zu den übrigen europäischen Staaten bildeten sich die Deutschen, wie er meinte, fleißig „zum Genossen einer höheren Epoche der Kultur". Mit diesem Urteil hätten sich die Väter der Bundesakte 15 Jahre später wohl noch identifizieren können, ungleich schwerer wäre ihnen indes die Zustimmung zu den weiteren Forderungen Novalis' gefallen, hätten sie sie gekannt. Schließlich verlangte er als Grundvoraussetzung für einen erfolgversprechenden Weg zu dem von ihm erhofften neuen, vermeintlich goldenen europäischen Zeitalter die Suche nach einer grenzüberschreitenden Religiosität, darin eingeschlossen auch die Überwindung der Spaltung des christlichen Lagers selbst. Diese christliche Renaissance wollte er jedoch nach einem göttlichen Plan vorangetrieben sehen, denn nur dann, glaubte Novalis, wäre Europa seinen neuen Aufgaben, die eigenen Segnungen auf die ganze Welt zu übertragen, gewachsen. Schließlich seien es einst schöne und glänzende Zeiten gewesen, „wo Europa ein christliches Land war, wo eine Christenheit diesen menschlich gestalteten Erdteil bewohnte [und] ein großes gemeinsames Interesse [...] die entlegensten christlichen Provinzen dieses weiten geistlichen Reiches" miteinander verband.

Das Christentum als Grundlage einer europäischen Identität

Das Fragment des Frühromantikers Friedrich von Hardenberg enthält bereits alle wesentlichen Elemente der von ihm maßgeblich mitgeprägten Epoche. Novalis hatte sich ganz offensichtlich schon weit vom rationalistisch-statischen Staatsdenken des 18. Jahrhunderts entfernt, auch sind kaum noch Einflüsse jener vormals typischen naturrechtlich geprägten Europakonstruktionen aus staats- oder völkerrechtlich geschulter Feder zu erkennen. Stattdessen finden sich überall Spuren der Lehren Herders, Schleiermachers und Klopstocks, das rein empirisch-rationale Europa der Aufklärung verwandelt sich bei Novalis zu einem Europa der mythischen Symbole und der naturphilosophischen Gleichnisse. Der Kontinent wird von der Vergangenheit her definiert, die vermeintlichen Vorzüge des mittelalterlichen *Imperiums* und *Sacerdotiums* erscheinen in einem hellen Licht, das über einem wiederauferstandenen christlich-germanischen abendländischen Europa leuchtet. Hier überschneiden sich bei Novalis europäische und nationalstaatliche Ideen, denn er beschwor die Restauration eines christlichen Abendlandes nach dem Vorbild des mittelalterlichen Reiches. Die Führungsrolle im Rahmen dieses Wandlungsprozesses – und das ist die zweite Überschneidung von Nation und Europa – sollte dem kulturell am besten qualifizierten Volk, das für ihn die Deutschen verkörperten, zufallen.

Hinweise auf das Christentum als Grundlage einer grenzübergreifenden europäischen Identität hatten in früheren Jahrhunderten in vielerlei Hinsicht die Gedankengänge jener Denker bestimmt, die der Frage des Verhältnisses von Staat und Europa nachgingen. Novalis indes gebührt das Verdienst, sich erstmals über die Hervorhebung des Christentums als Schnittstelle zwischen Natur und Geist mit der europäischen Frage auseinandergesetzt zu haben. Aus der Begegnung mit der transzendenten Welt wollte er Europa neuen Segen und neue Gnade zuteil werden lassen. Dabei erinnerte er sich auch der Ambivalenz des Europabegriffes, wenn er zwischen den geographischen und den kulturellen Grenzen Europas unterschied. Sein geographischer Europabegriff schloss alle Teile des Kontinents vom Atlantik bis zum Ural ein, während sich sein kulturelles Europaverständnis ausschließlich auf die Staaten Westeuropas und des westlichen Mitteleuropa bezog, einen Raum, den er als das Abendland bezeichnete.

Novalis konnte die zeitgenössische Diskussion über Europa durchaus beeinflussen. So forderten katholische Kreise in Anlehnung an seine Überlegungen eine Erneuerung Europas auf päpstlich-abendländischer Grundlage. Dabei wurde ein Gedanke aufgegriffen, mit dem Hardenberg selbst für kurze Zeit gespielt, den er dann aber wieder verworfen hatte, da er sich nur schwer in seine Überlegungen, die Rolle Deutschlands betreffend, integrieren ließ: den Widerstand gegen jede Form des nationalstaatlichen Denkens, das als eine Gefahr für die Zukunft des Kontinents bezeichnet wurde. Aus der in diesem Zusammenhang erwarteten Krise schien es nur einen Ausweg zu geben: die strikte Unterwerfung des christlichen Abendlandes unter die Hoheit des Papsttums als universaler Instanz.

Dieses Modell wiederum findet sich im Denken des einflussreichen katholisch-abendländischen Zweigs der deutschen Romantik, zu dessen prominentesten Vertretern unter anderen Friedrich Schlegel, Zacharias Werner und Clemens Brentano zählen. Für Friedrich Schlegel und Zacharias Werner bedeutete die Kirchenspaltung der Reformationszeit einen entscheidenden Bruch in der Geschichte des Christentums, der ein Hindernis auf dem Weg zur Schaffung des neuen abendländisch-romantischen Europaverständnisses darstellte. Mit ihrem Übertritt zum Katholizismus im Jahre 1808 bzw. 1811 wollten sie einen Beitrag zur Wiederannäherung der beiden christlichen Konfessionen leisten. Schlegel durchlief zudem einen Entwicklungsprozess vom deutschen Romantiker mit europäischem Sendungsbewusstsein zum engagierten Verfechter einer katholischen europäischen Restauration. In der Restaurationszeit zählte er schließlich zu den Herausgebern der Zeitschrift „Konkordia", in der er regelmäßig die christlich-abendländische Erneuerung Europas unter der Ägide des Papstes anmahnte, nicht ohne stets auf die Sonderrolle Deutschlands hinzuweisen, die seiner Meinung nach diesem „Herzen Europas" schon aufgrund seiner geographischen Lage zugefallen sei.

Europa auf dem Wiener Kongress

Zwischen dem Zusammenbruch des napoleonischen Reiches und der Verabschiedung der Wiener Kongressakte standen sich zwei miteinander grundsätzlich unvereinbare Auffassungen davon gegenüber, wie die europäische Landkarte neu gestaltet werden sollte. Eine Strömung forderte die

Friedensvertrag oder
Restitution? Wege
zur Neuordnung
Europas nach der
Niederlage
Napoleons

friedensvertragliche Bestätigung einer Reihe von Fakten, die direkt oder indirekt mit der Revolution in Verbindung gebracht werden konnten – in diesem Zusammenhang wären zum Beispiel auch die nationalistisch, liberal und konstitutionell gefärbten Forderungen nach Reformen in Deutschland zu nennen. Solange sich solche Vorschläge gegen französisches Hegemonialstreben nutzen ließen, waren sie von den noch im Amt verbliebenen Politikern vorrevolutionärer Provenienz geduldet worden. Nachdem die Bedrohung jedoch beseitigt war, folgten diese anderen Leitsätzen, insbesondere solchen, die die Restitution vorrevolutionärer Verhältnisse anstrebten.

Das letztlich entscheidende Kriterium zugunsten der Restitution dürfte die Einsicht in die Notwendigkeit gewesen sein, dass der, angesichts der Interessendivergenz, beste Weg zur Neuordnung der europäischen Landkarte nur über einen rationalen und sich am Prinzip der Vernunft orientierenden Kompromiss erreicht werden konnte. Diese Erkenntnis wurde noch durch handfeste nationale und dynastische Eigeninteressen der beteiligten Parteien bestärkt, die einschneidende und weitreichende Reformansätze von vornherein zum Scheitern verurteilt hätten. So schlüpfte Talleyrand im Auftrag Ludwigs XVIII. in die Rolle des Fürsprechers der Interessen der kleineren Mächte und Dynastien, womit er Frankreich einen Platz in der ersten Reihe der Kongressparteien sichern konnte. Fürst Metternich dachte wie Kaiser Franz I. nicht daran, die Habsburger Kaiserkrone für einen deutschen Einheitsstaat aufs Spiel zu setzen, Friedrich Wilhelm III. und sein Staatskanzler Karl August Fürst von Hardenberg waren nicht bereit, die führende Rolle Preußens in einem deutschen Staatensystem zugunsten Österreichs aufzugeben. Robert Stewart Viscount Castlereagh sollte im Auftrag König Georgs III. dafür sorgen, dass sich die Staaten Kontinentaleuropas nach dem Kongress gegenseitig kontrollierten und keine internationalen Ambitionen entfalteten, was möglicherweise die britischen Überseeinteressen beeinträchtigt hätte. Zar Alexander I. wollte ebensowenig wie sein Staatssekretär Nesselrode auf seine polnischen Territorien verzichten und fürchtete um seinen Einfluss in Europa für den Fall, dass es mit dem deutschen Einheitsstaat einen neuen Machtfaktor im Gefüge der Staaten geben würde. Karl XIII. von Schweden versuchte, Lübeck als Entschädigung für den schwedischen Beitrag am Kampf gegen Napoleon zu erhalten, um den traditionsreichen Ostseehafen künftig als Brückenkopf auf dem Kontinent nutzen zu können. Viktor Emanuel I. von Sardinien pochte auf die Rückerstattung all seiner früheren Territorien, auf die Entschädigung für erlittenes Unrecht durch die Übereignung des Herzogtums Piacenza sowie auf die Wahrung seiner Ansprüche in den Versammlungen des Deutschen Staatswesens, falls es denn in irgendeiner Form wiederhergestellt werden sollte. Die Gesandten der Schweiz hatten den Auftrag, die Grundlagen der künftigen Neutralität ihres Landes durch Rückgabe ehemaliger Schweizer Territorien und zusätzliche Übereignung weiterer Gebiete im Grenzland zu Frankreich, Italien und Deutschland zu sichern. Wilhelm von Oranien schließlich war sich der Bedeutung des zu schaffenden Königreichs der Niederlande als Pufferzone zwischen den deutschen Staaten und Frankreich bewusst und konnte mit der britischen Unterstützung seiner territorialen Wünsche rechnen.

Kein deutscher
Nationalstaat

So divergierend die Interessen der einzelnen europäischen Mächte im Vorfeld der Wiener Verhandlungen auch gewesen sein mochten, bestand zumindest in einem Punkt weitgehendes Einvernehmen: Dem Wunsch nach der Schaffung eines starken deutschen Einheitsstaates durfte aus Sorge um das europäische Gleichgewicht und aus Rücksicht auf die vielfältigen Kompensationswünsche einzelner deutscher Dynastien nicht stattgegeben werden. Damit war die Frage nach der Rolle Deutschlands in einem neu geordneten Europa zugunsten der Staatenbundoption entschieden worden. Darüber aber, wie das Gleichgewichtsprinzip auf die europäische Staatenwelt insgesamt angewendet werden sollte, gab es unterschiedliche Vorstellungen. Diese spiegelten unter anderem die unterschiedliche Interpretierbarkeit des Gleichgewichtsbegriffs.

Schon 1758 hatte Johann Heinrich Gottlob Justi die Gleichgewichtsidee als Chimäre bezeichnet, da sie rechtlich nicht begründbar sei, die Machtmittel eines Staates nicht gemessen werden könnten und kein kompetenter Richter zu sagen vermöge, wann das Prinzip als verletzt zu gelten habe. Zudem hatte die konkrete Politik vieler europäischer Staaten den Kritikern des 18. Jahrhunderts immer wieder gute Argumente dafür geliefert, die Gleichgewichtsidee als bloße Tarnung für die Verfolgung eigener nationaler Interessen zu brandmarken. Die Zielvorstellungen, mit denen die Vertreter der europäischen Großmächte nach Wien gereist waren, zeigen deutlich, dass allen Beteiligten das Balanceprinzip als der eleganteste Weg zur Realisierung jeweils eigener Vorstellungen erschien. Einerseits besaß es aufgrund seiner deutlich vorrevolutionären Wurzeln in der Aufklärung einen genügend großen Bekanntheitsgrad, um als schlagkräftiges politisches Argument genutzt zu werden, andererseits war es dehnbar genug, um genügend Raum für die Realisierung nationaler Interessen zu bieten und zugleich vorhandene Interessendivergenzen zu überwinden.

Der Wiener Kongress endete mit der Unterzeichnung der Bundesakte und der Kongressakte am 8. bzw. 9. Juni 1815. Die Bundesakte bildete einen Teil der Kongressakte und regelte acht Problemfelder. Erstens legitimierte sie die von Napoleon 1803 im Rahmen des Reichsdeputationshauptschlusses vorgenommene „Flurbereinigung" Deutschlands insofern nachträglich, als die mehr als 300 Reichsstände, die es vor 1803 gegeben hatte, zu 41 Territorien und Stadtstaaten unter dem Dach des „Deutschen Bundes" zusammengefasst wurden. Zweitens war das einzige Bundesgremium der Bundestag zu Frankfurt am Main als Versammlung von Vertretern der Regierungen der Bundesmitglieder. Drittens wurde die Europäisierung des Bundes durch Einbindung nichtdeutscher Monarchen sichergestellt (der britische König als König von Hannover, der niederländische König als Großherzog von Luxemburg, der dänische König als Herzog von Holstein). Viertens blieb das Gleichgewicht innerhalb des Bundes durch den Dualismus der beiden Großmächte Preußen und Österreich gewährleistet; ihre Verständigung war Voraussetzung für eine konstruktive Arbeit des Bundes. Fünftens unterlagen wichtige Fragen der Bundespolitik dem Einstimmigkeitsprinzip. Damit war der Bund sechstens nicht von einer Macht instrumentalisierbar, siebtens blieb die Außen- und Sicherheitspolitik der Gliedstaaten des Bundes weiterhin in den Händen der Einzelstaaten, und achtens waren gemeinsame Militäraktionen nur zum Zwecke der Verteidigung des Bundes gestattet.

Die Kongressakte

Das „Wiener System"

Die Kongressakte schuf den Rahmen für das Verhältnis der europäischen Staaten zu- und untereinander durch den Versuch, ein Gleichgewicht herzustellen und verschiedene politische Handlungsprinzipien als Grundlagen einer künftigen europäischen Politik festzulegen. Die Balance der Staatenwelt sollte durch die Westverlagerung Preußens an den Rhein, die Bestätigung des österreichischen Einflusses auf dem Balkan und in Ober- und Mittelitalien, die Schaffung des Königreichs der Niederlande aus Belgien und Holland sowie eine erneute Teilung Polens einschließlich der Schaffung eines „Kongresspolens", das in Personalunion mit Russland stand, erreicht werden. Unter den festgeschriebenen Handlungsmaximen kamen dem Legitimitäts- und dem Interventionsprinzip die größte Bedeutung zu.

Bundes- und Kongressakte als Grundlagen des „Wiener Systems"

Bundes- und Kongressakte bildeten die völkerrechtliche Grundlage des „Wiener Systems", das auf dem Prinzip der Legitimität und der Intervention, dem der Machtbalance der europäischen Staatenwelt sowie dem der Neuordnung Deutschlands zu einem „unauflöslichen Bund" von 41 souveränen und prinzipiell gleichberechtigten Staaten ruhte. Talleyrand hatte die Frage der Legitimät von Herrschaft in die Verhandlungen des Kongresses eingebracht. Ursprünglich wollte der Franzose damit den Siegermächten das Recht auf Annexion und Eroberung absprechen. Dabei definierte er Legitimität als nicht von naturrechtlichen oder gottgegebenen Prinzipien hergeleitet, sondern ausschließlich von der Fähigkeit einer Regierung bestimmt, die Gesetzlichkeit, Ordnung sowie die Wohlfahrt der Bevölkerung im Inneren eines Staates zu wahren. Seine Definition wurde im Laufe der Verhandlungen zu einem zentralen Ordnungsbegriff für die europäische Staatenwelt insgesamt weiterentwickelt, die erst dann als legitim gelten durfte, wenn alle beteiligten Mächte die Grundlagen der staatlichen Neuordnung Europas einvernehmlich akzeptiert hatten. Aus dieser Auffassung ließ sich jedoch auch für die Zukunft problemlos das Prinzip der legitimen Intervention für solche Fälle ableiten, wenn irgendwo in Europa die „legitimen" Grundlagen des Wiener Systems ins Wanken gerieten. Dem dritten Stützpfeiler des Wiener Systems, der Neuordnung Deutschlands, wurde von vornherein eine starke gesamteuropäische Bedeutung beigemessen, denn durch die Aufnahme der Bundesakte in die Kongressakte wurde sie zu einem Bestandteil des *„ius publicum Europaeum"*.

Die Wahrung des Status quo als vorrangiges Ziel des Wiener Kongresses

Das „Wiener System" war das Ergebnis vielfältig verschachtelter Macht- und Interessenpolitik, für visionäre Konzepte hingegen gab es keinen Raum. Es wollte die Revolution mittels Restauration, nicht durch Reformen überwinden. In Wien war also folgerichtig nicht von dem Recht der Völker, Vaterländer und Nationen auf individuelle Vervollkommnung die Rede gewesen, sondern von legitimen Monarchien mit legitimen territorialen Ansprüchen, Wünschen und Forderungen, die unter der Federführung Metternichs in ein fein aufeinander abgestimmtes europäisches Vertragssystem eingebunden wurden, das die Aufgabe hatte, künftige revolutionäre Strömungen aufzuhalten und dem Kontinent selbst Frieden zu bescheren. Das „Wiener System", gelegentlich auch „System Metternich" genannt, sollte einzelstaatliche Interessen im europäischen Kontext wahren, zwischenstaatliche Konflikte ausgleichen, revolutionäre Tendenzen unterdrücken und so dem Frieden in Europa dienen. Sein Ziel- und Wirkungsbereich war also eindeutig europäisch. Von Anfang an war es darum gegangen, ein wirkliches und dauerhaftes System des Gleichgewichts in Europa, getragen und garantiert von der Pentarchie, den fünf großen europäischen Mächten (Frankreich, Österreich, Preußen, Russland und dem Vereinigten Königreich von Großbritannien und Irland), zu schaffen. Das System gab den dazugehörigen Staaten das Recht, jederzeit gegen illegitime, also revolutionäre, Angriffe in irgendeinem Teil der Gemeinschaft zu intervenieren. Das Legitimitätsprinzip als ein wesentlicher Bestandteil des Systems schuf somit die Grundlagen für ein neues Verständnis zwischenstaatlichen Verhaltens: Um einen bestimmten, für gut befundenen *Status quo* aufrechtzuerhalten, nahmen sich die Kongressmächte das Recht heraus, jederzeit gegen unliebsame Tendenzen irgendwo in Europa intervenieren zu dürfen. Über die Frage aber, welche Entwicklung bzw. welches Ereignis als „illegitim" einzuschätzen war, ließ sich kaum Konsens erzielen. Dazu waren die jeweiligen nationalen Interessen der Staaten der Pentarchie zu unterschiedlich, sowohl vor dem Hintergrund des jeweiligen politischen Systems als auch der geopolitischen Lage. Insofern kann es nicht überraschen, dass es nach 1815 nur in Ausnahmefällen gelang, die Pentarchie zu einem einvernehmlichen Handeln zum Zwecke des Erhalts des „Wiener Systems" zu bewegen. Die Interessendivergenz sorgte so innerhalb weniger Jahre dafür, dass sich das verbindliche „Wiener System" zur deutlich unverbindlicheren „Wiener Ordnung" wandelte, die den europäischen Mächten das gestattete, was sie ohnehin für sich reklamierten: größere politische Handlungsfreiheit.

　　Diese Entwicklung hing auch damit zusammen, dass das Legitimitätsprinzip im Widerspruch zu einem anderen Staatsverständnis stand, welches sich in zunehmendem Maße der Sympathien der Bevölkerung Europas erfreute. Dieses ging von dem Anspruch auf Nichteinmischung in innerstaatliche Angelegenheiten einer auf Individualität bedachten Nation aus. Zwangsläufig musste es mit dem Recht auf Intervention kollidieren, das die selbsternannten legitimen Monarchien forderten, die im Wesentlichen die ständische Gesellschaft von vor 1789 repräsentierten. Das konservative Metternichsche System stand also von vornherein in einem ausgesprochenen Spannungsverhältnis zu den modernen politischen Forderungen der liberalen, demokratischen und nationalen Zirkel. Diese mochten zwar über gesellschaftlichen Einfluss verfügen und sich an der Spitze des Fortschritts wähnen, politische Macht besaßen sie nach 1815 kaum. Die befand sich in den Händen – wenigstens der eigenen Einschätzung nach – legitimer Monarchen und ihrer zumeist konservativen Berater. Sie repräsentierten eine europäische politische Ordnung, die zwar zeit ihres Bestehens nur wenig populär war, aber immerhin dem europäischen Kontinent, je nach Interpretation, entweder vier Jahrzehnte, also bis zum Auseinanderbrechen des deutschen Dualismus 1866 bzw. bis zur Gründung des Deutschen Reiches 1871, oder fast ein Jahrhundert lang, bis zum Ersten Weltkrieg, trotz vielfältiger gefährlicher Krisensituationen leidliche Stabilität bescheren sollte.

　　In Wien hatte man nur am Rande darüber nachgedacht, wie die durch die Französische Revolution und ihre Folgen aufgewühlte Stimmung vieler Menschen der Zeit und wie ihre gesellschaftlichen Verhältnisse dem neuen

Legitimitätsprinzip im Widerspruch zum Prinzip der Nichteinmischung

Gleichgewichtssystem angepasst werden konnten. Möglicherweise hätten weitergehende Überlegungen dazu die Delegierten angesichts der ohnehin komplexen Verhandlungslage in Wien überfordert. Erstaunlich ist allerdings, dass man sich darüber offenbar so gut wie keine Gedanken machte, denn natürlich hing die Haltbarkeit des „Wiener Systems" auch davon ab, ob es gelang, die revolutionären Ideen in den Köpfen vieler Bürger der europäischen Staaten durch neue, konservativ-restaurative gesellschaftliche Werte und Ideale zu ersetzen. Insbesondere in Deutschland galt es, die zahlreichen enttäuschten Patrioten mit der Struktur des Deutschen Bundes auszusöhnen. Doch auch wenn in der Bundesakte beispielsweise die Aufforderung an die Gliedstaaten nachzulesen war, sich eine landständische Verfassung zu geben, fehlten konkrete Ausführungsbestimmungen und nähere Angaben zu deren Inhalt. Weitergehende Formulierungen ließen sich angesichts der Interessendivergenzen nicht durchsetzen.

Die Heilige Allianz　　Die **Heilige Allianz** als die zweite Initiative, an deren Entstehung viele Menschen überall in Europa große Hoffnungen geknüpft hatten, wurde letztlich auch im Sinne der Kongressakte modifiziert. Das ist auf den direkten Einfluss Metternichs zurückzuführen, auch wenn die Grundidee dazu von Zar Alexander I. stammte. Doch erst durch den österreichischen Außenminister erhielt sie jenen spezifisch unverbindlichen Charakter, der es, von einigen Ausnahmen abgesehen, allen anderen Souveränen Europas ohne weiteres ermöglichte, ihr beizutreten. Metternich war es gelungen, das Konzept des Zaren in ein Fürstenbündnis alten Stils abzuändern, das er selbst einmal als „ein laut schallendes Nichts" bezeichnete.

E | **Heilige Allianz**
Die Heilige Allianz war eine von Zar Alexander I. angeregte Absichtserklärung der Monarchen von Österreich, Russland und Preußen vom 26. 9. 1815, der später alle christlichen Mächte des Kontinents außer dem Vereinigten Königreich von Großbritannien und Irland sowie dem Heiligen Stuhl beitraten. Ziel war es, die Prinzipien der christlichen Religion zur Grundlage der Politik des durch die Befreiungskriege wiederhergestellten Mächtesystems zu machen. Die Heilige Allianz wurde jedoch kein Instrument der kollektiven Friedenssicherung, sondern diente vor allem Metternich als Begründung, die Ordnung von 1815 zu verteidigen; damit wurde die Heilige Allianz zum Inbegriff der Restauration, die schließlich am Interessengegensatz der Großmächte, besonders am Freiheitskampf der Griechen 1822–30, zerbrach.

Widerstand gegen das „Wiener System"　　Es kann daher nicht überraschen, dass das „Wiener System" besonders bei jenen auf wenig Gegenliebe stieß, die in den Befreiungskriegen Leib und Leben riskiert hatten und die nun ihre Hoffnungen auf bessere Zeiten schwinden sahen. Sie mussten erkennen, dass so gut wie keine der nationalen und europäischen Visionen und Ideale der napoleonischen Zeit und der Befreiungskriege darin Platz gefunden hatten – im Gegenteil erklärten die Repräsentanten des Systems ihre Vorstellungen nun für revolutionär und damit für illegitim, womit sie sich das Recht herausnahmen, mit staatlichen Mitteln gegen all jene vorzugehen, die es wagten, die bestehende Ordnung in Frage zu stellen. Diese Erfahrung teilten deutsche Burschenschafter mit italienischen Nationalisten und polnischen oder griechischen Unabhängigkeitskämpfern.

„Europäismus" und Nationalstaat

Diese Erfahrungen bildeten den Nährboden für ein geistesgeschichtliches Phänomen, den so genannten „Europäismus" des 19. Jahrhunderts als einer Bewegung, die – wie es zunächst scheint – paradoxerweise in einer Zeit an Bedeutung gewann, die gemeinhin als das Zeitalter des Nationalstaats gilt. Es war eine im Wesentlichen von Intellektuellen getragene Bewegung, die in einem europaweiten Diskurs ihre Überlegungen austauschten und weiterentwickelten. Die mediale Erörterung europäischer Zukunftsentwürfe zur Lösung gegenwärtiger Probleme beeinflusste das Bewusstsein und die Wahrnehmung der Öffentlichkeit stärker als die Politik der Regierungen, die den Zeitgenossen meist verborgen blieb. Europa wurde so unabhängig von der Aktualität jeweiliger politischer Zielsetzungen und unabhängig von fremder Sicht definiert als ein ebenso gedachtes wie gewolltes Europa. Lange Zeit hat die Forschung diesem Phänomen nur verhältnismäßig geringe Beachtung geschenkt. Es spielte in den 1950er und 1960er Jahren besonders in der deutschen, französischen und italienischen Historiographie eine gewisse Rolle, als es darum ging, den europäischen Integrationsprozess in Gang zu setzen. Angesichts vermeintlich oder tatsächlich bedeutenderer Probleme und Fragestellungen geriet es dann über ein Vierteljahrhundert lang in Vergessenheit und wurde erst an der Wende vom 20. zum 21. Jahrhundert angesichts der anstehenden EU-Osterweiterung und der damit verbundenen Struktur- und Verfassungsproblematik wiederentdeckt.

Die frühe nachkriegszeitliche Forschung hatte den Nachweis dafür erbracht, dass sich das Europabild im Verlauf des 19. Jahrhunderts tiefgreifend wandelte und keineswegs von irgendeiner politischen Richtung oder geistigen Bewegung exklusiv für sich beansprucht werden konnte. Wie bereits gezeigt wurde, schieden sich schon am Europäismus Napoleons I. die Geister. Für die einen war Napoleon „die Weltseele" in Person (Hegel) bzw. „der große Klassiker" (Heine), den schon Goethe und Beethoven bewundert hätten. Die anderen sahen ihn als den Erbauer einer europäischen Militärmonarchie, der sein Reich nur mit militärischen Mitteln zusammenhalten konnte. Unabhängig davon, welches Napoleonbild favorisiert wurde, diente sein europäisches Herrschaftsmodell vielen späteren Konzepten als Ausgangspunkt – im Guten wie im Schlechten, in jedem Fall aber als Matrix für die Entwürfe europäischer Identitäten. Diese waren unterschiedlicher Herkunft, manche stammten aus aufgeklärt-liberal-republikanischen Kreisen, andere Vorstellungen waren erkennbar konservativ-pragmatisch geprägt, in einigen wurden komplette europäische politische Systeme entworfen, in anderen ging es zunächst um bloße ökonomische Fragen, wieder andere sind so vage, dass sie sich nur schwer zuordnen lassen. Aus der Rückschau betrachtet fällt allerdings auf, dass die kühnen und weitreichenden Entwürfe in der Regel früher entstanden als die eher auf Bewahrung bzw. Sicherung des Erreichten zielenden. Offensichtlich gewannen die europäischen Visionen bis zur Jahrhundertmitte und darüber hinaus an politischem Gehalt. Insbesondere in konservativen Europavorstellungen wurden öfter politische Zielsetzungen mit Machbarkeitsaspekten verbunden. Hier spielten missionarische Beweggründe kaum eine Rolle, stattdes-

Rezeption des napoleonischen Europäismus

23

sen dominierte die Frage nach der Stellung der europäischen Staaten zueinander sowie, daran anknüpfend, die nach der Stellung des europäischen Kontinents im globalen Kontext.

Europa als ein Raum, in dem es eine neue, demokratisch und sozial gerecht organisierte Gesellschaft zu schaffen galt, dominierte dagegen in Konzepten des „fortschrittlichen" politischen Spektrums, in dem der liberal-demokratische Flügel des Besitzbürgertums ebenso vertreten war wie doktrinäre Sozialisten. Letztere beriefen sich zumeist auf die Schriften Babeufs und Fouriers, besonders aber auf die des Grafen Saint-Simon, der bereits im Jahre 1814 intensiv über eine sozial gerechte Reorganisation der europäischen Gesellschaft nachgedacht hatte. Diese hatten auch in Deutschland zahlreiche Rezipienten gefunden, unter ihnen Georg Büchner und Heinrich Heine, und dienten ihnen als Grundlage ihrer Kritik an den bestehenden Verhältnissen im Deutschen Bund. Aufgrund ihrer regimekritischen Haltung mussten viele europäische Oppositionelle Zuflucht in Frankreich suchen. Allein die deutsche Exilkolonie in Paris zählte Mitte der 30er Jahre des 19. Jahrhunderts über 20 000 Köpfe, darunter so prominente Querdenker wie Moses Hess, Karl Marx und Arnold Ruge. Die Kontakte zu französischen Oppositionellenkreisen waren eng. Es kam zu durchaus fruchtbarer Zusammenarbeit, die getragen war von gegenseitigem Respekt und dem Willen zu einer Vertiefung der internationalen Kooperation.

Für eine deutliche Mehrheit der europäischen „linken" Demokraten bestand kein Zweifel daran, dass es neben dem Nationalstaat in der politischen Struktur Europas eine übergreifende Form der kontinentalen Gesamtrepräsentation geben müsse. Saint-Simons Studie von 1814 und besonders seine hierin entwickelten Pläne von der Schaffung eines europäischen Völkerbundes boten dabei einen attraktiven Bezugspunkt, war er doch davon ausgegangen, dass eine solche Einrichtung notwendigerweise dazu beitragen würde, die „Missstände geringfügiger werden, die Unruhen sich legen, die Kriege aufhören" zu lassen. Dieser Plan sei jedoch nur dann zu verwirklichen, wenn jede europäische Nation von einem Parlament regiert werde, welches wiederum die Oberhoheit eines Generalparlaments anzuerkennen hätte, das über den direkt von den europäischen Bürgern gewählten Nationalregierungen zu stehen habe. Dabei stellte die wirtschaftliche Integration für Saint-Simon die Vorstufe einer engeren politischen Kooperation dar. Er strebte somit eine europäische Konföderation an, die eines Tages vielleicht von einem europäischen König geführt werden, jedoch niemals ohne das ausdrückliche Einverständnis Frankreichs, Großbritanniens und Deutschlands entstehen könnte.

Die Gedanken Saint-Simons boten oppositionellen Kreisen in ganz Europa genügend Ansatz- und Bezugspunkte, um sie in die eigenen Überlegungen mit einzubeziehen. So sorgten Saint-Armand Bazard und Enfantin nach der Juli-Revolution von 1830 in Frankreich für eine veritable Saint-Simon-Renaissance, als sie aus einer dezidiert sozialistischen Perspektive den Staat als „Assoziation der Werktätigen" organisieren wollten. In Deutschland stießen insbesondere Saint-Simons europapolitische Pläne auf Widerhall. Der Ruf nach einem „könföderierten republikanischen Europa", der auch auf dem Hambacher Fest (1832) laut wurde, eignete sich trefflich zur Definition des eigenen regierungskritischen Standpunktes, ohne dass daran bereits verbindliche politische Überlegungen oder gar die Aufgabe eigener einheits-staatlicher Forderungen geknüpft werden mussten. Schließlich setzte die Gründung eines europäischen Staatenbundes die Schaffung des deutschen oder italienischen Nationalstaats erst voraus. Auch schloss das republikani-sche Element der Konföderation weder die Existenz einer konstitutionellen Monarchie noch die eines sozial gerechten oder sozialistischen Gemeinwe-sens in einem der Mitgliedstaaten aus.

Auch in Italien wurde die Frage der demokratisch legitimierten nationalen Einigung im europäischen Kontext intensiv erörtert. Zu den Wortführern zählte Giuseppe Mazzini, der als überzeugter Nationalist und Radikal-republikaner ebenfalls nach Frankreich flüchten musste, wo er 1831 die *„Giovine Italia"* (Junges Italien) gründete. In seinen Schriften stehen Forde-rungen nach nationaler Unabhängigkeit gleichberechtigt neben solchen nach einem freiwilligen Zusammenschluss der europäischen Nationalstaa-ten zu einer demokratischen Konföderation. Mitte der 1830er Jahre verei-nigten sich die „jungen Italiener" mit zwischenzeitlich in Deutschland und Polen entstandenen Schwesterorganisationen zum „Jungen Europa", einer übernationalen Gemeinschaft, die sich den politischen Grundsätzen Mazzi-nis verpflichtet fühlte, in der es aber von vornherein neben der politisch-liberalen Komponente eine stark von der Romantik beeinflusste literarische Strömung gab. Die Signalwirkung, die von dieser Gründung ausging, war beachtlich: In all jenen Regionen Europas, wo nationale Bewegungen bis-her weitgehend auf sich selbst gestellt darum gekämpft hatten, nationale Unabhängigkeit zu erlangen, entstanden neue Schwesterorganisationen, die sich denselben Zielen und Idealen verpflichtet fühlten wie die „jungen Europäer" von 1834. Die Gründung der wohl letzten nationalen Organisa-tion in dieser Tradition belegt noch einmal nachhaltig sowohl die Reich-weite als auch die Tragfähigkeit ihrer Ideen: Als sich Anfang der 1840er Jah-re irische Nationalisten zum „Young Ireland" zusammenschlossen, existierte das „Junge Europa" bereits seit vier Jahren nicht mehr, es war schon 1836 wieder aufgelöst worden.

Manche im Umfeld des „Jungen Deutschland" entstandenen Überlegun-gen erinnern an jene vom deutschnationalen Sendungsbewusstsein getrage-nen Konzepte des frühen 19. Jahrhunderts, die im Geiste der idealistischen Geschichtsphilosophie dem deutschen Volk die Reform der europäischen Staatenwelt quasi als eine von der Vorsehung erteilte Aufgabe zugespro-chen hatten. Damit näherten sie sich wiederum den bürgerlich-liberalen und konservativen Denkern an, die von ihrem jeweiligen politischen Stand-ort aus die Gestaltungsmöglichkeiten eines künftigen deutschen National-staates an sich und dessen Position in Europa neu durchdachten. Man könn-te sie als „utopische Nationalisten" bezeichnen, da ihre Interpretation der deutschen Rolle im europäischen Kontext noch immer von den Herder-schen Idealen geleitet wurde, was die Anerkennung der anderen europäi-schen Nationen als gleichberechtigte Partner (mit Ausnahme des als für die „Idee Europa" gefährlich eingeschätzten Russland) mit einbezog. Wie brü-chig ein solches Denkmodell jedoch war und wie groß die Gefahr eines Umschlages von einem offenen und toleranten „internationalen Nationalis-mus" zu seinem dumpfen und chauvinistischen Gegenbild bei geeigneten Rahmenbedingungen sein sollte, wurde um 1840 deutlich. Als Folge der

Die „Giovine Italia" des Giuseppe Mazzini

Das Junge Deutschland

Orient- und Rheinkrise überwogen in weiten Kreisen der Bevölkerung beiderseits des Rheins gleichsam „über Nacht" nationalistische Töne, während europäische Denkansätze weitgehend verschwanden.

Dieser Wandel der öffentlichen Meinung spiegelte sich in staatstheoretischen Konzepten der späten Vormärzzeit. Auch hier ist ein zwar langsamer, jedoch kontinuierlicher Perspektivenwandel festzustellen, der die jeweils eigene Nation zunehmend in den Mittelpunkt der verschiedenen politischen Entwürfe rückte. Allerdings waren diese noch weitgehend frei von dem aggressiven nationalistischen Sendungsbewusstsein, das dann für die zweite Hälfte des 19. Jahrhunderts charakteristisch werden sollte. Stattdessen wirkte bei vielen, insbesondere konservativen Staatstheoretikern der 1840er Jahre, Hegels Diktum vom Primat des germanisch-protestantischen Prinzips in Europa weiter fort, das nach dessen Auffassung die Epoche seit der Reformation gekennzeichnet habe. So attestierte beispielsweise der Nationalökonom Lorenz von Stein Deutschland eine Schrittmacherfunktion in der germanischen Welt, um Europa einen Weg aus der als Krise empfundenen Gegenwart zu weisen. Darüber hinaus plädierte er für eine zentraleuropäische Achsenallianz, der neben Gesamtdeutschland Skandinavien im Norden und Italien im Süden angehören und deren vereinte Kraft eine wirtschaftliche Durchdringung des Balkanraums sowie weiter Teile des Nahen und Mittleren Ostens ermöglichen sollte.

Europa als Wirtschaftsraum – Die Überlegungen des Friedrich List

Damit stand er den ebenfalls wirtschaftspolitisch orientierten Überlegungen Friedrich Lists nahe, in denen sich dieser bereits seit etwa Mitte der 30er Jahre intensiv mit der Frage einer Intensivierung der deutschen Handelsbeziehungen zu den Balkanländern beschäftigt hatte. Zur Sicherstellung des wirtschaftlichen Wohlergehens einer rasch wachsenden Bevölkerung in Deutschland und mangels eigenen Kolonialbesitzes hatte List eine Expansion des deutschen Einflussraumes im europäischen Rahmen in bislang (aus wirtschaftlicher Sicht) relativ unerschlossene Gebiete empfohlen, wofür seiner Ansicht nach nur Südosteuropa in Betracht kam, weil es für Deutschland eine ähnliche Funktion als Hinterland habe wie der unerschlossene Westen für Nordamerika. Diese Regionen galt es, infrastrukturell möglichst eng an das „Mutterland" anzubinden und einen einheitlichen „deutsch-ungarischen Wirtschaftsraum" zu schaffen, der von der Nord- und Ostsee bis ans Schwarze Meer reichte.

Karl Ludwig Freiherr von Bruck stellt in gewisser Weise das Bindeglied zwischen Friedrich List und Lorenz von Stein dar. Als Handelsminister legte er zwischen 1848 und 1851 den Grundstein für die Modernisierung des maroden österreichischen Wirtschaftssystems. Dabei war er davon überzeugt, dass angesichts des starken internationalen Wettbewerbs nur die Schaffung eines leistungs- und konkurrenzfähigen mitteleuropäischen Zoll- und Wirtschaftsraumes mit dem Deutschen Zollverein und dem Habsburgerreich als Kern langfristig das ökonomische Überleben der Staaten des Deutschen Bundes garantieren könne. Wenn Warenströme und Kapital erst ungehindert zwischen der Nord- und Ostsee und dem Schwarzen Meer hin- und herfließen würden, wäre damit auch der österreichisch-preußische Disput um die Vorherrschaft im Deutschen Bund zu Ende. Österreich hätte aus einer solchen Lösung wahrscheinlich den größeren Nutzen gezogen, da den Habsburger Landen aufgrund ihrer zentralen Lage in einem solchen

mitteleuropäischen Wirtschaftsraum automatisch eine Schlüsselrolle zugefallen wäre. Hier lag das Problem, denn Bruck entwickelte seine Pläne zwischen 1849 und 1859 und damit zu einer Zeit, als der preußisch-österrei-
chische Antagonismus immer deutlicher wurde. Zu diesem Zeitpunkt hatte
sich das konservative Europa bereits gegenüber dem revolutionären durch-
gesetzt, die Erhebungen des Jahres 1848 waren niedergeschlagen worden.
Das nationale Denken der 1830er Jahre, das die revolutionäre Bewegung
1848 maßgeblich mitbestimmt hatte, verengte sich unter dem Eindruck der
Reaktion endgültig zum chauvinistischen Nationalismus.

Nationalismus und Imperialismus

Noch im Juli 1848 hatte Arnold Ruge in der Paulskirche einen Völkerkon-
gress zum Zweck einer allgemeinen europäischen Entwaffnung gefordert. Er
empfand seine Forderung nicht als utopisch, da er davon ausging, dass die
Umwälzungen des Jahres 1848 ein neues politisches System in Europa
geschaffen hätten, das sich Nordamerika zum Vorbild genommen habe und
nicht mehr länger das alteuropäische Denken spiegele, das der Heiligen
Allianz zugrunde gelegen habe. Doch wenig später stand fest, dass es sich
bei diesem und anderen vergleichbaren Konzepten in der Tat um Utopien
gehandelt hatte. Die Reaktion machte allen hochfliegenden demokratischen
Plänen ein Ende. In Preußen geschah dies unter der Führung der einflussreichen „Kamarilla", einer Gruppe von konservativen Persönlichkeiten, die
zwar allesamt nicht zur preußischen Regierung zählten, indes als enge
Freunde und Berater König Friedrich Wilhelms IV. maßgeblichen Einfluss
auf die preußische Politik ausübten. Dazu gehörten unter anderem Joseph
Maria von Radowitz und Friedrich Julius Stahl sowie Leopold und Ernst
Ludwig von Gerlach. Letztere repräsentierten die preußischen Hochkonser-
vativen, für die Liberalismus und mehr noch Nationalismus jene verab-
scheuungswürdigen Früchte der Revolution darstellten, die gegen alle Normen der Tradition und Legitimität das Prinzip der historisch gewachsenen
Monarchie zu überwinden versuchten und die an die Stelle von quasi aus
sich selbst heraus konsensfähigen regionalen und föderalen Staatenordnun-
gen potentiell konfliktfördernde Nationalstaaten setzen wollten. Der Uni-
versalismus des „Wiener Systems" hingegen bot ihrer Meinung nach den
einzig möglichen überstaatlichen Rahmen einer übergreifenden europäischen Rechts- und Friedensordnung.

Josef Maria von Radowitz hatte schon vor der Märzrevolution angesichts
der vielfältigen politischen Krisen seinen König dazu aufgefordert, zur Aufrechterhaltung der politischen Ordnung im Einvernehmen mit den europäischen Nachbarstaaten „die Idee der Nationalität" zu ergreifen. Vermutlich
dachte Radowitz dabei auch an eine Neuauflage des Wiener Kongresses. Er
wusste, dass ein preußischer „Griff" nach der deutschen Krone erhebliche
Verschiebungen der deutschen und damit zwangsläufig auch der europäischen politischen Tektonik nach sich ziehen würde, so dass ein Alleingang
ohne Abstimmung mit den europäischen Nachbarn vermutlich sogar einen

Die Paulskirche und
Europa

Der Radowitz-Plan

Krieg provoziert hätte. Zur Stabilisierung nach innen schlug er daher die Verabschiedung einer für die liberalen Konstitutionalisten akzeptablen Verfassung vor, nach außen konnte die Einbindung Deutschlands in einen internationalen Pakt stabilisierend wirken, in dem Rechtsstreitigkeiten ausschließlich durch ein eigens zu schaffendes internationales Schiedsgericht zu schlichten gewesen wären. Nur wenn das unter preußischer Führung vereinte Deutschland mit seiner zentralen Lage eine beherrschende Stellung einnehmen würde, so von Radowitz, könne der Friede in Europa gewahrt werden.

Die Gründung des Deutschen Reiches erfolgte jedoch nicht in einem einvernehmlichen europäischen Geist, sondern infolge des preußisch-deutschen Krieges gegen Frankreich. Wie Preußen hatten auch die anderen betroffenen europäischen Nationen die Revolution von 1848 rasch überwunden und sich erfolgreich um die Restitution der vormärzlichen Verhältnisse bemüht. Die zweite Hälfte des 19. Jahrhunderts stand somit unter dem Primat des Nationalstaats. Anstatt grenzübergreifende Integrationsbemühungen vorzunehmen, driftete Europa in den Imperialismus als Ausdruck des vom Nationalismus beseelten Kampfes um globale Macht. An die Stelle europäischer Ordnungskonzepte traten nun vermehrt Europabilder als Projektionen nationaler Sehnsüchte.

Europa als Gegenentwurf zum Nationalstaat des 19. Jahrhunderts

Doch es gab auch Ausnahmen. So hatte Victor Hugo bereits 1851 in einer Rede vor dem französischen Parlament von den „Vereinigten Staaten von Europa" gesprochen und dabei den Hohn der Abgeordneten geerntet. Weder die Kritik seiner Zeitgenossen noch staatliche Repressionen seitens Napoleons III. vermochten seine Überzeugung zu erschüttern, dass es im 20. Jahrhundert nur noch eine, die europäische Nation in Europa geben werde. Daran ließ er in seinem Vorwort zum „Führer durch Paris", der anlässlich der Pariser Weltausstellung von 1867 herausgegeben wurde, keinen Zweifel. Wie Hugo vertrauten auch Ernest Renan und David Friedrich Strauß in die konfliktregulierende Kraft einer europäischen Föderation. In ihrer während des deutsch-französischen Krieges 1870/71 geführten Korrespondenz erschien diese Option als einzig möglicher Ausweg aus den von ihnen als absurd empfundenen europäischen Zwistigkeiten.

Allerdings mussten Renan und Strauß am Ende ihres Lebens die Vergeblichkeit ihres Hoffens erkennen und einsehen, dass das Erstarken der Nationalstaaten Ende des 19. Jahrhunderts einen verhängnisvollen Wettbewerb ausgelöst hatte. So trieben im Zeitalter des Imperialismus manch europäisch verbrämte Zielsetzungen merkwürdige Blüten, die wie die deutschen Mitteleuropa-Planungen des frühen 20. Jahrhunderts und des Ersten Weltkrieges nationales Hegemonialstreben mit dem Deckmantel europäischer Ideale kaschieren wollten. Dabei wussten die Verkünder entsprechender Konzepte wohl, dass sie sich damit weit von den ursprünglichen Zielen europäischer Utopien entfernten, die allesamt von der Idee der europäischen Einheit ausgegangen waren. Dieser setzten sie nun neue Trennungslinien entgegen, die den Kontinent in drei Bereiche teilten: einen westlichen, geprägt von den Idealen der Französischen Revolution, einen mittleren, geprägt von den vermeintlichen Vorzügen der deutschen Kultur, sowie einen zivilisatorisch und kulturell unterlegenen östlichen. Von wenigen Konzepten abgesehen – zum Beispiel Friedrich Naumanns Mitteleuropaplan des Jahres 1915 – ging es den deutschen Mitteleuropa-Ideologen des frühen 20. Jahrhunderts jedoch nicht um die Einigung Europas im Sinne eines grenzübergreifend-föderativen Modells, sondern ausschließlich um die Etablierung einer deutschen oder deutsch-österreichischen Hegemonie im Herzen des Kontinents. Die Staatenwelt Ostmittel-, Ost- und Südosteuropas besaß in ihren Überlegungen üblicherweise den Stellenwert eines untergeordneten wirtschaftlichen Ergänzungsraumes, der dem Zentrum die eigenen Ressourcen liefern und ihm die Fertigprodukte abnehmen sollte.

In deutschen Regierungs- und Wirtschaftskreisen kursierten zu Beginn des Ersten Weltkriegs viele solcher Überlegungen. Deutlich erkennbar flossen sie in die offiziellen deutschen Kriegsziele ein, die Reichskanzler Bethmann Hollweg im September 1914 verkündete. Damals freilich ahnte noch niemand, dass man sich am Anfang eines großen Krieges befand, der später einmal zu den beiden „Urkatastrophen" des 20. Jahrhunderts gezählt werden würde. Nachdem sich aber die Bevölkerung Europas des Ausmaßes an militärischer Gewalt, das der Krieg mit sich gebracht hatte, und des damit verbundenen menschlichen Leides bewusst geworden war, stellte sich die Frage nach der Schaffung dauerhafter Rahmenbedingungen für den Frieden in Europa mit bis dahin nicht gekannter Dringlichkeit. Zudem hatte der Krieg die militärische und industrielle Stärke der USA gezeigt, der keine europäische Macht allein mehr gewachsen war. Die russische Revolution schließlich, deren Anhänger sich offen dazu bekannten, die traditionelle gesellschaftliche und politische Ordnung Europas umstürzen zu wollen, lieferte nach 1918 weitere Gründe dafür, dass in den 20er Jahren eine Vielzahl europäischer Neuordnungskonzepte entwickelt wurde. Sie alle wollten dazu beitragen, die Trennungslinien zu überwinden, die Nationalismus und Imperialismus zwischen den Staaten Europas aufgeworfen hatten.

Europa als Gegenstand der Kriegszieldiskussion während des Ersten Weltkriegs

Die Zwischenkriegszeit: Föderationspläne gegen Hegemonialstreben

Wohl am publikumswirksamsten bekannte sich in den 20er Jahren **Richard Nikolaus Graf Coudenhove-Kalergi** zum Gedanken einer europäischen Föderation. Mit seiner 1923 gegründeten „Paneuropa-Union" schuf er eine Organisation, der bald tausende von Parlamentariern und andere einflussreiche Persönlichkeiten angehörten. Sie unterstützten das 1924 im „Paneuropäischen Manifest" Coudenhove-Kalergis festgeschriebene Ziel, sämtliche demokratischen Staaten Kontinentaleuropas zu einem politischen und wirtschaftlichen Zweckverband zusammenzuschließen, der als gleichberechtigte Weltmacht mit Amerika, dem britischen Weltreich, Russland und Ostasien keine fremde Einmischung hinzunehmen brauchte. Ihren wohl größten Erfolg erzielte die „Paneuropa-Union" im Oktober 1926, als sich über 2000 Repräsentanten der europäischen Politik und des öffentlichen Lebens in Wien anlässlich des ersten „Paneuropa-Kongresses" versammelten. Aber so imposant die Teilnehmerkulisse auch gewesen sein mochte, ahnten Skeptiker bereits damals, dass die Größe der Bewegung letztendlich auch ihre Schwäche darstellte: Nur die Unverbindlichkeit des paneuropäischen

Das Paneuropa-Konzept Coudenhove-Kalergis

Programms erlaubte es der politischen Prominenz aus den verschiedenen europäischen Nationalstaaten (zum Beispiel Louis Loucheur, Léon Blum und Aristide Briand für Frankreich; Paul Loebe, Erich Koch-Weser und Joseph Koeth für das Deutsche Reich), sich in der „Paneuropa-Union" zu engagieren; klare Vorgaben, wie die Ziele Coudenhove-Kalergis letztlich in konkrete Politik umgesetzt werden sollten, gab es hingegen keine. Das musste auch Aristide Briand erkennen, als er im September 1929 vor dem Völkerbund in Genf seinen Plan zur Schaffung einer Föderation der europäischen Staaten vorstellte. Zu offensichtlich hatte hier die Furcht der französischen Regierung vor einem erneuten Erstarken Deutschlands die Feder geführt, als dass er für Berlin akzeptabel gewesen wäre. Ein ähnlich klägliches Schicksal war der deutsch-österreichischen Initiative zur Schaffung einer gemeinsamen Zollunion Anfang der 30er Jahre beschieden, obwohl Außenminister von Bülow ausdrücklich versuchte, ihr „ein paneuropäisches Mäntelchen umzuhängen", um sie so den Mitgliedern des Völkerbundes schmackhaft zu machen.

E **Richard Nikolaus Graf Coudenhove-Kalergi (1894–1972)**
aus einer habsburgisch-französischen Familie stammender Schriftsteller, Politiker und Gründer der „Paneuropa-Union" 1923/1924. Mitglieder waren unter anderem Albert Einstein, Thomas Mann und Konrad Adenauer. 1938 Emigration in die Schweiz und anschließend in die USA, in New York Professor für Geschichte. 1950 erhielt er den ersten internationalen Karlspreis der Stadt Aachen, im selben Jahr unterbreitete er dem Europarat seinen Entwurf für eine Europäische Flagge, 1955 schlug er Beethovens Vertonung von Schillers *Ode an die Freude* als neue Europäische Hymne vor. Bereits im Jahre 1931 hatte Coudenhove in einem Schreiben an Heinrich Brüning eine Rechtsangleichung der europäischen Staaten mit einem Bundesgericht gefordert und für die Aufnahme der Türkei in den von ihm avisierten paneuropäischen Bund plädiert.

Andere Pläne zur Neuordnung Europas aus der Zwischenkriegszeit

Sowohl der Briand-Plan als auch das Zollunionsprojekt als Beispiele nationaler Interessenpolitik unter dem Deckmantel europäischer Initiativen unterstreichen das Schicksal aller demokratischen Europa-Konzepte der Zwischenkriegszeit. Unabhängig davon, ob sie eine politische Föderation oder eine Wirtschaftsgemeinschaft unterstützten, ob sie Handelshemmnisse abbauen wollten oder dem Pazifismus verpflichtet waren, mussten sie letztlich vor dem nationalstaatlichen Egoismus kapitulieren. Dieser förderte stattdessen bevorzugt solche Initiativen, die die Stärkung einzelner Nationalstaaten im europäischen Mächtekonzert anstrebten, was implizit zugleich zu Lasten konkurrierender Mächte ging. So unterstützte die französische Regierung Anfang der 30er Jahre gezielt Pläne zur Schaffung einer mitteleuropäischen Staatengemeinschaft, die als Gegengewicht zum erstarkenden Deutschen Reich wirken sollte. Die Reichsregierung setzte hingegen alles daran, um, in bewusster Bezugnahme auf die Mitteleuropapläne der Kriegsjahre, den eigenen Einfluss in Ostmittel- und Südosteuropa mit ökonomischen Mitteln zu fördern. Dabei konnte sie sich auf eine Vielzahl von Initiativen berufen, die seit Anfang der 20er Jahre besonders in rechtsintellektuellen antidemokratischen Kreisen entstanden waren und einen Neuordnungsauftrag des Deutschen Reiches für Mitteleuropa formuliert hatten. Das Recht dazu glaubten sie aus einer vermeintlichen „Sonderstellung" ableiten zu können, die das in der Mitte Europas liegende Reich als Kulturträger dieses Raumes ihrer Meinung nach besaß. Nach der „Machtergreifung" mutierten solche Konzepte dann oftmals zu Argumentationshilfen für die rassenideologisch und pangermanisch verbrämte Forderung der Nationalsozialisten nach einer kontinentalen Neuordnung.

Die von den Machthabern des „Dritten Reiches" angestrebte „neue Ordnung" Europas hatte indes mit den europäischen Entwürfen, auch mit den meisten Mitteleuropakonzepten der 20er Jahre, nichts mehr gemein. Im Gegenteil – hatten selbst die meisten mitteleuropäischen Denkmodelle aus rechten antidemokratischen Kreisen der Weimarer Republik dem neu zu gestaltenden Raum noch föderative Strukturen zugestanden, ging das nationalsozialistische Ordnungsmodell von der Schaffung eines zentralistischen „großgermanischen Reiches" aus. Es handelte sich nur noch um die Suche nach einer Antwort auf die Frage, wie eine Erweiterung der deutschen Außengrenzen erreicht werden konnte, so wie es Hitler in seiner programmatischen Forderung nach einer Vergrößerung des Lebensraums für das deutsche Volk schon Mitte der 20er Jahre gefordert hatte. In den entsprechenden Passagen von „Mein Kampf" war auch nachzulesen, dass diese Vergrößerung nötigenfalls mit Gewalt vorgenommen werden sollte.

Nationalsozialistische Neuordnungsziele

Europa im Zweiten Weltkrieg

Der Zweite Weltkrieg war also keinesfalls ein „europäischer Bürgerkrieg" zwischen Nationalismus und Bolschewismus, wie die nationalsozialistische Propaganda immer behauptete. Sicher: Es gelang der Führung des NS-Regimes anfangs, unter dem Hinweis auf die „rote Gefahr" eine Reihe von europäischen Verbündeten aus verschiedenen faschistischen Bewegungen zu gewinnen, womit sie die Notwendigkeit der europäischen Neuordnung nach nationalsozialistisch-faschistischem Muster belegen – und damit missbrauchen – wollte. Sie alle aber mussten im Verlauf des Krieges erkennen, dass es Hitler und seinen Helfershelfern letztlich nur um die Umsetzung des Lebensraumkonzepts ging. Wenn die nationalsozialistische Europapropaganda trotzdem im Sinne der uns heute vertrauten Europa-Idee wirksam werden sollte, so könnte dies also geradezu als eine List der Geschichte aufgefasst werden. Nicht zuletzt deshalb, weil das NS-Regime mit großem Aplomb seinen europäischen Neuordnungsauftrag verkündete, sahen sich deutsche und europäische Widerstandskreise dazu herausgefordert, eigene europäische Konzepte zu entwickeln, die nach dem Zusammenbruch des „Dritten Reiches" als Grundlage einer neuen und stabileren politischen Ordnung Europas dienen konnten. So bezog sich zum Beispiel das „Programm der deutschen Opposition für Deutschland und Europa", das Hans Schönfeld, der deutsche Direktor der Forschungsabteilung des Weltkirchenrates, im Mai 1942 in Stockholm vorstellte, ausdrücklich auf die nationalsozialistische Propaganda. Schließlich hieß es in Punkt 3 des Programms, dass nach der Beseitigung der NS-Diktatur „eine europäische Föderation von freien Staaten und Nationen" mit einer gemeinsamen Regierung und einer für die Sicherheit Europas zuständigen europäischen Armee geschaffen wer-

Europäische Neuordnungskonzepte des Widerstandes gegen den Nationalsozialismus

den solle. Selbstverständlich musste einer solchen Föderation auch ein vom Nationalsozialismus befreites Deutschland angehören. Ähnliches war von **Léon Blum**, dem ehemaligen sozialistischen Ministerpräsidenten Frankreichs, bereits im Oktober 1939 gefordert worden, als er die Schaffung eines föderativen und abgerüsteten Europas zu den „Kriegszielen" der europäischen Sozialisten erklärte.

E

Léon Blum (1872–1950)
Jurastudium an der Sorbonne, Mitbegründer der *Parti Socialiste Français* (PSF). 1936 erster sozialistischer französischer Ministerpräsident, Rücktritt 1937, 1938 erneut Ministerpräsident. 1940 ließ die Vichy-Regierung Blum verhaften und veranlasste seine Internierung, 1943 bis 1945 Inhaftierung in den Konzentrationslagern Buchenwald und Dachau, 1945 Befreiung durch amerikanische Truppen. 1946 Ministerpräsident im Minderheitenkabinett der Vierten Republik.

Wie Blum hatten sich kurz nach Entfesselung des Krieges zahlreiche Dichter, Gelehrte und Politiker aus vielen europäischen Staaten mit großem Nachdruck für die Verwirklichung der europäischen Ideale der Zwischenkriegszeit als vorrangige Aufgabe der Nachkriegszeit ausgesprochen. Mit ihren Stellungnahmen lieferten sie all jenen Widerstandsorganisationen gute Argumente, die sich im weiteren Verlauf des Krieges bildeten und sich, entweder im Exil oder aber im Verborgenen, für die europäischen Ideale als Garanten einer friedlichen Zukunft des Kontinents einsetzten. Sie bildeten den Grundstock eines europaweiten Netzwerkes von Widerstandsorganisationen, in dem, trotz der nationalsozialistischen Unterdrückungsmaßnahmen, demokratische europäische Neuordnungsmodelle als Alternativen für die Nachkriegszeit diskutiert wurden. Eine zentrale Rolle in diesem Netzwerk spielte die schweizerische Europa-Union, die den entsprechenden Plänen nicht nur ungehindert Öffentlichkeit verschaffte, sondern den europäischen Widerstand damit auch ermunterte, die eigenen Planungen weiter voranzutreiben und Modelle zu entwerfen, auf die die Politik nach dem Sturz Hitlers zurückgreifen konnte. So trafen sich Vertreter verschiedener europäischer Widerstandsorganisationen im Frühjahr 1944 in Paris, um sich über die Grundzüge einer künftigen Europapolitik zu verständigen. Im Abschlusskommuniqué dieses ersten und einzigen gesamteuropäischen Widerstandskongresses hieß es unter anderem, dass als Grundlage einer künftigen Friedensordnung vom Dogma der absoluten Staatssouveränität und der daraus resultierenden zwischenstaatlichen Anarchie Abschied genommen werden müsse. Für die Delegierten stand außer Frage, dass nur ein befriedetes und geeintes Europa als Garant des Weltfriedens dienen konnte. Dabei musste ihrer Meinung nach die Einigung in Form einer bundesstaatlichen Lösung erfolgen, da sie allein strittige Grenzfragen lösen konnte und die Teilnahme des deutschen Volkes am europäischen Leben gestattete, ohne dass es wieder zu einer Gefahr für andere europäische Völker werden würde. Dazu gehörte aber auch, dass Deutschlands politische und wirtschaftliche Struktur – notfalls unter Zwang – so zu ändern war, dass es sich in die europäische Föderation eingliedern ließ.

An der Pariser Konferenz nahmen Delegierte aus Dänemark, Frankreich, Italien, Norwegen, den Niederlanden, Polen, der Tschechoslowakei, Jugoslawien und des deutschen Widerstandes teil. Auch wenn das Abschlusskommuniqué keinen Hinweis auf die Staaten enthielt, aus denen die europäische Föderation gebildet werden sollte, spiegelt die Zusammensetzung einen gesamteuropäischen Ansatz. Vor dem Hintergrund der nationalsozialistischen Aggression entstanden in den Kreisen des europäischen Widerstandes und Exils aber auch andere, bescheidenere und räumlich begrenzte Föderationsmodelle. Hier wäre zum Beispiel das polnisch-tschechoslowakische Konföderationsabkommen aus dem Januar 1942 zu nennen oder die angestrebte Balkanföderation zwischen Griechenland und Jugoslawien.

Regionale Föderationsplanungen fanden in den Kriegsjahren freilich nicht nur in Bezug auf die Staatenwelt Ostmittel- und Südosteuropas statt. Unter westlichen Politikern erwies sich der Außenminister der belgischen Exilregierung, **Paul-Henri Spaak**, als besonders rege. Sein Konzept sah einen Zusammenschluss Belgiens, der Niederlande, Luxemburgs und Frankreichs vor. Dabei konnte er sich auf die Unterstützung der französischen Exilregierung berufen, in der **Jean Monnet** als Ansprechpartner diente. Über ihn wurde eine Verbindung mit französischen Widerstandskreisen hergestellt. Diese belgisch-französische Gruppe befasste sich intensiv mit Grundfragen einer westeuropäischen politischen und wirtschaftlichen Union. Dass Großbritannien in solchen Überlegungen eine feste Größe darstellte, überrascht angesichts der Bedeutung Londons für die europäische Exilpolitik der Kriegsjahre nicht – wenngleich Charles de Gaulle schon vor Kriegsende an der britischen Bereitschaft zur Integration in eine westeuropäische Union zweifelte. Für ihn sollte sich der Kern der Föderation auf Frankreich und die Benelux-Staaten konzentrieren. Das schloss seiner Meinung nach eine spätere Süderweiterung ebenso wenig aus wie den Einbezug des rheinisch-westfälischen Industriereviers oder eine Assoziation mit Großbritannien.

Paul-Henri Spaak (1899–1972)
belgischer Politiker und Staatsmann, 1920 Mitglied der sozialistischen Arbeiterpartei Belgiens; 1932 Abgeordneter seiner Partei, 1935 Verkehrsminister der Regierung Paul van Zeeland, mehrfach Außenminister und viermal Premierminister Belgiens; 1946 Wahl zum Präsidenten der ersten UN-Generalversammlung der Vereinten Nationen; 1949 bis 1951 Vorsitzender der Parlamentarischen Versammlung des Europarats, 1952 bis 1954 Präsident der Parlamentarischen Versammlung der Europäischen Gemeinschaft für Kohle und Stahl (EGKS). 1955 Vorsitzender eines Ausschusses zur Vorbereitung eines gemeinsamen europäischen Marktes. Der so genannte Spaak-Bericht führte zur Unterzeichnung der Römischen Verträge. 1956 Generalsekretär des NATO-Rates. 1957 Karlspreis der Stadt Aachen.

E

Jean Monnet (1988–1979)
1920 bis 1923 stellvertretender Generalsekretär des Völkerbundes. 1943 Übernahme des Amtes des Staatskommissars für Ernährung, Rüstung und Wiederaufbau im französischen Befreiungskomitee in Algier. 1946 Leiter des neu eingerichteten Planungsamtes in Frankreich. 1950 Präsident der Pariser Schuman-Plan-Konferenz, die zur Gründung der Europäischen Gemeinschaft für Kohle und Stahl (EGKS) führte. 1952 bis 1954 Präsident der Hohen Behörde der Montanunion. 1953 Auszeichnung mit dem Karlspreis der Stadt Aachen.

E

Möglicherweise wurzelte die Skepsis de Gaulles in der Erkenntnis, dass Großbritannien aufgrund seiner imperialen Interessen ebenso wie angesichts der großen Bedeutung, die London den Beziehungen zu den USA bei-

De Gaulles Haltung zu einem britischen Europaengagement während des Zweiten Weltkriegs

maß, ein entschlossenes europäisches Engagement schwer fallen würde. Dabei konnte sich die europäische Bewegung auch in Großbritannien auf durchaus zahlreiche einflussreiche Förderer berufen. Diese waren in der *„Federal Union"*-Bewegung organisiert, die nach dem Abschluss des Münchener Abkommens (1938) gegründet worden war, binnen kurzem mehr als 10 000 Mitglieder vornehmlich aus dem universitären und politischen Bereich gewonnen hatte und sich mit Nachdruck für eine föderative Neuorganisation Europas einsetzte. Auch hatte de Gaulle als Beauftragter des französischen Kriegsministeriums im Juni 1940 persönlich an einer anglo-französischen Bundesinitiative mitgewirkt. Diese war zwar zunächst primär zur Abwehr der drohenden deutschen Kriegsmaschinerie konzipiert worden, doch hätte sie im Falle ihrer Realisierung nach Kriegsende zweifellos als Kern einer anglo-französischen Union dienen können, zumal eine solche Möglichkeit auf beiden Seiten des Kanals von maßgeblichen Politikern ernsthaft in Betracht gezogen wurde. Die Unterzeichnung des deutsch-französischen Waffenstillstandsabkommens durch die französische Regierung markierte allerdings das Ende dieser Initiative. Auf ihrer Suche nach Verbündeten im Kampf gegen Hitler-Deutschland blieb der britischen Regierung nun gar nichts anderes mehr übrig, als jenseits des Atlantiks um Unterstützung nachzusuchen.

Die „one-world-policy" Roosevelts

Das Eintreten der USA in den europäischen Kriegsschauplatz und die kriegsentscheidende Rolle, die nicht nur die Regierung Churchill diesem Schritt beimaß, unterstrich erneut den machtpolitischen Bedeutungsverlust der europäischen Nationalstaaten: Ohne nordamerikanische Hilfe war an eine Bezwingung des „Dritten Reiches" nicht zu denken. Mochte Winston Churchill anfangs noch gehofft haben, mit nordamerikanischer Unterstützung den eigenen Weltmachtstatus bewahren zu können, musste er spätestens im Oktober 1943 erkennen, dass seine auf eine europäische Neuordnung im Sinne eines föderativen Systems zielenden politischen Konzepte nicht mehr gegen den Willen Washingtons durchsetzbar waren. Seinerzeit war er öffentlich für die Gründung eines europäischen Staatenbundes unter britischer Führung und unter Ausschluss der Sowjetunion eingetreten. Der amerikanische Präsident hatte hierin aber lediglich den Versuch der Restauration einer in unterschiedliche Machtblöcke unterteilten Welt gesehen, die bereits in ihrem Keim die Saat künftiger Weltkriege in sich trug. Als Alternative dazu wollte Franklin D. Roosevelt allein sein Konzept der *„one world policy"* gelten lassen. Nur eine globale politische Neuordnung, wie sie bereits in der Atlantik-Charta vom August 1941 in groben Umrissen skizziert worden war, schien ihm einen Ausweg aus der zwischenstaatlichen Anarchie der Nationalstaaten mit ihren verhängnisvollen Folgen aufzuzeigen. Im Rahmen eines solchen Konzepts konnte eine wie auch immer gestaltete europäische Föderation nur eine nachgeordnete Rolle spielen, während der Mitwirkung der Sowjetunion eine zentrale Bedeutung zugekommen wäre. Schließlich war der UdSSR neben den USA, China und Großbritannien die Rolle eines der vier Weltpolizisten zugedacht, die in diesem globalen Sicherheitssystem für Ordnung sorgen sollten.

II. Die Gründungsphase (1952–1973)

19. 9. 1946	Rede Churchills in Zürich
21. 9. 1946	Hertensteiner Programm der europäischen Föderalisten
4. 3. 1947	Abkommen von Dünkirchen
März 1947	Truman-Doktrin
5. 6. 1947	Marshall-Plan
11. 4. 1948	Gründung der OEEC
11. 6. 1948	Verabschiedung der Vandenberg-Resolution
5. 5. 1949	Gründung des Europarats
9. 5. 1950	Veröffentlichung des Schuman-Plans
September 1950	Gründung der Europäischen Zahlungsunion
Oktober 1950	Veröffentlichung des Pleven-Plans
18. 4. 1951	Unterzeichnung des EGKS-Vertrags
26. 5. 1952	Unterzeichnung des EVG-Vertrags
Juli 1952	Gründung der Hohen Behörde
September 1953	Konvention zum Schutz der Menschenrechte und Grundfreiheiten tritt in Kraft
23. 10. 1954	Unterzeichnung der Pariser Verträge
Juni 1955	Messina-Konferenz
Oktober 1956	Unterzeichnung der Luxemburger Verträge
25. 3. 1957	Unterzeichnung der Römischen Verträge
1958/1959	Gründung der EFTA
29. 5. 1958	Charles de Gaulle wird französischer Staatspräsident
1. 10. 1961	Gründung der OECD
November 1961	Fouchet Plan I
Januar 1962	Fouchet Plan II
Januar 1962	Einführung der Gemeinsamen Agrarpolitik (GAP)
Januar 1963	Ablehnung des britischen Beitrittsgesuchs durch de Gaulle
Januar 1966	Luxemburger Kompromiss
1967	Zweites Beitrittsgesuch Großbritanniens
Juni 1969	Hans von der Groeben legt sein „Programm für Europa" vor
Juli 1969	Zollunion und Gemeinsamer Markt
Dezember 1969	Regierungskonferenz in Den Haag

Die Problemkonstellationen der Nachkriegszeit

Der sich spätestens seit 1943 abzeichnende Niedergang der national-sozialistischen Herrschaft über Europa ließ die Planungen über die Neugestaltung der „Alten Welt" nach einem Sieg der Alliierten konkreter werden. So wurden in konservativen, sozialistischen, kirchlichen und intellektuellen Kreisen Konzepte für eine europäische Neuordnung erarbeitet. Zumeist plä-

Das breite Spektrum europäischer Neuordnungskonzepte der Kriegsjahre

dierten sie für ein föderal organisiertes Gesamteuropa. Darüber hinaus ging es um Aspekte wie die Wiederherstellung einer europäischen Zivilisation oder um Fragen europaweiter sozialer Gerechtigkeit. Auch für das „deutsche Problem" galt es, eine Lösung zu finden, die die Staaten des Kontinents vor künftigen deutschen Hegemonialansprüchen schützen würde. Anders als nach dem Ersten Weltkrieg wollte man diese Sicherheit nicht über ein Tribunal der Siegermächte erreichen, sinnvoller erschien es stattdessen, Deutschland als Ganzes unter die „Vormundschaft" der internationalen Gemeinschaft zu stellen, um die Deutschen so von vornherein in die internationale Gemeinschaft einzubinden. Deutsche Widerstandskreise griffen solche Überlegungen mit Interesse auf, da man hier die Gefährdung der politischen Stabilität des Kontinents durch die auf Mitteleuropa fixierten deutschen Ordnungsmodelle der Zwischenkriegszeit erkannt hatte und deshalb gleichfalls nach gesamteuropäischen Ansätzen suchte.

Derart idealistische Gedankenspiele waren nur schwer mit den Neuordnungsvorstellungen der alliierten politischen Entscheidungsträger zu vereinbaren. Besonders zurückhaltend begegnete Roosevelt solchen auf die „Alte Welt" bezogenen Neuordnungsideen, da sie nicht in das Konzept der von ihm angestrebten weltweiten Friedensordnung passten. Da zudem ein föderaler Ausbau der europäischen Staatenwelt den Einfluss der USA mindern konnte, zeigte auch der US-Kongress kaum Interesse an solchen Überlegungen. Stalin hingegen lehnte europäische Ordnungsmodelle zumindest so lange nicht grundsätzlich ab, wie die Mitwirkung der UdSSR und der USA in den europäischen Lenkungsgremien sichergestellt blieb. Regionale Föderationen in Mitteleuropa waren dagegen aus seiner Sicht inakzeptabel. Allein Winston Churchill stand dem Gedanken einer integrativen europäischen Nachkriegsordnung schon in Kriegszeiten aufgeschlossen gegenüber. Die Einrichtung eines Europarats mit eigenem obersten Gerichtshof und einer eigenen Streitmacht schien ihm in diesem Zusammenhang wünschenswert. Um die Vereinbarkeit solcher Überlegungen mit dem Konzept der *one world policy* sicherzustellen, sollte dieser Rat zusammen mit einem asiatischen und einem amerikanischen Rat Unterorganisationen der künftigen Vereinten Nationen bilden.

Problemkreis 1: Europa als „Dritte Kraft" zwischen Ost und West

Das „Dritte-Kraft-Konzept"

Vor diesem Hintergrund formierten sich in Europa, zunächst im sozial- und sozialistisch-demokratischen, dann aber auch im bürgerlichen Lager Kräfte, die die Rolle des Kontinents als einer „Dritten Kraft" im Spannungsfeld zwischen den demokratisch-kapitalistischen USA und der undemokratisch-sozialistischen UdSSR bestimmen wollten. Schon 1945 hatte Léon Blum für die Schaffung eines anglo-französischen Bündnisses plädiert, das als „Herz der westlichen Familie" dienen und zugleich die Sowjetunion besänftigen sollte. Der der Labour-Partei nahe stehende britische Publizist G. D. H. Cole forderte einige Monate später ausdrücklich die gemeinsame Planung des westeuropäischen Wiederaufbaus, um so ein Gegengewicht zum US-ameri-

kanischen Kapitaldruck herzustellen. Und noch 1947, als die politische Entwicklung in Europa die konzeptionellen Schwächen des „Dritte-Kraft-Konzepts" längst offen gelegt hatte, träumte der Politikwissenschaftler Richard
Löwenthal von einer Verbindung des „sozialistischen" britischen Weltreichs
mit den Staaten Westeuropas zu einem „gewaltigen neutralen Puffer" zwischen den USA und der UdSSR.

In der ersten Nachkriegsphase erfreuten sich solche Konzepte besonderer
Beliebtheit. Das spiegelte sich nicht nur in Wahlerfolgen zahlreicher linker
Parteien, auch konservative und christdemokratische Parteien gaben sich
betont „progressistische", teilweise sogar offen antikapitalistische Programme. Der Wahlerfolg von Labour am 25. Juli 1945 war in diesem Zusammenhang symptomatisch. Schon im Wahlkampf hatten sich führende Labour-
Politiker für die Schaffung der „Vereinigten Sozialistischen Staaten von
Europa" ausgesprochen und die Idee der kollektiven Sicherheit in den Mittelpunkt gerückt. Nach dem Wahlsieg sprach sich die Regierung Attlee als
einzige europäische Macht der „Großen Drei" gegen traditionelle Groß-
machtpolitik aus. Sie wurde damit zum Kern einer Sammlungsbewegung
europäischer Demokraten und Demokratien, die gemeinsam nach einem
europäischen Weg suchten, ohne die Interessen der USA und der UdSSR zu
verletzen, sondern vielmehr zwischen beiden vermitteln wollte.

Die bürgerlichen Plädoyers für das „Dritte-Kraft-Konzept" zogen von
vornherein auch ökonomische und wirtschaftspolitische Aspekte mit in die
Überlegungen ein. So warb in Großbritannien der „Economist" für eine
engere Assoziation der westeuropäischen Staaten. Den Ausgangspunkt
dafür sollte eine Freihandelszone bilden, später würden gemeinsame Ausschüsse für Verteidigung, Zollpolitik und Wiederaufbau als Kern einer Föderation hinzukommen. In Frankreich ging „Le Monde" etwa zeitgleich von
einem britischen Machtverlust gegenüber den USA und der UdSSR aus und
sah darin eine gute Voraussetzung für den langsamen Aufbau einer „dritten
Organisation" im weltpolitischen Kontext, wobei die Wirtschaft als primä-
res integratives Moment dienen sollte.

Seit etwa 1946 setzten sich auch europäische Interessenverbände intensiver mit Aspekten des „Dritte-Kraft-Konzepts" auseinander. In diesem Zusammenhang veranstaltete die schweizerische „Europa-Union" zusammen
mit der niederländischen „Europeesche Actie" und dem italienischen „Movi-
mento Federalista Europeo" in Hertenstein am Vierwaldstätter See eine Konferenz. In ihrem **„Hertensteiner Programm der europäischen Föderalisten"**
forderten die Delegierten eine „Europäische Union", die als regionale Körperschaft der Vereinten Nationen kein Werkzeug fremder Mächte sein sollte,
sondern aus eigener Kraft die Unversehrtheit ihres Gebietes und die Wahrung der Eigenheiten der ihr angehörenden Völker sichern können musste.
Von dem Treffen ging eine Signalwirkung aus, die sich unter anderem auch
in einer Zusammenlegung verschiedener kleinerer Interessenverbände spiegelte. Im Oktober 1946 trafen sich auf Einladung der britischen Federal
Union Vertreter von 31 einschlägig arbeitenden Organisationen aus zwölf
europäischen Ländern in Luxemburg und beschlossen dort eine Fusion. Nur
zwei Monate später vereinigten sich die Luxemburger und die Hertensteiner
Gruppe zur „Union Européenne des Fédéralistes" (UEF), in der nunmehr
über 40 nationale Bewegungen aus 16 Ländern vertreten waren.

Die Hertensteiner
Konferenz

Das Hertensteiner Programm der europäischen Föderalisten, September 1946

1. Eine auf föderativer Grundlage errichtete europäische Gemeinschaft ist ein notwendiger und wesentlicher Bestandteil jeder wirklichen Weltunion.

2. Entsprechend den föderalistischen Grundsätzen, die den demokratischen Aufbau von unten nach oben verlangen, soll die europäische Völkergemeinschaft die Streitigkeiten, die zwischen den Mitgliedern entstehen könnten, selbst schlichten.

3. Die Europäische Union fügt sich in die Organisation der Vereinten Nationen ein und bildet eine regionale Körperschaft im Sinne des Art. 52 der Charta.

4. Die Mitglieder der Europäischen Union übertragen einen Teil ihrer wirtschaftlichen, politischen und militärischen Souveränitätsrechte an die von ihnen gebildete Föderation.

5. Die Europäische Union steht allen Völkern europäischer Wesensart, die ihre Grundsätze anerkennen, offen.

6. Die Europäische Union setzt die Rechte und Pflichten ihrer Bürger in der Erklärung der Europäischen Bürgerrechte fest.

7. Diese Erklärung beruht auf der Achtung vor dem Menschen in seiner Verantwortung gegenüber den verschiedenen Gemeinschaften, denen er angehört.

8. Die Europäische Union sorgt für den planmäßigen Wiederaufbau und für die wirtschaftliche, soziale und kulturelle Zusammenarbeit sowie dafür, dass der technische Fortschritt nur im Dienste der Menschen verwendet wird.

9. Die Europäische Union richtet sich gegen niemand und verzichtet auf jede Machtpolitik, lehnt es aber auch ab, Werkzeug irgendeiner fremden Macht zu sein.

10. Im Rahmen der Europäischen Union sind regionale Unterverbände, die auf freier Übereinkunft beruhen, zulässig und sogar wünschenswert.

11. Nur die Europäische Union wird in der Lage sein, die Unversehrtheit des Gebiets und die Bewahrung der Eigenheit aller ihrer Völker, großer wie kleiner, zu sichern.

12. Durch den Beweis, dass es seine Schicksalsfragen im Geiste des Föderalismus selbst lösen kann, soll Europa seinen Beitrag zum Wiederaufbau und zu einem Weltbund der Völker leisten.

Zum ersten Vorsitzenden der UEF wurde der niederländische Sozialist und Historiker **Hendrik Brugmans** gewählt, der französische Linkskatholik Alexandre Marc übernahm den Posten des Generalsekretärs. Erklärtermaßen wollte die UEF in Europa eine offene Gesellschaft schaffen, die freundschaftliche Beziehungen mit Ost und West pflegte, zugleich aber auch darauf achtete, dass der Kontinent nicht zum Spielball gegensätzlicher weltpolitischer Interessenlagen würde. Da Einvernehmen darüber bestand, dass eine konstruktive Gestaltung der Zukunft Deutschlands nur innerhalb eines föderierten Europas möglich sein würde, wurden deutsche Delegierte von vornherein als gleichberechtigte Partner akzeptiert. Europa sollte föderal organisiert und die Kompetenzen nach dem Subsidiaritätsprinzip auf die jeweils kompetenteste Organisationsebene verlagert werden. Die gemeinsame Außenpolitik, die Friedenswahrung und die Wohlfahrtspolitik wurden dabei als genuine Gemeinschaftsaufgaben der Föderation betrachtet. Damit waren die Forderungen der europäischen Föderalisten weiterreichend als die der europäischen Unionisten und Konföderalisten, denen ein weniger tiefgreifender Zusammenschluss der europäischen Staatenwelt im Sinne einer staatenbündischen Lösung wünschenswert erschien, in der souveräne Nationalstaaten ohne Abgabe von Kompetenzen an supranationale Instanzen miteinander für europäische Werte eintreten sollten.

> **Hendrik Brugmans (1906–1997)**   E
> Literaturwissenschaftler und Historiker, von 1939 bis 1940 Mitglied des holländischen Parlaments für die Arbeiterpartei. Von 1942 bis 1944 in Haft der Gestapo, nach der Befreiung schloss er sich der Widerstandsbewegung an. 1946 war er Gründungsmitglied der Union Europäischer Föderalisten, deren erster Präsident er wurde. Von 1950 bis 1972 war er Rektor des von ihm ins Leben gerufenen Europa-Kollegs in Brügge.

Föderalisten und Unionisten bildeten in den ersten Nachkriegsjahren die europäische Avantgarde. Ihren politischen Einfluss zu sichern halfen die Führungsmitglieder, die zum Kreis der politischen Entscheidungsträger in den jeweiligen Heimatländern zählten: **Robert Schuman** und Jean Monnet sind in diesem Zusammenhang ebenso zu nennen wie Alcide de Gasperi, Konrad Adenauer, Winston Churchill oder **Paul van Zeeland**. Einig im Ziel, eine engere politische Zusammenarbeit der europäischen Staatenwelt zu erreichen, unterschieden sich Föderalisten und Unionisten allerdings in der Frage der Durchsetzbarkeit ihrer Überlegungen. Erstere beurteilten die politischen Rahmenbedingungen der Nachkriegsjahre am zuversichtlichsten und forderten die rasche Vollendung einer europäischen Föderation. Die meisten Unionisten waren in dieser Hinsicht skeptischer und hielten die Einigung Europas bestenfalls für ein Fernziel. Sie wollten aus einer realistischen Beurteilung der politischen Rahmenbedingungen heraus mit Vorrang europaweit wirksame und vor allem erreichbare Ziele formulieren. Angesichts des wachsenden Bedrohungspotentials im Osten betraf das beispielsweise den Zusammenschluss der westeuropäischen Demokratien zu einer handlungsfähigen Verteidigungsgemeinschaft, ohne dass die einzelnen Mitglieder zuvor nationale Rechte an supranationale Einrichtungen abgeben mussten.

Föderalisten und Unionisten als europäische Avantgarde der Nachkriegszeit

> **Robert Schuman (1886–1963)**   E
> Studium der Rechtswissenschaften in Deutschland und Frankreich, Rechtsanwalt in Metz, 1919 bis 1940 Abgeordneter der französischen Nationalversammlung, 1940 Deportation nach Deutschland, 1942 Flucht und Arbeit in der Résistance, 1945/46 Mitglied der verfassungsgebenden Versammlung, 1945 bis 1963 Abgeordneter der französischen Nationalversammlung, Finanzminister 1946/47, Ministerpräsident 1947/48, Außenminister 1948–1953, Justizminister 1955/56. Der nach ihm benannte Schuman-Plan führte zur Gründung der Montanunion 1952.

> **Paul van Zeeland (1893–1973)**   E
> Studium der Rechts- und Finanzwissenschaften; belgischer Politiker. 1935 bildete er sein erstes Kabinett, in dem er neben dem Vorsitz auch das Außenministerium übernahm. 1936 erneut Ministerpräsident; 1940 nach Einmarsch der deutschen Truppen in Belgien als Vorsitzender der belgischen Kommission für Nachkriegsfragen nach England; 1947 in New York Plädoyer für die Bildung einer Europa-Union zu einer unabhängigen Liga für europäische Zusammenarbeit. In den Nachkriegsjahren Außenminister im Kabinett Eyskens. Als Nachfolger von Paul-Henri Spaak Präsident der OEEC. 1950 bis 1956 erneut Außenminister und Mitunterzeichner des Vertrags über die Montanunion und der EVG.

Problemkreis 2: Sicherheitsfragen

Die Zürcher Rede
Winston Churchills

Dass in den Nachkriegsjahren die europäischen Neuordnungsvorstellungen von Föderalisten und Unionisten miteinander in einer Art Wettbewerb standen, kann nicht überraschen. So hielt beispielsweise Winston Churchill, ein bekennender Unionist, zu jenem Zeitpunkt in der Universität Zürich seine berühmte Europarede, als die Föderalisten am Vierwaldstätter See tagten. Churchill wollte die „Vereinigten Staaten von Europa" über eine Partnerschaft zwischen Deutschland und Frankreich schaffen, dabei stand er der *„one-world-policy"* ebenso kritisch gegenüber wie dem Konzept der Dritten Kraft. Vor dem Hintergrund einer Auseinandersetzung mit Churchills Thesen entwarf der britische Außenminister **Ernest Bevin** sein Konzept von den „drei Monroe-Doktrinen", in dem der USA der amerikanische Kontinent als unmittelbare Interessenssphäre zugesprochen wurde, der UdSSR Osteuropa, während eine anglo-französische Allianz Westeuropa für sich reklamieren sollte.

E

Ernest Bevin (1881–1951)
Mitbegründer der Transportarbeitergewerkschaft, Generalsekretär der Gewerkschaft, 1926 Beteiligung am britischen Generalstreik, Mitglied der Labour-Partei und später Angehöriger ihrer Unterhausfraktion. 1940 Minister für Arbeit und Nationalen Dienst, später Arbeitsminister, dann Außenminister. 1950 sprach er sich gegen einen Beitritt der Bundesrepublik zum Ministerausschuss des Europa-Rates aus. 1951 Rücktritt als Außenminister.

Frankreich und
Großbritannien
proben den
Schulterschluss

1945/46 dienten seine Überlegungen als Grundlage für Verhandlungen zwischen den französischen und britischen Regierungen. Über die Notwendigkeit einer anglo-französischen Führungsrolle in Westeuropa wurde rasch Konsens erzielt. Als wesentlich schwieriger erwies sich die Suche nach den Grundlagen einer gemeinsamen Deutschlandpolitik, die aufgrund der aufeinander abgestimmten Politik im Alliierten Kontrollrat einen Eckpfeiler der politischen Zusammenarbeit gebildet hätte. Während Bevin persönlich die französischen Forderungen nach Separation des Rhein-Ruhr-Raumes von einem künftigen deutschen Nationalstaat akzeptiert hätte, wandte sich das britische Foreign Office strikt gegen jede weitere Teilung Deutschlands, um die Gefahr eines neuen deutschen Revanchismus und ein dann ebenso absehbares ökonomisches Chaos zu vermeiden. Die Verhandlungen stagnierten so lange, bis sich beide Seiten darauf verständigten, den Rhein-Ruhr-Komplex aus den Verhandlungen auszuklammern. Danach ließen sich weitere Fortschritte erzielen, die im März 1947 zu dem relativ vage formulierten Abkommen von Dünkirchen führten, in dem sich Großbritannien und Frankreich gegenseitigen Beistand im Bedrohungsfall zusicherten.

Der
Dünkirchener Pakt

Der sich zuspitzende Ost-West-Konflikt hatte das „Dritte-Kraft-Konzept" endgültig *ad absurdum* geführt. Unabhängig davon wurden die Forderungen nach politischer, ökonomischer und sicherheitspolitischer Kooperation in Europa immer lauter. Zweifellos wäre es ebenso wünschenswert wie aus übergeordneten politischen Gesichtspunkten sinnvoll gewesen, einen „großen Wurf" vorzulegen, der die drei Integrationsebenen miteinander verknüpft hätte. Entsprechend bekundeten Vertreter der britischen Regierung nach der Unterzeichnung des Dünkirchener Paktes mehrfach ihr Interesse daran, den Geltungsbereich des Paktes zumindest auf die BeNeLux-Staaten zu erweitern und damit den Hebel der Organisation militärischer Sicherheit für Europa zur Einrichtung eines auch politischen Bündnisses nutzen zu wollen. In dieser Hinsicht wagte sich Ernest Bevin am weitesten vor, als er im Dezember 1947 im britischen Kabinett erklärte, dass militärische Sicherheit nur bei einer auch wirtschaftlichen Gesundung Europas erreicht werden könne. Zu diesem Zeitpunkt schien ihm eine Wirtschaftsunion mit supranationaler Autorität zwischen Großbritannien, Frankreich und den BeNeLux-Staaten vorstellbar, die von Anfang an auch für Italien und einen westdeutschen Teilstaat offen stehen sollte. Dass Großbritannien in einem solchen Bündnis die Führungsrolle einnehmen würde, war für ihn historisch vorgezeichnet, gleichwohl für Frankreich inakzeptabel.

Es waren wiederum nationale Empfindlichkeiten, die in den ersten Nachkriegsjahren die Realisierung von ersten konkreten Integrationsschritten verhinderten, auch wenn solche von allen Beteiligten grundsätzlich als notwendig eingeschätzt wurden. Die Entwicklung im sowjetischen Einflussbereich bestärkte sie weiter in dieser Einsicht. Die kommunistische Machtübernahme in der Tschechoslowakei am 25. Februar 1948 warf einmal mehr die Frage nach der Vertiefung westlicher sicherheitspolitischer Zusammenarbeit auf, zumal eine Blockade der westlichen Sektoren Berlins nicht ausgeschlossen werden konnte. Unter diesem Eindruck begannen am 4. März in Brüssel Verhandlungen der beiden am Dünkirchener Pakt beteiligten Mächte mit den BeNeLux-Staaten über die Gründung eines westeuropäischen Regionalpakts. Unter dem Dach der UNO sollte dieser nicht nur den institutionellen Rahmen für gegenseitigen militärischen Beistand liefern, sondern auch als Ausgangspunkt für eine wirtschaftliche Integration der Mitgliedstaaten dienen. Dazu wurde die Schaffung möglichst handlungsfähiger Gemeinschaftsorgane angestrebt. Allerdings verliefen die Verhandlungen darüber rasch im Sande, weil die unterschiedlichen Vorstellungen über die Gemeinschaftskompetenzen nicht überwunden werden konnten. Denn während sich die französischen Delegierten ebenso wie ihre Kollegen aus den BeNeLux-Staaten durchaus eine Abgabe nationaler Kompetenzen an gemeinschaftliche Einrichtungen vorstellen konnten, kam für die britische Regierung nur eine Struktur in Frage, die die Entscheidungshoheit den nationalen Regierungen vorbehielt.

So beließen es die Verhandlungspartner bei allgemeinen Erklärungen über den Sinn einer Vertiefung ökonomischer und politischer Zusammenarbeit und sicherten sich am 17. März 1948 lediglich gegenseitige Hilfe für den Fall des Angriffs einer dritten Macht in Europa zu, unabhängig davon, von wem diese Aggression ausgehen würde. Der **Brüsseler Pakt** beschränkte sich somit auf die sicherheitspolitische Ebene. Angesichts der bestehenden Kräfteverhältnisse war jedoch an eine wirksame Abwehr einer Aggression nur dann zu denken, wenn sich auch die USA zu einem dauerhaften militärischen Engagement in Europa verpflichteten.

Der Brüsseler Pakt

Brüsseler Pakt
17. 3. 1948 als „Brüsseler Vertrag" geschlossen zwischen Großbritannien, Frankreich und den BeNeLux-Ländern. Inhalt war eine umfassende Zusammenarbeit,

E

> die sich gegen ein wiedererstarkendes Deutschland richtete. Im Zug der Eingliederung der Bundesrepublik Deutschland in das westliche Verteidigungssystem erfuhr der Vertrag eine Umwandlung. Durch die Londoner Akte (3. 10. 1954) wurden die Bundesrepublik Deutschland und Italien in den Brüsseler Vertrag aufgenommen. 1955 Umwandlung in die Westeuropäische Union.

Die Vandenberg-Resolution ermöglicht die Gründung der NATO

Die Voraussetzungen dafür wurden im Juni 1948 geschaffen, als der amerikanische Senat mit der **Vandenberg-Resolution** die Beteiligung an einer transatlantischen Sicherheitsgemeinschaft und damit die Gründung der NATO ermöglichte. Mochte diese Beteiligung zu diesem Zeitpunkt in erster Linie zur Abwehr eines möglichen sowjetischen Angriffs gedacht gewesen sein, trug sie den Sicherheitsbedürfnissen der europäischen Partner auch insofern Rechnung, als sie einen Rahmen absteckte, in dem sich ein künftiger deutscher Nationalstaat sicherheitspolitisch bewegen konnte. Ohnehin hatte die französische Regierung ihre Zustimmung zur Gründung eines westdeutschen Teilstaates ohne gleichzeitige Internationalisierung des Rhein-Ruhr-Raumes vom Verbleib US-amerikanischer Streitkräfte auf europäischem Boden abhängig gemacht. Das trug ohne Zweifel auch den Sicherheitsbedürfnissen der anderen beteiligten europäischen Staaten Rechnung, wenngleich damit die letzten Hoffnungen auf einen europäischen „dritten Weg" zwischen Ost und West begraben werden mussten.

Die Resolution 239 des U.S. Senats (Vandenberg-Resolution) vom 11. Juni 1948 ermöglichte den Beitritt der USA zum Brüsseler Pakt und schuf damit die Voraussetzung zur Gründung der NATO (Auszug):

Whereas peace with justice and the defence of human rights and fundamental freedoms require international co-operation through more effective use of the United Nations: Therefore be it Resolved, That the Senate reaffirm the policy of the United States to achieve international peace and security through the United Nations so that armed force shall not be used except in the common interest, and that the President be advised of the sense of The Senate that this Government, by constitutional process, should particularly pursue the following objectives within the United Nations Charter [...]

Problemkreis 3: Ökonomische Erfordernisse und Möglichkeiten

Der Marshall-Plan

Seither stellte sich die Frage nach einer verstärkten ökonomischen und politischen Kooperation in Westeuropa mit größerem Nachdruck als zuvor. Freilich hatte die dauerhafte Gesundung der kriegsgeschwächten europäischen Wirtschaft seit Kriegsende zu den vorrangigen Zielen nicht nur der europäischen Politik, sondern insbesondere auch der US-Regierung gezählt. Eine Bestandsaufnahme im Jahre 1946 über die Leistungsfähigkeit der europäischen Nationalökonomien lieferte ein ebenso deutliches wie erschreckendes Ergebnis: Verglichen mit dem Jahr 1938 (100) konnten lediglich Großbritannien, Irland und Schweden minimale Wachstumsraten vorweisen (101, 103, 101), alle anderen untersuchten Staaten lagen deutlich darunter, das besetzte Deutschland mit dem Wert 22 an letzter Stelle. Für die westlichen Siegermächte, insbesondere aber für die USA, musste daher die vorrangige Aufgabe in der ökonomischen Gesundung des Kontinents liegen. Zunächst sollte dies im Einvernehmen mit der Sowjetunion geschehen. Als sich aber abzuzeichnen begann, dass Moskau sich nicht an einem gemeinsamen Wiederaufbauprogramm beteiligen würde, entschlossen sich die USA zum Alleingang, zumal deutlich wurde, dass die Sowjetunion versuchte, ökonomische Problemzonen ideologisch zu unterwandern. Vor diesem Hintergrund verkündete Präsident Harry S. Truman im März 1947 die nach ihm benannte Doktrin, in der er freien Völkern US-amerikanische Unterstützung, primär Wirtschaftshilfe, im Kampf gegen subversive, vor allem kommunistische Kräfte, zusagte. War es dabei in erster Linie darum gegangen, dem wachsenden kommunistischen Einfluss in Griechenland und der Türkei Einhalt zu gebieten, richtete sich Außenminister **George C. Marshall** im Juni 1947 ausdrücklich an alle Völker Europas, als er ihnen in einer Rede in Harvard signifikante amerikanische Wirtschaftshilfe versprach. Allerdings machte er diese davon abhängig, dass sich die Europäer auf ein einheitliches Programm zur Mittelverwaltung und -vergabe einschließlich der Einrichtung einer dafür zuständigen gemeinschaftlichen Institution verständigten. Marshall bezog sein Angebot ganz bewusst auf alle europäischen Staaten und vermied anti-sowjetische Rhetorik. Damit wollte er die Option einer sowjetischen Beteiligung an seinem Plan weiterhin offen halten, zugleich aber auch die UdSSR dazu bewegen, hinsichtlich einer künftigen Zusammenarbeit mit dem Westen eine klare Aussage zu treffen.

George C. Marshall (1880–1959)
1938 Leiter der Abteilung für Kriegsplanung im US-Kriegsministerium, 1939 Ernennung zum Generalstabschef des Heeres. 1945 Teilnahme an der Konferenz von Jalta und an der Potsdamer Konferenz, Rücktritt als Stabschef. 1947 Außenminister der USA unter Präsident Truman, Erarbeitung eines Programms für den wirtschaftlichen Wiederaufbau Europas, des *European Recovery Programme* (ERP). Marshall befürwortete die Wiederbewaffnung Westeuropas, um die Region vor einer möglichen sowjetischen Aggression zu schützen, 1953 Friedensnobelpreis, 1959 Auszeichnung mit dem Aachener Karlspreis.

Die Beteiligung am Marshall-Plan hätte freilich auch für die Sowjetunion zur Feststellung des Finanzbedarfs die Offenlegung der einschlägigen volkswirtschaftlichen Eckdaten und Statistiken bedeutet und darüber hinaus die mittel- und osteuropäischen Satellitenstaaten – die bereits ihr Interesse an einer Teilnahme bekundeten – verstärkt westlich-kapitalistischer Einflussnahme ausgesetzt. Für die politischen Entscheidungsträger in Moskau bedeutete das eine „Einmischung in die inneren Angelegenheiten", eine Mitwirkung an dem Konzept kam daher nicht in Frage. Außenminister Molotow teilte diesen Entschluss seinen westlichen Kollegen auf einer Außenministerkonferenz der vier Siegermächte im Juli 1947 mit und warnte zugleich vor einer drohenden Spaltung Europas, falls das Konzept realisiert werden sollte. Polen und die Tschechoslowakei, die sich trotz der ablehnenden Haltung der Sowjetunion an den vorbereitenden Treffen beteiligen wollten, wurde die Teilnahme daran und die Mitgliedschaft in der im April 1948 zum Zwecke der Verwaltung der Marshall-Plan-Gelder gegründeten

Organisation für Europäische Wirtschaftliche Zusammenarbeit (Organization for European Economic Cooperation, OEEC) verboten. Damit war das Konzept eines gesamteuropäischen wirtschaftlichen Wiederaufbaus endgültig gescheitert.

Die Gründung der OEEC

Die Vorbereitungskonferenz tagte auf Einladung des französischen Außenministers Georges Bidault und seines britischen Kollegen Bevin von Juli bis September 1947 in Paris. Eingeladen waren die Regierungen aller westeuropäischen Staaten mit Ausnahme Spaniens. 16 Staaten (Belgien, Dänemark, Frankreich, Griechenland, Großbritannien, Irland, Island, Italien, Luxemburg, die Niederlande, Norwegen, Österreich, Portugal, Schweden, Schweiz, Türkei) beteiligten sich an der Konferenz, verständigten sich über das künftige Verfahren zur Mittelverwaltung und ermittelten darüber hinaus den Finanzbedarf, der auch die drei Westzonen Deutschlands mit einschloss. Dieser wurde auf 22 Milliarden Dollar veranschlagt und amerikanische Hilfe in Höhe von 19 Milliarden Dollar für erforderlich gehalten. Als Sitz für die am 16. April 1948 gegründete OEEC einigte man sich auf Paris. In der Organisation vertreten waren alle Teilnehmerstaaten der Konferenz, die neugegründete Bundesrepublik Deutschland trat ihr bereits im Oktober 1949 bei, Spanien erhielt im Juli 1959 den Status der Vollmitgliedschaft.

Die Aufgaben der OEEC

Die Aufgabenstellung der OEEC (als Partner der amerikanischen Economic Cooperation Administration) war klar: Es galt, die Vorstellungen der amerikanischen Regierung über den wirtschaftlichen Wiederaufbau in Europa mit denen der beteiligten europäischen Staaten in Übereinstimmung zu bringen und umzusetzen. In diesem Zusammenhang mussten auch die Grundlagen für eine wirtschaftliche Zusammenarbeit in Europa geschaffen werden. Dazu waren Handelshemmnisse abzubauen und ein einheitliches Zahlungssystem vorzubereiten. Über die Umsetzung dieser Aufgaben gab es unterschiedliche Ansichten. Das hatte sich bereits während der Vorbereitungskonferenz gezeigt. Die Divergenzen spiegelten die Haltungen der beteiligten Regierungen über die Modalitäten künftiger politischer und ökonomischer Kooperation in Europa: Jene, die einer engen Zusammenarbeit gegenüber aufgeschlossen waren, konnten sich den Abbau von Handelshemmnissen im Rahmen einer Zollunion vorstellen, während diejenigen, welche vor einer allzu engen Kooperation zurückschreckten und lockerere Formen intergouvernementaler Zusammenarbeit bevorzugten, eher für die Einrichtung einer Freihandelszone plädierten. So favorisierte die französische Regierung hinsichtlich der Struktur der OEEC das Modell einer mit weitgehenden Kompetenzen ausgestatteten autonomen Wiederaufbaubehörde für Europa und konnte sich dabei auf die Unterstützung der USA verlassen. Eine solcherart ausgestattete Institution war für die britische und einige andere Regierungen jedoch inakzeptabel. Auf Drängen Großbritanniens wurde die OEEC als ein Forum zur intergouvernementalen Zusammenarbeit eingerichtet, das unter der Leitung eines in unregelmäßigen Abständen tagenden Rates der Außen- und Wirtschaftsminister stand, der seine Beschlüsse nur einstimmig fassen durfte. Dieser Einstimmigkeitsvorbehalt wurde dadurch gelockert, dass sich eine Regierung der Stimme enthalten konnte, ohne damit die Entscheidungen der anderen zu blockieren, freilich auch ohne sich selbst an diese zu binden. Zum ersten Generalsekretär der OEEC wurde der Franzose **Robert Marjolin** gewählt.

Robert Marjolin (1911–1986)
Einer der führenden europäischen Wirtschaftswissenschaftler seiner Generation und einer der führenden Köpfe des frühen europäischen Integrationsprozesses. 1948 bis 1955 Vorsitzender der OEEC. Vertrat die Interessen Frankreichs bei der Unterzeichnung der Römischen Verträge, zehn Jahre lang Vizepräsident der Kommission mit Zuständigkeit für den Bereich Wirtschaft und Finanzen.

Die Strukturdiskussion hatte deutlich gezeigt, dass ein Großteil der europäischen Staaten Ende der 1940er Jahre nicht bereit war, souveräne Rechte zugunsten einer überstaatlichen Einheit oder Einrichtung abzugeben. Damit erfüllte der Marshall-Plan ein wesentliches Ziel, das sich die US-Regierung erhofft hatte, nicht, denn die Koordination der europäischen Aufbaustrategien unter dem Dach der OEEC sollte neben der konkreten wirtschaftlichen Konsolidierung zugleich auch dazu beitragen, die als verhängnisvoll empfundene Desintegration der europäischen Staatenwelt zu überwinden, die in Washington als eine Hauptursache der Weltkriege gesehen wurde.

Dennoch wäre es unzutreffend, von einem Scheitern des Programms zu sprechen, zählt doch der Marshall-Plan auch heute noch im kollektiven Gedächtnis der Westeuropäer zu den großen Erfolgsgeschichten der Nachkriegszeit. Dazu beigetragen hat einmal die enge Korrelation zwischen der Implementierung des amerikanischen Hilfsprogramms (European Recovery Programme, ERP) und der Konsolidierung der westeuropäischen Wirtschaftssysteme, zum anderen aber auch die ausgezeichnete Öffentlichkeitsarbeit im Umfeld des Programms – so enthielten alle im ERP geschlossenen Verträge eine Klausel, in der festgelegt wurde, wie auf den speziellen Fördergegenstand hinzuweisen war. Die Forschung sieht heute die Wirkung des Marshall-Plans mehr auf der politischen und weniger auf der ökonomischen Ebene. Zwar flossen zwischen 1948 und 1952 insgesamt 13,4 Milliarden Dollar nach Europa, doch hat die materielle Hilfe nur in Einzelfällen, so in Frankreich oder Österreich, höhere Investitionen in den Wiederaufbau ermöglicht. Das Programm selber war im Jahr 1947 konzipiert worden, als die westeuropäischen Volkswirtschaften in einer akuten Lähmungskrise steckten. Als jedoch die Lieferungen aus dem ERP um die Jahreswende 1948/49 einsetzten, war diese Krise bereits weitgehend überwunden. Ähnliches gilt für die drei westlichen Besatzungszonen in Deutschland – in der entscheidenden Phase der Wiederankurbelung der westdeutschen Wirtschaft zwischen dem Sommer 1947 und Ende 1948 kamen beinahe keine Lieferungen aus dem ERP ins Land, stattdessen überwand man die Krise im Kohlebergbau und im Transportsystem mit eigenen Mitteln.

Politisch gesehen, waren die Wirkungen des Marshall-Plans jedoch nachhaltig. So konnten die europäischen Reparationsgläubiger unter Berufung auf das Programm unter anderem dazu bewogen werden, auf Demontagen in ihren jeweiligen Besatzungszonen zu verzichten. Im Falle Frankreichs diente er überdies dazu, die Zustimmung der französischen Regierung zur Einbindung der französischen Besatzungszone in den westdeutschen Teilstaat zu erreichen. In Bezug auf eine Vertiefung der europäischen politischen und wirtschaftlichen Zusammenarbeit dürfen auch die Institutionen nicht übersehen werden, die unter der Ägide der OEEC entstanden: die Europäische Zahlungsunion (EZU) als ein im September 1950 gegründetes multilaterales Verrechnungs- und Kreditsystem, das den Mangel an Konver-

Das European Recovery Programme

tierbarkeit der einzelnen Nationalwährungen ausgleichen sollte, die im Dezember 1957 als Spezialorganisation der OEEC gegründete Europäische Kernenergieagentur, die im September 1952 geschaffene Europäische Konferenz der Verkehrsminister zum Zwecke einer besseren Koordination des europäischen Binnenverkehrs sowie die 1953 gegründete Europäische Produktivitätszentrale (EPZ) zum Zwecke der Beseitigung von Produktivitätshemmnissen im europäischen Rahmen.

Diese Beispiele zeigen, dass sich die OEEC als europäische Agentur zur Umsetzung des ERP durchaus messbare Verdienste auf dem Gebiet der vertrauensbildenden Maßnahmen im europäischen Rahmen erworben hat, ebenso hinsichtlich einer Verbesserung der europäischen Zusammenarbeit und – in unterschiedlichem Umfang – für den Wiederaufbau der beteiligten Nationalökonomien. Weitergehende Impulse, etwa hinsichtlich der Entstehung multilateraler Strukturen, die die Fragmentarisierung der europäischen Staatenwelt hätten überwinden können, gingen jedoch nicht von ihr aus.

Möglichkeiten und Grenzen europäischer Zusammenarbeit zwischen 1948 und 1952

Vorüberlegungen zu einer europäischen Parlamentarierkonferenz

Mit der Gründung der OEEC hatten die beteiligten Mächte versucht, dem Wiederaufbau der westeuropäischen Volkswirtschaften einen geeigneten organisatorischen Rahmen zu geben. Weiterhin fehlte allerdings eine Instanz, die in der Lage gewesen wäre, den europäischen Integrationsprozess auf der politischen Ebene voranzutreiben. Auf dieses Defizit hatte die französische Regierung schon im Sommer 1948 hingewiesen, als sie die Einrichtung einer „Europäischen Parlamentarischen Versammlung" forderte, die eine westeuropäische Wirtschafts- und Währungsunion vorbereiten sollte. Damit hatte sie ein Junktim zwischen der wirtschaftlichen und der politischen Integration hergestellt. Auch wenn die Initiative von den Brüsseler-Pakt-Staaten als den ursprünglichen Adressaten des Vorschlags zunächst einhellig begrüßt wurde, zeigten die anschließenden Konsultationen erhebliche Differenzen über die Kompetenzen einer solchen Europäischen Versammlung. So trat die britische Regierung nachdrücklich für den Primat nationaler Politik ein, während Paris bereits die Verabschiedung einer Europäischen Verfassung forderte. Letzteres war für Frankreich eine Angelegenheit von nationalem Interesse, schließlich ging es dabei nicht zuletzt auch darum, wie ein westdeutscher Teilstaat so in eine europäische Gemeinschaft eingebunden werden konnte, dass er keine großmachtpolitischen Ambitionen mehr entfalten und damit keine Bedrohung für seine europäischen Nachbarn darstellen würde. Nur drei Jahre nach Kriegsende war dies eine in Kreisen der politischen, wirtschaftlichen und intellektuellen Elite Frankreichs vieldiskutierte Frage, die Antwort lief zumeist darauf hinaus, dass eine supranational organisierte europäische Föderation dafür den bestgeeigneten Rahmen bieten würde.

Die Wortführer in französischen Regierungsreisen konnten sich dabei auf die Resolutionen eines Kongresses berufen, dem zahlreiche europäische

Interessengruppen unter Beteiligung vieler namhafter Politiker und unter der Präsidentschaft Winston Churchills im Mai 1948 in Den Haag beigewohnt hatten. Auch hierin hatte man die Einrichtung einer europäischen Parlamentarierversammlung gefordert, die die öffentliche Meinung in Europa zugunsten einer supranational organisierten politischen und wirtschaftlichen Integration beeinflussen sollte, von der man überdies Empfehlungen erwartete, wie eine politische Union Europas verwirklicht werden konnte und welche rechtlichen und konstitutionellen Folgerungen sich aus der Schaffung einer solchen Union ergeben würden. Die Europäische Parlamentarier Union (EPU), eine auf Anregung Coudenhove-Kalergis im Sommer 1947 gebildete Vereinigung von integrationswilligen westeuropäischen Parlamentariern, war sogar noch einen Schritt weitergegangen, als sie auf ihrem ersten Kongress in Gstaadt die Verabschiedung einer Verfassung für Europa beschlossen und eine juristische Kommission unter dem Vorsitz François de Menthons beauftragt hatten, einen solchen Entwurf anzufertigen. Dieser war im Juni 1948 fertiggestellt worden und sah die Schaffung einer „Föderation der Vereinigten Staaten von Europa" vor. Einige Monate später, im November 1948, sollte auch die „Union Europäischer Föderalisten" (UEF) einen eigenen Verfassungsentwurf vorlegen.

Die Europäische Parlamentarier Union

Eine Analyse dieser Verfassungsentwürfe zeigt, dass beide eine europäische Föderation bevorzugten. Sie waren sich darin einig, dass die Föderation vier Prinzipien gehorchen müsse: dem der Subsidiarität (mit geringerer Berücksichtigung der kommunalen und regionalen Ebene als in den entsprechenden Überlegungen der Kriegsjahre), dem der Garantie der Menschen- und Bürgerrechte (mit einem Obersten Unionsgerichtshof als höchster Wächter- und Appellationsinstanz), dem der Friedenswahrung (mit Gemeinschaftskompetenzen bei der äußeren Verteidigung und der Außenpolitik) und dem des freien, gemeinsamen Marktes (mit voller Freizügigkeit von Menschen, Gütern und Kapital, ohne Zollschranken bei gemeinsamer Währung und eigenen steuerfinanzierten Haushaltsmitteln für die Union). Zudem wurde die Drei-Gewalten-Teilungsregel bei der Definition der Unionsorgane zugrunde gelegt. In Bezug auf die Aufgaben der Jurisdiktion sprachen sich die Konzepte für ein nach allgemeinem, gleichem und geheimem Wahlrecht auf fünf Jahre gewähltes Repräsentantenhaus (Völkerkammer) aus, das zusammen mit einem aus Delegierten der nationalen Parlamente zusammengesetzten Senat (Staatenkammer) die Legislative der Föderation bilden sollte. Hinsichtlich der Gestaltung der Exekutive sahen sie einen europäischen Exekutivrat mitsamt Präsidenten vor, der in der Regel von der Staatenkammer mit einfacher Mehrheit gewählt werden sollte. Die Aufgaben der Exekutive wurden in der Vertretung der zwischenstaatlichen Beziehungen der Gemeinschaft, der Ausführung ihrer Gesetze, der Verfügung über die Bundes-Streitkräfte und einigen weiteren Aufgaben bei voller Rechenschaftspflicht gegenüber beiden Kammern des Parlaments gesehen. Auf die Einrichtung eines „Rates der nationalen Minister" nach dem Vorbild der OEEC wurde hingegen in beiden Fällen verzichtet.

Frühe Verfassungsüberlegungen

Mit der Vorlage der Verfassungsentwürfe wuchs der Druck auf die politischen Verantwortungsträger in Europa, eine grundsätzliche Entscheidung über den Verlauf zu fällen, den der politische Integrationsprozess im westeuropäischen Rahmen nehmen sollte. Während sich die französische Regierung bereits offen für den föderalen Ansatz ausgesprochen hatte, verfolgte die britische Regierung den Diskussionsverlauf mit wachsender Skepsis. In London setzte man weiterhin auf intergouvernementale Ansätze, wie sie im Brüsseler Pakt und in der OEEC realisiert worden waren.

Britische Zurückhaltung

Unter dem Eindruck der zunehmenden Dynamik, die die Diskussion über die Einleitung eines politischen Integrationsprozesses in der zweiten Jahreshälfte 1948 gewann, bemühte sich die britische Regierung zunächst um Zeitgewinn. So bezeichnete Außenminister Bevin die Verfassungsdiskussion als unsolide und verlangte eine klare Aussage über die Kompetenzen einer Europäischen Parlamentarierversammlung, nachdem im September 1948 die französische und belgische Regierung darauf gedrängt hatten, den Konsultativrat des Brüsseler Paktes mit dieser Frage zu befassen. Bevin jedoch bestand auf einem pragmatischeren Vorgehen und präsentierte seinem neuen französischen Amtskollegen Robert Schuman, der Bidault im Juli 1948 als Außenminister abgelöst hatte, im Oktober des Jahres den Vorschlag zur Einrichtung eines einmal jährlich zusammentretenden „Europarates" führender Minister der fünf Paktstaaten.

Der Europarat

Damit waren die unterschiedlichen Standpunkte markiert, die Kluft zwischen ihnen schien nahezu unüberwindbar. Dennoch setzte der Konsultativrat noch im selben Monat einen eigenen Ausschuss ein, der sich mit den verschiedenen Vorschlägen befassen sollte. Dessen Zusammensetzung spiegelte die Wertschätzung, die die einzelnen Regierungen dem Projekt einer politischen Integration Europas beimaßen: Während es sich bei den französischen Ausschussmitgliedern durchweg um hochkarätige Europapolitiker handelte, leitete ein bekennender Europakritiker die britische Delegation. Angesichts dieser unterschiedlichen Besetzung präsentierte der Ausschuss im Dezember 1948 überraschend einen Kompromissvorschlag. Ein einstimmig beschließender Europarat der Minister sollte zusammen mit einer von den nationalen Parlamenten zu beschickenden Konsultativversammlung in zwei vierzehntägigen Sitzungsperioden pro Jahr Vorschläge für die Regierungen der Mitgliedstaaten erarbeiten, die „eine engere Verbindung zwischen seinen Mitgliedern zum Schutze und zur Förderung der Ideale und Grundsätze, die ihr gemeinsames Erbe bilden, herzustellen und ihren wirtschaftlichen und sozialen Fortschritt zu fördern" halfen (Art. 1, Abs. a der Satzung des Europarates).

Damit war es gelungen, das britische Ratsmodell mit dem französisch-belgischen Versammlungsmodell zu verknüpfen, wobei der Kompromiss den von den Briten favorisierten intergouvernementalen Ansatz insofern begünstigte, als der Rat mit einer Zweidrittelmehrheit über die Beratungsgegenstände der Versammlung entscheiden sollte und überdies das Recht besaß, mit einer ebensolchen Mehrheit weitergehende Vorschläge der Versammlung zu untersagen.

Die Europäische Konvention zum Schutz der Menschenrechte und Grundfreiheiten

Auch wenn es noch der Klärung weiterer Detailfragen bedurfte – so hinsichtlich der Verfahrensweise bei der Zusammenstellung der nationalen Delegationen der Konsultativversammlung –, verhalf der Kompromissvorschlag dem Projekt zu einem Durchbruch. Als sich der Konsultativrat des Brüsseler Paktes Ende Januar 1949 mit dem Vorschlag befasste, wurden die entscheidenden Weichen für die Schaffung des Europarates gestellt und zugleich die Regierungen Dänemarks, Irlands, Italiens, Norwegens und

Schwedens eingeladen, an dem Vorhaben mitzuwirken. Am 5. Mai 1949 wurde das Statut des Europarates von den neun Gründungsmitgliedern angenommen, Griechenland und die Türkei traten wenige Wochen später, im August, bei, Irland folgte im März 1950, die Bundesrepublik Deutschland erlangte im Mai 1951 den Status eines Vollmitgliedes. Mit der Gründung des Europarates besaßen die westlich des „Eisernen Vorhangs" gelegenen Staaten nun ein Gremium, in dem nationenübergreifend rechtliche, wirtschaftliche und kulturelle Fragen diskutiert werden konnten. In der Regel wurden die Ergebnisse dieser Diskussionen in Form von Konventionen vorgelegt. Darunter sollten sich später einige bedeutende Dokumente wie zum Beispiel die **„Konvention zum Schutze der Menschenrechte und Grundfreiheiten"** befinden.

Konvention zum Schutze der Menschenrechte und Grundfreiheiten   E
Die am 4. November 1950 in Rom unterzeichnete und am 3. September 1953 in Kraft getretene „Europäische Menschenrechtskonvention" sieht eine Reihe von Grundrechten und -freiheiten vor (Recht auf Leben, Verbot der Folter, Verbot von Sklaverei und Zwangsarbeit, Recht auf Freiheit und Sicherheit, Recht auf einen gerechten Prozess, keine Bestrafung ohne Gesetz, Anspruch auf Achtung des Privat- und Familienlebens, Gedanken-, Gewissens- und Religionsfreiheit, freie Meinungsäußerung, Versammlungs- und Vereinigungsfreiheit, Recht auf Ehe, Recht auf wirksame Beschwerde und Verbot der Diskriminierung). In den Zusatzprotokollen der Konvention werden weitere Rechte garantiert. Die Vertragsparteien sichern allen ihrer Herrschaftsgewalt unterstehenden Personen diese Rechte und Freiheiten zu.
Die Konvention sieht ebenfalls einen internationalen Kontrollmechanismus vor. Zur Einhaltung der von den Vertragsparteien eingegangenen Verpflichtungen wurde der Europäische Gerichtshof für Menschenrechte in Straßburg eingerichtet. Er befasst sich mit Individual- und Staatenbeschwerden.

Dennoch zeigte die Genese dieser ersten politischen Organisation Westeuropas deutlich, dass trotz der Dynamik, die die Europa-Idee nach dem Ende des Zweiten Weltkrieges gewonnen hatte, nationalstaatliche Interessenpolitik auch weiterhin den europäischen Integrationsprozess überlagerte. Denn auch wenn der Dezember-Kompromiss den Durchbruch für den von der britischen Regierung favorisierten intergouvernementalen Ansatz bedeutete, waren damit die Hoffnungen der Föderalisten auf die integrative Wirkung des Europarates keineswegs gestorben. Sie versuchten im Gegenteil bereits die erste Sitzungsperiode des Rates im August 1949 dazu zu nutzen, die entscheidenden Weichenstellungen in Richtung eines supranationalen Europa vorzunehmen. Die Zusammensetzung der Versammlung begünstigte dieses Vorhaben. So waren von den nationalen Parlamenten durchweg bekennende Europäer als Vertreter nach Straßburg entsandt worden – im März 1949 hatten sich die Gründungsmitglieder des Europarates bei der Vorbereitung des Statuts auf diesen Ort als Sitz des Rates geeinigt und waren damit einem britischen Vorschlag gefolgt, in dem der Ort zugleich das Symbol für einen deutsch-französischen Ausgleich darstellen sollte. Mit Paul-Henri Spaak wurde ein belgisches Regierungsmitglied (unmittelbar vor der Wahl legte er sein Regierungsamt nieder) zum Versammlungspräsidenten gewählt. Ein Ständiger Ausschuss vertrat die Versammlung gegenüber dem Ministerrat und stellte so eine Kontinuität sicher, da die Versammlung gemäß Statut nur einmal jährlich für vier Wochen tagen sollte. Weiterhin wurden sechs reguläre Ausschüsse eingerichtet und ebenfalls mit dem Recht versehen, außerhalb der Sitzungsperioden der Versammlung zu tagen. Schließlich erging an den Ministerrat die Aufforderung, entgegen der im Statut festgelegten Verfahrensweise die Tagesordnungen der Versammlungen nicht zu beeinflussen und der Ernennung eines ausschließlich der Versammlung verantwortlichen stellvertretenden Generalsekretärs zuzustimmen. Mit diesem Maßnahmenbündel signalisierte die Beratende Versammlung des Europarates ihren Willen, den Handlungsspielraum, den das Statut ihr bot, in vollem Umfang auszunutzen.

Dazu bedurfte es allerdings der Zustimmung des Ministerrates, der geheim tagte und nur einstimmig Beschlüsse fasste, wobei Enthaltungen als Ablehnungen gewertet wurden. Damit konnte er – als Repräsentanz des nationalstaatlichen Elements in der Europaratsstruktur – jede Entscheidung der Konsultativversammlung aushebeln, die ihrerseits mit Zweidrittelmehrheit Resolutionen verabschieden durfte. Davon machte sie in den ersten Wochen und Monaten ihrer Existenz auch regen Gebrauch, da ihren Mitgliedern das dem Rat zugrunde liegende intergouvernementale Prinzip offensichtlich nicht genügte. So verabschiedete sie mit deutlich mehr als der benötigten Zweidrittelmehrheit am 5. September 1949 eine von dem britischen Föderalisten Ronald Mackay eingebrachte Resolution, in der festgestellt wurde, dass die Probleme Europas nicht im Rahmen der gegenwärtigen Struktur lösbar seien und dass die Beratende Versammlung den Europarat als eine politische Autorität mit begrenzten Funktionen, aber echten Vollmachten ansehe. Darüber hinaus wurde der Ausschuss für allgemeine Angelegenheiten beauftragt, ein europäisches Abkommen zu entwerfen, das die Leitsätze des Europarats für seine politischen, wirtschaftlichen, kulturellen und sozialen Pläne definieren und für seine Mitglieder als verbindlich erklären solle. Das Ziel war damit klar markiert. Der Rat sollte eine deutlich verbindlichere Struktur mit einem klar umrissenen Aufgabengebiet jenseits der Einfluss-Sphären nationaler Politik erhalten und damit in eine Instanz umgewandelt werden, in der tatsächlich europäische Politik jenseits bloßer Koordination nationaler Politiken betrieben werden konnte.

Britischer und skandinavischer Widerstand gegen die Übertragung von politischen Kompetenzen an die Beratende Versammlung des Europarats

Solche Pläne waren jedoch insbesondere für die britische Regierung, aber auch für die der skandinavischen Staaten nicht akzeptabel. Während aber in Skandinavien europäische föderative Konzepte weder in Regierungskreisen noch in der Öffentlichkeit auf sonderlich große Unterstützung stießen, ist in Bezug auf Großbritannien eine deutliche Kluft zwischen einer recht starken und einflussreichen proeuropäischen Bewegung einerseits und einer in dieser Frage wesentlich zurückhaltenderen Regierungspolitik andererseits zu konstatieren. Das ist unter anderem darauf zurückzuführen, dass Großbritannien sich weder aus politischen noch aus ökonomischen Gründen für die europäische Option entscheiden musste. So betrug 1950 der britische Anteil am weltweiten Exportaufkommen immerhin noch 25,5 %, etwa die Hälfte des Exports wurde im Bereich des Commonwealth abgesetzt, in einem Raum also, wo das Pfund Sterling die Leitwährung darstellte, dagegen nur etwa ein Fünftel des Exports in Westeuropa. Politisch gesehen konnte sich Großbritannien immer noch als eine im Kriege unbesiegte Weltmacht fühlen, während die britische politische Elite mit einer gewissen Skepsis auf die vermeintlich unreifen politischen Akteure des Kontinents blickte, die Politik emotional, nicht pragmatisch betrieben. Aus pragmatischen Gründen musste Großbritannien die europäische Integration unterstützen, es durfte sich aber nicht so weit engagieren, dass es im Falle eines erneuten Zusammenbruches Europas mit ins Verderben gerissen würde.

Dieses Leitbild der britischen Außenpolitik hatte Winston Churchill 1948 in seiner „Drei-Kreise-Rede" anschaulich umrissen. Um Großbritanniens Weltmachtstellung zu bewahren, sei das vorrangige Ziel jeder britischen Außenpolitik die Kontrolle dreier politischer Kreise als gleichrangiger außenpolitischer Handlungsfelder: das Commonwealth, die anglo-amerikanischen Beziehungen und Westeuropa, wobei Letzteres als das mit Abstand schwächste Glied gesehen wurde, das keinesfalls auf Kosten der Beziehungen zu den beiden anderen Kreisen aufgewertet werden durfte. Das damit verbundene politische Grundmuster war im Sommer 1949 auch von der amerikanischen Regierung anerkannt worden, als sie sich angesichts der britischen Vorbehalte gegenüber einer politischen Integration Europas dazu entschloss, nicht mehr auf eine britische Führungsrolle in dieser Frage zu setzen, sondern diese Frankreich zuzuschreiben, während Großbritannien und das Commonwealth enger in den wirtschaftspolitischen Rahmen Washingtons eingebunden werden sollten.

Churchills „Drei-Kreise-Rede" zur britischen Stellung in der Welt

Mit dieser Rückendeckung konnte es sich Außenminister Bevin erlauben, auf der Ministerratstagung des Europarates nahezu alle Vorschläge und Forderungen der Konsultativversammlung zu Fall zu bringen. Damit war das Schicksal des Europarates besiegelt, die nationalstaatlich orientierten Kräfte hatten noch einmal über die Föderalisten gesiegt und gezeigt, dass die „Vereinigten Staaten von Europa" ein weit entferntes Ideal darstellten, das selbst die Erinnerung an die Schrecken des Nationalsozialismus und die Bedrohungssituation des Kalten Krieges nicht in Form von konkreten politischen Maßnahmen in der Gegenwart verankern half. Andererseits ermöglichte seine intergouvernementale Struktur, nach der Schaffung echter supranationaler europäischer Institutionen auch solchen Staaten eine Mitwirkung im Bereich europäischer Politik einzuräumen, die den Selbstausschluss vom Integrationsprozess bevorzugten bzw. von den daran beteiligten Staaten als ungeeignet für die Mitgliedschaft betrachtet wurden.

So vereinte der Europarat im Jahre 2003 45 Mitglieder unter seinem Dach und war damit dreimal größer als die Europäische Union. Die mittel- und osteuropäischen Staaten konnten nach 1989 bzw. 1991 hier erste europapolitische Gehversuche unternehmen, einschlägige Erfahrungen sammeln und sich so auf ihre Mitgliedschaft in der Europäischen Union vorbereiten. So gesehen, hat der Europarat seit seiner Gründung die europäische Einigung im Sinne eines supranationalen Projekts nicht vorangetrieben, er hat den entsprechenden Integrationsprozess jedoch von Anfang an begleitet. Das Europaratsmodell entsprach nicht den Erwartungen der europäischen Föderalisten. Weiterhin fehlte eine angemessene Antwort auf die Frage, wie ein funktionsfähiges Integrationsmodell aussehen könne, das dazu taugte, den neu entstandenen westdeutschen Teilstaat so in die westeuropäischen politischen Strukturen zu integrieren, dass dieser sich zu einem politisch stabilen und wirtschaftlich gesunden und vor allem zuverlässigen Mitglied

der westeuropäischen Familie entwickeln würde. Erst angesichts des zunehmenden äußeren Bedrohungspotentials Anfang der 1950er Jahre gelang es,
jene entscheidenden Weichenstellungen vorzunehmen, die über den Schuman-Plan zur Europäischen Wirtschaftsgemeinschaft als Keimzelle einer
veritablen Europäischen Union führen sollten.

Die Montanunion als Ausgangspunkt des supranationalen Integrationsprozesses: Der Schuman-Plan

Die Erklärung Robert Schumans vom 9. Mai 1950

Am späten Nachmittag des 9. Mai 1950, kurz vor dem Beginn einer Außenministerkonferenz der drei Westmächte, präsentierte der französische
Außenminister Robert Schuman auf einer Pressekonferenz einen Vorschlag
der französischen Regierung, der vorsah, „die Gesamtheit der französisch-
deutschen Kohle- und Stahlproduktion unter eine Oberste Aufsichtsbehörde
(Haute Autorité/Hohe Behörde) zu stellen, in einer Organisation, die den
anderen europäischen Ländern zum Beitritt" offen stehen sollte. Mit der
Zusammenlegung der Kohle- und Stahlproduktion wollte man eine gemeinsame Grundlage für die wirtschaftliche Entwicklung der beteiligten Staaten
schaffen und damit eine Produktionssolidarität herstellen, die fortan jeden
Krieg zwischen Frankreich und Deutschland nicht nur undenkbar, sondern
materiell unmöglich machen würde. Welche Wirkung sich Schuman von
dem nach ihm benannten, aber in weiten Zügen vom Leiter des französischen Planungsamtes Jean Monnet konzipierten Plan erhoffte, machte er
deutlich, als er auf der Pressekonferenz zwei Mal darauf hinwies, dass es
sich bei der Zusammenlegung der Kohle- und Stahlproduktion um die „erste
Etappe" bzw. den „Grundstein" einer „europäischen Föderation" handeln
werde.

 Auszug aus der Erklärung Robert Schumans vom 9. Mai 1950 zur Montanunion

Europa lässt sich nicht mit einem Schlag herstellen und auch nicht durch eine ein-
fache Zusammenfassung: Es wird durch konkrete Tatsachen entstehen, die zunächst eine Solidarität der Tat schaffen [...]. Das begonnene Werk muss in erster
Linie Deutschland und Frankreich erfassen [...] [und] in einem begrenzten, doch
entscheidenden Punkt sofort zur Tat [...] schreiten.
Die französische Regierung schlägt vor, die Gesamtheit der französisch-deutschen
Kohle- und Stahlproduktion einer gemeinsamen Hohen Behörde zu unterstellen,
in einer Organisation, die den anderen europäischen Ländern zum Beitritt offen
steht. [...] Dieser Vorschlag bildet den ersten Grundstein einer europäischen Föderation, die zur Bewahrung des Friedens unerlässlich ist.

Die Rezeption des Schuman-Plans

Mit der Präsentation des Schuman-Plans endeten mehrere Monate geradezu hektischer Aktivitäten auf verschiedenen Ebenen. Nach dem britischen Veto gegen eine Vertiefung der Europaratsstrukturen konnte kein
Zweifel mehr daran bestehen, dass Frankreich fortan die Führungsrolle bei
der Suche nach Möglichkeiten zur Einleitung eines politischen Integrations-

prozesses in Westeuropa spielen musste. Die britische Verweigerungshaltung war von vielen bedauert worden. So glaubte man in den BeNeLux-Ländern nach dem Ausscheiden Großbritanniens aus der Integrationsinitiative, eine künftige französische Hegemonie in Westeuropa nicht mehr ausschließen zu können. Viele französische Politiker, insbesondere der Linken, prophezeiten eine künftige deutsche industrielle Dominanz und damit einen nachträglichen Sieg Hitlers „durch die Hintertür". Gewiss spiegelten diese und ähnliche Bedenken nicht amtliche Regierungspolitik, sondern eher diffuse Stimmungen oder Meinungstrends und taugen daher eher zur Illustration einer allgemeinen Stimmungslage im Kreise politischer Entscheidungsträger in Frankreich, den BeNeLux-Staaten und Italien im Winter 1949/50, die das politische Integrationsprojekt zumindest eine Zeit lang mit einer gewissen Ernüchterung und Skepsis betrachteten. Dieser Befund trifft allerdings nicht auf die verschiedenen proeuropäischen Interessenverbände zu, die unabhängig von ihrem jeweiligen politischen Standort weiterhin mit Nachdruck für eine supranationale Integration Westeuropas eintraten.

Letztlich ebnete ein ganzes Bündel von – jeweils für sich genommen durchaus heterogenen – Stimmungen, Problemanalysen und politischen Zielsetzungen den Weg zum Schuman-Plan. Aus Sicht der französischen Regierung spielte dabei die Furcht vor einem Wiederaufstieg Westdeutschlands zu einer politischen Großmacht die entscheidende Rolle. Die Anzeichen dafür, dass diese Furcht nicht grundlos war, mehrten sich in der zweiten Jahreshälfte 1949, als sich abzuzeichnen begann, dass es nicht gelingen würde, der neugegründeten Bundesrepublik Deutschland eine Allianz von mit Frankreich politisch oder wirtschaftlich verbündeten westeuropäischen Partnerländern gegenüberzustellen – zuletzt waren mehrere Versuche gescheitert, zwischen Frankreich, Italien und den BeNeLux-Staaten eine Zollunion zu begründen (Fritalux- bzw. Finebel-Konzept). Darüber hinaus deutete vieles darauf hin, dass die Vereinigten Staaten die politische und ökonomische Konsolidierung der Bundesrepublik notfalls auch gegen französische Interessen vorantreiben würden, um so die Voraussetzungen für den Aufbau einer westdeutschen Streitmacht zu schaffen. Und schließlich wollte man in Paris auch nicht ausschließen, dass sich Bundeskanzler Adenauer nur deshalb betont europäisch gab, um sich das Wohlwollen der Amerikaner zu sichern und mit deren Hilfe den noch sehr engen bundesdeutschen politischen Spielraum zu Lasten Frankreichs zu erweitern. Freilich hätte das ein erneutes Auseinanderdividieren der europäischen Staatenwelt bedeutet und wäre damit aus der Washingtoner Perspektive höchst unerwünscht gewesen. Tatsächlich favorisierten die politischen Entscheidungsträger am Potomac schon seit längerem eine europäische integrative Lösung des Ruhrproblems. Über deren Form gab es unterschiedliche Vorstellungen, weitsichtigere Konzepte bezogen allerdings schon recht früh die Schaffung einer supranationalen Exekutive mit ein, um so das Problem der Einbindung eines westdeutschen Teilstaates in die europäischen Strukturen zu lösen. Für die Bundesregierung barg ein integrativer Ansatz von vornherein die Chance auf einen größeren politischen Handlungsspielraum und echte, weil gleichberechtigte wirtschaftliche Zusammenarbeit. Darüber hinaus lag hierin die Chance zur endgültigen Lösung des nach wie vor virulenten Demontageproblems und der Saarfrage. Vor diesem Hintergrund und angesichts der offensichtlich stagnierenden Integrationsdiskussion unterbreitete Adenauer der französischen Regierung im März 1950 zwei eigene Unionsvorschläge: zunächst, am 8. März, einen weitreichenden mit dem Ziel einer vollständigen deutsch-französischen Union, dann, am 21., das Konzept eines deutsch-französischen Wirtschaftsparlamentes, das aus gesetzgebenden Körperschaften beider Länder hervorgehen und einem gemeinsamen Exekutivorgan gegenüberstehen sollte. Aber auch wenn Adenauer sich bei dieser „Flucht nach vorn" amerikanischer Sympathien sicher sein konnte, blieb eine offizielle französische Antwort darauf aus.

Der Schuman-Plan wird angenommen

Die Tagesordnung der für den 11. bis 13. Mai 1950 geplanten Außenministerkonferenz der Westmächte bot Schuman schließlich den konkreten Anlass, den Durchbruch zu wagen. Auf der Konferenz sollte unter anderem der Wunsch der Bundesregierung hinsichtlich einer weitgehenden Aufhebung des Besatzungsstatuts erörtert werden, was von der US-Regierung unterstützt wurde. Ebenso stand die Aufhebung der Begrenzung der westdeutschen Stahlproduktion zur Debatte, schließlich auch die Frage der Aufstellung westdeutscher Truppenkontingente und deren europäische Einbindung. In allen drei Punkten waren sich die Standpunkte der amerikanischen und der britischen Regierung recht nahe, so dass die akute Gefahr einer Marginalisierung der für Frankreich zentralen Bedenken hinsichtlich eines unkontrolliert, weil nicht integrativ verlaufenden beträchtlichen Macht- und Einflusszuwachses der Bundesrepublik Deutschland bestand.

Der Schuman-Plan wurde daher – jedenfalls aus französischer Sicht – aus der Not geboren. Dass er zum Zeitpunkt seiner Vorstellung noch keineswegs ausgegoren war, sondern nur die grobe Richtung andeutete, in die er nach der Vorstellung Schumans und Monnets wirksam werden sollte, erwiesen die nachfolgenden Verhandlungen über seine Implementierung. Wie ernst es dem französischen Außenminister und seinem Berater war, wird daran deutlich, dass selbst das eigene Kabinett nur oberflächlich über die Inhalte des Plans informiert, die Zustimmung des Bundeskanzlers und des amerikanischen Außenministers erst am Tage vor dessen öffentlicher Bekanntgabe eingeholt und die britische Regierung in dieser Angelegenheit gar nicht konsultiert wurde. Darüber hinaus hatten Schuman und Monnet die eigentlichen Inhalte ihres Planes auf den ebenso zentralen wie umstrittenen Montansektor ausgerichtet. Angesichts der britischen Haltung im Europarat wurden alle weitergehenden Aspekte wie etwa Zollunionsfragen oder politische Föderationsaspekte aufgrund der zu erwartenden Probleme ausgeklammert. Die Reduktion auf den Montanbereich sollte überdies den zu erwartenden Widerstand von Lobbygruppen in den beteiligten Staaten möglichst gering halten und die Akzeptanz des Verlusts an Souveränität erleichtern. Denn dass es trotz aller Reduktionen noch genügend Probleme zu bewältigen gab, sollten die Wochen und Monate nach Bekanntgabe des Planes zeigen.

Britischer Widerstand gegen den Schuman-Plan

Dabei stellte die Frage nach der britischen Beteiligung noch ein verhältnismäßig leicht lösbares Problem dar. Dass es schwieriger werden würde, die supranationale Komponente des Schuman-Plans den eigenen Vorstellungen entsprechend abzuschwächen, hatte sich schon bei der ersten Vorstellung des Konzepts am 9. Mai 1950 gezeigt. Weder der französische noch der amerikanische Außenminister hatten es für nötig gehalten, ihren britischen Kollegen vor der Pressekonferenz über das Projekt zu informieren. Und die Kompromissbereitschaft der beteiligten Parteien war dieses Mal geringer ausgeprägt als im Falle des Europarats. Zwar galt eine britische Beteiligung an dem Projekt als wünschenswert, doch nicht um jeden Preis. So widersetzte sich Schuman jedem Versuch, sein Projekt „auf ein realistisches Maß" herunterstutzen zu lassen, wie es die britische Regierung zur Voraussetzung für ihre Beteiligung machen wollte. Stattdessen bestand der französische Außenminister auf der vorbehaltlosen Zustimmung zum supranationalen Charakter des Unternehmens als Vorbedingung für die Beteiligung an den weiteren Verhandlungen über die inhaltliche Ausgestaltung der Montanunion. Am 1. Juni forderte Robert Schuman die britische Regierung auf, bis zum nächsten Tag eine Entscheidung darüber zu fällen, ob sie sich an Verhandlungen über die Einrichtung einer supranationalen organisierten Montanunion beteiligen wolle. London erschien eine solche Verpflichtung zu weitgehend und schlug stattdessen ein bilaterales Ministertreffen zu diesem Thema vor, was wiederum für Schuman inakzeptabel war. Der Kreis der Verhandlungsteilnehmer beschränkte sich damit auf Belgien, die Bundesrepublik Deutschland, Frankreich, Italien, Luxemburg und die Niederlande.

Die Verhandlungen waren keineswegs einfach, da die einzelnen Delegationen mit unterschiedlichen Erwartungen in die Gespräche gingen. So waren die Erfahrungen, die die Bundesregierung zwischen September 1950 und April 1951 im Zusammenhang mit Fragen der konkreten Umsetzung des Konzepts machen musste, durchaus zwiespältig. Während sie noch im Mai 1950, zum Zeitpunkt der Bekanntgabe der Grundlinien des Planes, davon ausgegangen war, dass sie unter dem Dach der Montanunion eine zumindest bedingt gleichberechtigte Behandlung erfahren konnte, musste sie im Verlauf des Sommers ernüchtert feststellen, dass die Realisierung des Plans und die damit verbundene Preisgabe nationaler Rechte Frankreich keineswegs zu Zugeständnissen in der Saarfrage veranlasste. Im Gegenteil gewannen dort Stimmen an Gewicht, die das Saarland als eigenständiges Mitglied in die Montangemeinschaft aufnehmen wollten. Unter diesen Umständen drohte Adenauer Ende September 1950 sogar mit einem Rückzug aus den Pariser Verhandlungen, was erst auf Druck von amerikanischer Seite auf die streitenden Parteien verhindert werden konnte. Die Bundesregierung musste in der Frage der Unternehmensstruktur im Montanbereich Zugeständnisse machen und ihr Einverständnis zu einer weitgehenden Entflechtung der Betriebe geben, wurde dafür aber mit Entgegenkommen der Alliierten in der Frage der Kontrollkompetenzen der Ruhrbehörde belohnt. Für die Niederlande, Belgien und Luxemburg stand der deutsch-französische Ausgleich unter dem Dach der Montanunion im Zentrum des eigenen Interesses als Garanten der Sicherheit, auch wenn die öffentliche Meinung in allen drei Staaten Frankreich wie Deutschland gegenüber misstrauisch war und man weiterhin latent hegemoniale Tendenzen vermutete. Insofern bereitete der supranationale Ansatz des Schuman-Plans insbesondere der belgischen und der niederländischen Regierung Probleme, die sie durch eine Aufwertung der nationalen Komponente in Form eines Ministerrats als Gegengewicht zur supranationalen Hohen Behörde zu kompensieren suchten. Eine Nichtbeteiligung an dem deutsch-französischen Projekt barg für

Die Verhandlungen über die Montanunion

Italien nach eigener Einschätzung die Gefahr der Marginalisierung im europäischen Kontext in sich. Die unterschiedlichen Vorstellungen über Aufgaben und Struktur der Montanunion drohten eine Zeit lang, deren ursprünglichen supranationalen Charakter zu verwässern. Erst die Bereitschaft zu Zugeständnissen und Verzicht auf Maximalforderungen auf allen Seiten schuf die Voraussetzungen dafür, dass der Vertrag zur Gründung der Europäischen Gemeinschaft für Kohle und Stahl (EGKS) am 18. April 1951 in Paris unterzeichnet werden konnte.

Q **Vertrag über die Gründung der Europäischen Gemeinschaft für Kohle und Stahl vom 18. April 1951 (Auszüge)**

DER PRÄSIDENT DER BUNDESREPUBLIK DEUTSCHLAND, SEINE KÖNIGLICHE HOHEIT DER KRONPRINZ VON BELGIEN, DER PRÄSIDENT DER FRANZÖSISCHEN REPUBLIK, DER PRÄSIDENT DER ITALIENISCHEN REPUBLIK, IHRE KÖNIGLICHE HOHEIT DIE GROSSHERZOGIN VON LUXEMBURG, IHRE MAJESTÄT DIE KÖNIGIN DER NIEDERLANDE,

IN DER ERWÄGUNG, dass der Weltfriede nur durch schöpferische, den drohenden Gefahren angemessene Anstrengungen gesichert werden kann,

IN DER ÜBERZEUGUNG, dass der Beitrag, den ein organisiertes und lebendiges Europa für die Zivilisation leisten kann, zur Aufrechterhaltung friedlicher Beziehungen unerlässlich ist,

IN DEM BEWUSSTSEIN, dass Europa nur durch Leistungen, die zunächst eine tatsächliche Verbundenheit schaffen, und durch die Errichtung gemeinsamer Grundlagen für die wirtschaftliche Entwicklung aufgebaut werden kann,

IN DEM BEMÜHEN, durch die Ausweitung ihrer Grundproduktion zur Hebung des Lebensstandards und zum Fortschritt der Werke des Friedens beizutragen,

ENTSCHLOSSEN, an die Stelle der jahrhundertealten Rivalitäten einen Zusammenschluss ihrer wesentlichen Interessen zu setzen, durch die Errichtung einer wirtschaftlichen Gemeinschaft den ersten Grundstein für eine weitere und vertiefte Gemeinschaft unter Völkern zu legen, die lange Zeit durch blutige Auseinandersetzungen entzweit waren, und die institutionellen Grundlagen zu schaffen, die einem nunmehr allen gemeinsamen Schicksal die Richtung weisen können,

HABEN BESCHLOSSEN, eine Europäische Gemeinschaft für Kohle und Stahl zu gründen[…]

Der EGKS-Vertrag   Der Vertrag war auf 50 Jahre abgeschlossen und trat am 23. Juli 1952 in Kraft. Die EGKS war damit die erste supranationale europäische Gemeinschaft mit eigenen Zuständigkeiten und eigener unmittelbarer Rechtssetzungskompetenz. Zweifellos hatten die Gründerväter der EGKS damit verfassungsrechtliches Neuland betreten, denn aufgrund ihrer Struktur und ihrer Kompetenz zum Abschluss internationaler Verträge stand die Montanunion nunmehr dem Nationalstaat als dem traditionellen völkerrechtlichen Akteur gegenüber. Darauf verwies auch Walter Hallstein, der Leiter der deutschen Verhandlungsdelegation, als er am 28. April 1951 die juristische Natur der EGKS als mit den überkommenen Kategorien des geltenden Staats- und Völkerrechts schwer fassbar bezeichnete. „Gemeinschaft von Staaten" oder „Staatenverein" schienen ihm als am besten dazu geeignet.

Die Struktur der EGKS war viergeteilt. Im Mittelpunkt stand die Hohe Behörde *(Haute Autorité)*, ein mit neun Personen besetztes Exekutivorgan, das ein direktes Einspruchsrecht in den Vertragsstaaten besaß, Verträge mit Drittstaaten abschließen durfte und Botschafter akkreditieren konnte. Man hatte sich bewusst auf eine aus neun Personen zusammengesetzte Behörde geeinigt, um den supranationalen Charakter zu betonen und nicht die Zahl der Mitgliedstaaten in ihr abzubilden. Die Aufgabe der Hohen Behörde lag in der Schaffung eines einheitlichen europäischen Marktes für Kohle, Stahl und Eisen, um so eine Verbesserung der gesamtwirtschaftlichen Situation der Mitgliedstaaten zu erreichen. Als Bindeglied zu den nationalen Regierungen wurde der Ministerrat geschaffen, der aufgrund der Sektoralität der EGKS als eine Art „Verzahnungsorgan" zwischen dem unitarischen Bereich der Montanwirtschaft und der weiterhin im nationalen Zuständigkeitsrahmen verbliebenen übrigen Wirtschaftspolitik dienen sollte. Das dritte Organ der EGKS war die Gemeinsame Versammlung, gedacht als Nukleus für ein europäisches Parlament und damit als parlamentarisches Kontrollorgan der Hohen Behörde, die das Recht besaß, dieser mit Zweidrittelmehrheit das Misstrauen auszusprechen und damit zum Rücktritt zu zwingen. Die Zusammensetzung der Gemeinsamen Versammlung orientierte sich an der Größe der Mitgliedstaaten sowie am Anteil der Montanindustrie an der jeweiligen Volkswirtschaft. Das ergab jeweils 18 Sitze für Deutschland, Frankreich und Italien, jeweils zehn für Belgien und die Niederlande sowie vier für Luxemburg. Das vierte Organ war der Gerichtshof mit einer dreifachen Funktion als Verfassungsgericht zur Überwachung der verfassungsmäßigen Schranken der Organe, als traditionelles Verwaltungsgericht für Industrie und Mitgliedstaaten sowie als Schiedsgerichtshof für den Fall von Konflikten zwischen EGKS und Mitgliedstaaten.

Die Struktur der EGKS

Der Pleven-Plan – Eine Europäische Verteidigungsgemeinschaft als Motor der europäischen Integration?

Die EGKS stellte zwar ein erstes supranationales europäisches Instrument dar, doch bot sie keine direkte Antwort auf die Frage, wie der junge westdeutsche Teilstaat einen eigenen Beitrag für die militärische Sicherheit Westeuropas leisten konnte, ohne zugleich von den unmittelbaren Nachbarstaaten selber als Bedrohung wahrgenommen zu werden. Mit dem Ausbruch des Korea-Krieges (1950) hatte sich diese Problematik kurz nach der Präsentation des Schuman-Plans dramatisch verschärft. Für die Regierung der Vereinigten Staaten war es nunmehr ein Gebot der Stunde, das eigene militärische Engagement auch in Europa zu verstärken. Regierungskreise in Washington ließen keinen Zweifel daran, dass dieser Schritt mit der Aufstellung westdeutscher Truppen verknüpft werden müsse. Am 12. September 1950 trug Außenminister Dean Acheson den Wunsch seiner Regierung seinem französischen und britischen Kollegen anlässlich eines Treffens in New York vor und empfahl bei dieser Gelegenheit die Schaffung einer europäi-

Europäische Sicherheitsprobleme

schen Verteidigungsstreitmacht der NATO, in die eine westdeutsche bewaffnete Macht einzubinden wäre. Da die USA sich an einer solchen integrierten Streitmacht selber beteiligen würden und zugleich die Zahl der in Europa stationierten US-Truppen von zwei auf sechs Divisionen zu erhöhen beabsichtigten, hielt er es zudem für sinnvoll, wenn ein US-General das Oberkommando übernähme.

Möglichkeiten eines westdeutschen Verteidigungsbeitrages

Der Vorschlag, die westdeutsche Aufrüstung durch die Schaffung einer europäischen bewaffneten Macht für die europäischen Nachbarn akzeptabler zu machen, war nicht neu. Vergleichbare Konzepte kursierten bereits seit einigen Jahren in militärischen Führungsstäben, aber auch auf politischer Ebene. Nur so schien es kurz nach dem Ende des Zweiten Weltkriegs überhaupt möglich zu sein, eine deutsche Wiederaufrüstung im Kreise der westlichen Demokratien durchzusetzen. Aber auch wenn zum Beispiel in Frankreich grundsätzlich eingesehen wurde, dass die Sicherheit des Westens aufgrund der besonderen geographischen Bedingungen in Deutschland nur mit westdeutschen Truppenkontingenten gewährleistet werden konnte, verfolgte die französische Regierung entsprechende Initiativen mit Unbehagen. Das galt auch für den neuen Vorstoß Achesons. Schließlich zeichnete sich vor dem Hintergrund der problematischen Sicherheitslage die Herausbildung eines amerikanisch-deutschen Interessenverbandes ab, in dem Frankreich ins Hintertreffen zu geraten drohte. Zudem war absehbar, dass der sehr konkrete Vorschlag Achesons eine weitere Aufwertung Westdeutschlands zur Folge haben würde, womit ein Wiederaufstieg des östlichen Nachbarn zu einer europäischen Großmacht nicht mehr ausgeschlossen werden konnte. Da die Realisierung des amerikanischen Plans überdies eine langfristige Dominanz der USA in Westeuropa begründet hätte, war er für die französische Regierung in der vorgelegten Fassung inakzeptabel. Stattdessen sah sie sich dazu herausgefordert, dem amerikanischen Vorstoß einen Gegenvorschlag gegenüberzustellen, der die eigenen Interessen in größerem Umfang berücksichtigte.

Der Pleven-Plan

Ministerpräsident **René Pleven** präsentierte diesen am 24. Oktober 1950 in der Nationalversammlung. Anders als das Konzept des amerikanischen Außenministers ging der **Pleven-Plan** von der Schaffung einer europäischen Armee unter der Führung eines europäischen Verteidigungsministers aus. Eine solche Konstruktion hätte zwar den amerikanischen Einfluss in der westeuropäischen Arena verringert, doch bedeutete die Schaffung eines europäischen Verteidigungsministeriums zugleich die Formation einer völlig neuen politischen Ebene in Europa. Dass ein solches Vorhaben realisierbar war, setzte angesichts der zähen Fortschritte der Verhandlungen über die Montanunion eine ausgeprägt optimistische Weltsicht voraus. Pleven wusste wohl, dass vor einer Umsetzung seines Konzepts noch eine Vielzahl von Widerständen überwunden und Detailfragen geklärt werden mussten. Mit Widerstand war nicht nur in Frankreich selber, sondern auch in den anderen beteiligten Staaten zu rechnen. Dabei würde es nicht nur um die Frage der deutschen Wiederbewaffnung an sich, sondern auch darum gehen, inwieweit man überhaupt auf die USA als Garanten der militärischen Sicherheit des Westens verzichten konnte.

René Pleven (1901–1993)

französischer Politiker, Jura- und Politikstudium in Paris, Dr. jur., danach Diplom an der Pariser Ecole libre des sciences politiques. 1941 Mitglied des französischen Nationalkomitees der Exilregierung, 1944 Kolonialminister, 1944 bis 1946 Finanzminister, 1945 bis 1946 Wirtschaftsminister, 1949 bis 1950 Verteidigungsminister, 1950–1952 französischer Ministerpräsident, 1952 bis 1954 Verteidigungsminister, beteiligt an der Ausarbeitung der EVG, 1958 Außenminister, 1958–1969 Mitglied der parlamentarischen Versammlung, 1969 bis 1973 Justizminister. Der nach ihm benannte Pleven-Plan sah vor, eine europäische Armee unter Beteiligung der Bundesrepublik Deutschland entstehen zu lassen.

Insofern konnte der französische Ministerpräsident bei der Vorstellung seines Plans nicht allzu sehr ins Detail gehen, sondern lediglich ein Rahmenkonzept erläutern, über das noch verhandelt werden musste, und zugleich den französischen Ausgangspunkt für diese Verhandlungen umreißen. Aus seiner Sicht ging es darum, eine europäische Armee in dazu taugliche europäische politische Institutionen einzubinden. Dazu musste auf jeden Fall ein Verteidigungsministerium gehören, dessen Handlungsfähigkeit durch von einem Ministerrat zu erlassende Direktiven ermöglicht werden sollte. Wie das Verhältnis dieser europäischen Armee zur NATO gestalten werden sollte, ließ Pleven offen. Deutlicher wurde er hingegen in der Frage der Einbeziehung westdeutscher Kontingente. Diese sollte seiner Meinung nach auf möglichst niedriger Ebene erfolgen. Die Aufstellung nationaler westdeutscher Truppenkontingente lehnte Pleven ab, die anderen Mitgliedstaaten, die sämtlich bereits über nationale Streitkräfte verfügten, sollten darüber entscheiden dürfen, welche Kontingente sie aus ihren nationalen Streitkräften aus- und in die Europaarmee eingliedern wollten.

Der Pleven-Plan

Mit dem Pleven-Plan vom 24. Oktober 1950 machte der französische Ministerpräsident René Pleven einen Vorschlag für eine Europa-Armee unter dem Kommando eines europäischen Verteidigungsministers. Trotz erheblicher Nachteile für Deutschland, das durch den Pleven-Plan an der Wiederbewaffnung und dem Beitritt zur NATO gehindert werden sollte, stimmte Bundeskanzler Konrad Adenauer diesem prinzipiell zu. Der Plan führte zu einem Abkommen über die Errichtung einer Europäischen Verteidigungsgemeinschaft (EVG), das von den Außenministern von Deutschland, Frankreich, Italien und der drei BeNeLux-Staaten am 27. Mai 1952 unterzeichnet wurde. Trotzdem scheiterte der Plan am 30. August 1954 an der französischen Nationalversammlung, die nicht gewillt war, diesen zu ratifizieren.

In der so vorgetragenen Form war der Pleven-Plan für die französische Nationalversammlung akzeptabel, sie billigte ihn mit 349 zu 235 Stimmen. Während die offiziellen Stellungnahmen des In- und Auslandes dazu durchweg neutral bis wohlwollend ausfielen – am freundlichsten in Belgien und Luxemburg –, hagelte es hinter den Kulissen heftige Kritik. Der britische Verteidigungsminister brachte die internationale Kritik auf den Punkt, als er feststellte, dass der Plan „militärisch blödsinnig und politisch wahnsinnig" sei. Andere westliche Politiker vermuteten dahinter gar einen versteckten Sabotageversuch an der NATO. Für Konrad Adenauer stand fest, dass sich die Bundesrepublik unter den genannten Bedingungen nicht an dem Projekt

Die Rezeption des Pleven-Plans

beteiligen und stattdessen eine direkte Mitgliedschaft in der NATO anstreben werde. Wenn sich die Bundesregierung trotzdem am 8. November 1950 grundsätzlich für die Zustimmung zum Pleven-Plan aussprach, so geschah das zweifellos vor dem Hintergrund von Zusatzinformationen, die der französische Hohe Kommissar André François-Poncet am Vortag dem Bundeskanzler überbracht hatte. Besonderen Wert hatte er dabei auf die Feststellung gelegt, dass Deutschland nach dem Pleven-Plan mit allen anderen Partnern völlig gleichgestellt werden sollte.

Die Verhandlungen über eine europäische Verteidigungsgemeinschaft

Die in den nachfolgenden Verhandlungen über die Gründung einer Europäischen Verteidigungsgemeinschaft (EVG) zu klärenden Punkte würden also die Frage der Kompetenzaufteilung zwischen Europaarmee und NATO betreffen, ebenso die Struktur und Kompetenzen der politischen Ebene der europäischen Streitmacht sowie die Frage, wie eine Statusverbesserung für die Bundesrepublik zu erreichen war. Die Verhandlungen begannen am 15. Februar 1951 in Paris. Aus Bonner Sicht verliefen diese durchaus erfreulich, gelang es doch, das Recht auf direkte Rekrutierung deutscher Soldaten durch deutsche Behörden durchzusetzen und dafür Sorge zu tragen, dass eine Integration deutscher Soldaten in die militärischen Kommandostrukturen mindestens auf Divisionsebene ermöglicht wurde und mit der Aufhebung des Besatzungsstatuts nach dem Beitritt zu rechnen war. Weiter wurde Einvernehmen darüber erzielt, dass die Truppenführungsstäbe der EVG dem NATO-Hauptquartier unterstellt wurden und der alliierte Oberbefehlshaber das Inspektionsrecht über EVG-Verbände erhielt.

Eine Europäische Politische Gemeinschaft als mögliches politisches Dach von EGKS und EVG

Die Frage nach der politischen Kontrolle einer wie auch immer aufgestellten Europaarmee bewegte weiterhin die Gemüter. Insbesondere auf italienisches Drängen hatte Robert Schuman daher im Sommer 1951 angekündigt, dass sich Frankreich nach der Montanunion und der EVG nun auch um die Schaffung einer supranationalen politischen Autorität in Europa bemühen werde. Entsprechende Anstrengungen mündeten im Dezember 1951 im Beschluss der sechs EVG-Verhandlungspartner, die parlamentarische Versammlung der künftigen EVG zu beauftragen, binnen sechs Monaten nach ihrem Zusammentreten Vorschläge für die Vorbereitung einer solchen Organisation zu erarbeiten. Die politische Ebene der EVG sollte im Rahmen der Schaffung einer Europäischen Politischen Gemeinschaft (EPG) gestaltet werden, deren Einrichtung in Artikel 38 des am 27. Mai 1952 von den Verhandlungsdelegationen der beteiligten Mächte unterzeichneten EVG-Vertrags beschlossen wurde.

Die Struktur der EPG

Zum Vorsitzenden des Satzunggebenden Ausschusses für die EPG wurde **Heinrich von Brentano**, der Vorsitzende der CDU/CSU-Fraktion im Deutschen Bundestag, gewählt. Aufgrund seiner Mitwirkung bei der Formulierung des Grundgesetzes hatte er sich einen Namen als Verfassungsjurist gemacht, europapolitisch war er im Bundestag mit seinen Reden zugunsten der deutschen Mitwirkung am Europarat und an der Montanunion hervorgetreten. Der vom Brentano-Ausschuss erarbeitete Entwurf wurde am 10. März 1953 von der Gemeinsamen Versammlung der EGKS gebilligt. Im Zentrum des Entwurfs stand ein Zwei-Kammern-Parlament mit einer die Bürger repräsentierenden Volkskammer und einem die einzelnen Mitgliedstaaten repräsentierenden Senat als zentrales Willensbildungsorgan einer dann weitgehend föderalisierten Montanunion. Das Parlament sollte dafür Sorge tragen, eine Verbindung von EGKS und EVG zu einer politisch integrierten Organisation zu erreichen. Die Kompetenzen dieser neu gestalteten Gemeinschaft wurden im Entwurf auf die Bereiche der Außenpolitik, Verteidigung, wirtschaftliche und soziale Integration und den Schutz der Menschenrechte ausgedehnt. Die Volkskammer des Parlaments würde in der Sechsergemeinschaft aus 268 direkt zu wählenden Abgeordneten bestehen, der 87-köpfige Senat aus von den nationalen Parlamenten gestellten Abgeordneten. Als Regierung sah der Entwurf die Einrichtung eines dem Parlament verantwortlichen „Europäischen Exekutiv-Rates" vor, dessen Präsident vom Senat zu wählen war und dessen zwölf Mitglieder wie die Parlamentarier fünf Jahre im Amt bleiben sollten. Bei der Festlegung der weiteren, für die EPG vorgesehenen Organe hatte sich der Brentano-Ausschuss an den bestehenden Strukturen der EGKS orientiert – ein Ministerrat mit Repräsentanten der nationalen Regierungen sollte die nationalen Interessen der Mitgliedstaaten vertreten und ein Gerichtshof nach dem Vorbild des Gerichtshofes der EGKS als Verfassungs-, Verwaltungs- und Schiedsgerichtshof tätig werden.

> **Heinrich von Brentano (1904–1964)**
> deutscher Politiker, Mitbegründer der CDU, Mitglied im Landesvorstand der CDU in Hessen. 1949 bis 1964 Mitglied des Deutschen Bundestages, 1949 bis 1955 und 1961–1964 Vorsitzender der CDU/CSU-Bundestagsfraktion, 1950 bis 1955 Mitglied der Parlamentarischen Versammlung des Europarates, Vizepräsident desselben, 1955 bis 1961 Bundesaußenminister, 1952 bis 1961 Mitglied des EP.

Als am 19. März 1953 der Deutschland- und EVG-Vertrag im Bundestag in dritter Lesung behandelt wurde, ging Heinrich von Brentano nur am Rande auf dessen militärischen Aspekte ein. Im Mittelpunkt seiner Ausführungen stand stattdessen die Bedeutung des Vertragswerks für den Weg der Bundesrepublik Deutschland als gleichberechtigter Partner zurück in die internationale Staatengemeinschaft und die Impulse, die es dem europäischen Integrationsprozess verleihen würde. Dabei betonte er ausdrücklich, dass sich die sechs Staaten, die sich unter dem Dach der EGKS und EVG zusammengefunden hätten bzw. sich nach der Vertragsratifizierung noch zusammenfinden würden, kein exklusives „Klein-Europa" darstellten, sondern von vornherein auch anderen Staaten, insbesondere Großbritannien und den skandinavischen Ländern, offenstehe.

Zweifellos hätte das in mühsamen Verhandlungen geschnürte Vertragspaket aufgrund der Verschmelzung der politischen und der militärischen Komponente weniger als ein Jahrzehnt nach dem Ende des Zweiten Weltkrieges den Kern eines westeuropäischen Bundesstaates geschaffen. So sehr eine solche Entwicklung von der Bundesregierung begrüßt worden wäre, überforderte sie insbesondere eine Mehrheit der politischen Entscheidungsträger in Frankreich, für die eine derart umfassende Preisgabe nationaler Souveränitätsrechte nicht akzeptabel war. Das Votum der französischen Nationalversammlung vom 30. August 1954, die Debatte über den EVG-Vertrag ohne Frist zu vertagen, fiel aus deutscher Sicht dennoch unerwartet deutlich aus. Konrad Adenauer hatte diesen Entschluss rückschauend als die bitterste Enttäuschung und den größten Rückschlag seiner gesamten Regierungszeit bezeichnet. Und Brentano, dessen großes Engagement an der Ausformulie-

Die Ablehnung der EVG durch die französische Nationalversammlung

Die Pariser Verträge
und die Gründung
der WEU

rung insbesondere der politischen Vertragsinhalte in einer Satzung für die Europäische Politische Gemeinschaft damit wirkungslos verpufft war, wertete die französische Entscheidung nicht nur als eine vergebene Chance, sondern als erschreckenden Beweis der Ohnmacht des Westens insgesamt.

Allerdings ebnete die Weigerung der französischen Nationalversammlung der Bundesrepublik Deutschland den Weg in die NATO. Bereits zwei Monate später, am 23. 10. 1954, wurden die Pariser Verträge unterzeichnet, die die Aufnahme der Bundesrepublik in die NATO und die Erweiterung des Brüsseler Paktes zur **Westeuropäischen Union (WEU)** regelten. Für die Bundesrepublik Deutschland bedeutete das Pariser Vertragswerk die Beendigung der Besatzungsherrschaft mit der Aufhebung des Besatzungsstatuts und der Auflösung der Alliierten Kontrollkommission. Im Gegenzug erklärte sich die Bundesregierung mit der Stationierung von ausländischen NATO-Truppen auf eigenem Hoheitsgebiet einverstanden. Im Rahmen der WEU wurde ferner Einvernehmen über die Maximalstärke der Streitkräfte der Mitgliedstaaten sowie die Schaffung eines Rüstungskontrollsystems erzielt. Dabei verpflichtete sich die Bundesregierung, keine ABC-Waffen und bestimmte andere schwere Waffen herzustellen. Die USA, Großbritannien und Kanada sicherten zu, eigene Streitkräfte auf dem europäischen Kontinent zu belassen und im Einklang mit der NATO-Strategie einzusetzen. Geregelt wurde ferner die Bildung einer einheitlichen militärischen Struktur durch die Unterstellung sämtlicher in seinem Zuständigkeitsbereich stationierter Streitkräfte der Mitgliedstaaten unter das Kommando des Supreme Allied Commander Europe (SACEUR). Von dieser Regelung wurden nur bestimmte Einheiten ausgenommen, entweder, weil sie in Übersee stationiert oder für interne Sicherungsfragen beziehungsweise Polizeieinsätze vorgesehen waren. Die WEU wurde überdies mit einem aus den Außenministern der Mitgliedstaaten bestehenden Rat sowie einer parlamentarischen Versammlung ausgestattet, deren Zusammensetzung sich am Europarat und der EGKS orientierte. Mit der Ratifikation des Vertragswerkes am 5. Mai 1955 waren schließlich alle Voraussetzungen für den NATO-Beitritt der Bundesrepublik Deutschland erfüllt, er erfolgte vier Tage später, am 9. Mai.

E | **Die Westeuropäische Union (WEU)**

Die Westeuropäische Union ist ein Verteidigungsbündnis mit derzeit zehn Mitgliedstaaten: Belgien, Frankreich, Bundesrepublik Deutschland, Italien, Luxemburg, Niederlande, Portugal, Spanien, Großbritannien und Griechenland. Island, Norwegen und die Türkei haben ihren Beitritt als assoziierte Mitglieder erklärt. Schweden, Österreich, Finnland, Irland und Dänemark haben Beobachterstatus. Sitz der Organisation mit ihrem Generalsekretariat ist Brüssel.

Rechtsgrundlage der WEU ist der 1948 in Brüssel geschlossene Vertrag über die wirtschaftliche, soziale und kulturelle Zusammenarbeit und gemeinsame Selbstverteidigung in der durch das im Jahre 1954 unterzeichnete Protokoll geänderten Fassung (so genannter Geänderter Brüsseler Vertrag). Kernstück des Vertrages ist Artikel V, der jeden Vertragspartner im Falle des Angriffs auf einen anderen Vertragspartner dazu verpflichtet, im Einklang mit den Bestimmungen des Artikels 51 der Satzung der Vereinten Nationen alle ihm zur Verfügung stehenden militärischen und sonstigen Hilfen zu gewähren. Damit wird ein Verteidigungsbündnis definiert, das weitreichendere Verpflichtungen enthält als der Nordatlantikvertrag oder jeder andere derzeit gültige Vertrag, da eine automatische Beistandsverpflichtung festgeschrieben wird.

Der Neustart des Integrationsprozesses – Von der *Relance Européenne* zu den Römischen Verträgen

Mit dem Scheitern der EVG und dem damit verknüpften EPG-Projekt war der Integrationsprozess ins Stocken geraten, eine zeitlang gar vom Scheitern bedroht. So konnte nicht mehr ausgeschlossen werden, dass es in Frankreich keine Mehrheit mehr für die Fortsetzung des mit der Montanunion eingeschlagenen integrationspolitischen Weges gab. Schließlich hatte die Nicht-Behandlung des EVG-Vertrages durch die französische Nationalversammlung deutlich gezeigt, dass die Zeit für einen großen supranationalen Wurf à la EPG noch nicht reif war – stattdessen hatten sich im französischen Parlament die Kommunisten und Gaullisten durchsetzen können, die sich unter Bezugnahme auf die deutsche Besatzungsherrschaft einer institutionalisierten supranationalen Kooperation mit dem ehemaligen Kriegsgegner unter dem Dach einer EVG verweigerten. Die europäischen Föderalisten mussten wie im Falle des Europarates wieder einmal die Grenzen ihres Handlungsspielraums erkennen, erneut schlug die Stunde der europäischen Pragmatiker, die nun gefordert waren, einen Weg abzustecken, auf dem eine Fortsetzung des europäischen Integrationsprozesses mit Erfolg betrieben werden konnte. Aus dem Kreise jener, die sich unter dem Eindruck der EVG-Krise um die Fortsetzung des Integrationsprozesses verdient machten, ragen nur wenige hervor. Auf höchster Ebene waren es Jean Monnet, der schon den Schuman-Plan maßgeblich mitkonzipiert hatte und bis Juni 1955 das Amt des Präsidenten der Hohen Behörde der Montanunion innehielt, der seit April 1954 amtierende belgische Außenminister Paul-Henri Spaak, der zuvor in zahlreichen hohen politischen Ämtern als engagierter Anhänger der europäischen Föderation hervorgetreten war, Johan Willem Beyen, ein ausgewiesener Wirtschaftsfachmann und seit 1952 niederländischer Außenminister, schließlich Joseph Bech, Ministerpräsident und Außenminister des Großherzogtums Luxemburg. Von Monnet abgesehen waren es also gerade Vertreter der kleineren Mitgliedstaaten der EGKS, die für eine Fortsetzung des Integrationsprozesses eintraten. Dabei standen zwei übergeordnete Ziele im Mittelpunkt ihrer Überlegungen: Die Westbindung der Bundesrepublik sollte weiter vertieft und Frankreich von weiteren Alleingängen abgehalten werden.

> Die Suche nach Auswegen aus der ersten Krise des Integrationsprozesses

Dabei konnten sie sich auf die uneingeschränkte Unterstützung der Mitarbeiter der Luxemburger Hohen Behörde verlassen, die sich seit ihrer Gründung 1952 zu einer veritablen europäischen Einrichtung entwickelt hatte und wo Vertreter der verschiedenen Mitgliedstaaten nun gemeinsam überlegten, welche Maßnahmen am besten dazu taugen mochten, dem Integrationsprozess neuen Schwung zu verleihen. Ein Blick auf die in der Hohen Behörde zwischen September 1954 und April 1955 entwickelten Konzepte zeigt deutlich den dabei nunmehr dominierenden pragmatischen Ansatz: Anstatt weiter ehrgeizige politische oder militärische Gesamtkonzepte zu verfolgen, diente das schon einmal erfolgreiche, aber ungleich bescheidenere Modell der Montanunion als Vorbild. Die meisten Überlegungen knüpften an deren Grundgedanken der sektoralen supranationalen Integra-

> Die Bedeutung der Hohen Behörde der EGKS für den weiteren Verlauf des Integrationsprozesses

tion eines wirtschaftlichen Schlüsselbereichs an und suchten nach Wegen, wie dieser weiter ausgebaut werden konnte. Monnet betrachtete den Energiesektor als ein vielversprechendes Gebiet für weitere integrative Schritte, wobei die Anfang der 1950er Jahre als äußerst zukunftsträchtig geltende Atomenergie sich seiner besonderen Aufmerksamkeit erfreuen konnte, zumal er sich in diesem Punkt mit der belgischen und der niederländischen Regierung in Übereinstimmung wusste. Schließlich würde die Europäisierung der Nuklearenergie neben einer Bündelung der entsprechenden Ressourcen und der daraus erwachsenen Synergieeffekte auch verhindern, dass die Bundesrepublik eine eigene Nuklearindustrie aufbaute und damit zumindest die Voraussetzungen zum Zugang zu waffenfähigem spaltbaren Material schaffen würde. Allerdings legte Monnet von vornherein auch Wert darauf, dass ein solches Konzept nicht von der französischen Regierung zur Unterstützung ihres eigenen Nuklearrüstungsprogramms missbraucht werden konnte.

Monnets Vorliebe für eine Erweiterung der Teilintegration auf den Nuklearsektor mag auch als ein Beleg für seine von der französischen politischen Kultur geprägte Vorstellung vom Primat der Politik gegenüber der Wirtschaft gelten. Auf jeden Fall unterschied sich der relativ eng gefasste Ansatz des Präsidenten der Hohen Behörde von den deutlich weitergehenden Überlegungen, die etwa zeitgleich auf deutscher Seite, in den BeNe-Lux-Staaten und Italien angestellt wurden und zumeist auf eine vollständige Integration der nationalen Wirtschaftssysteme hinausliefen. Es galt somit, die von Frankreich gewünschte Berücksichtigung der Atomenergie in Einklang zu bringen mit dem von den anderen fünf EGKS-Mitgliedstaaten bevorzugten marktwirtschaftlichen Ansatz, der davon ausging, dass die Montanunion nur dann aufrechterhalten werden konnte, wenn man das Konzept auf den gesamten Wirtschaftssektor übertrug. In diesem Zusammenhang entstanden im Bundeswirtschaftsministerium im April und Mai 1955 zwei Denkschriften, in denen konkrete Vorschläge zur weiteren wirtschaftlichen Integration Europas gemacht wurden. Auf der Grundlage der Empfehlungen des wissenschaftlichen Beirats des Bundeswirtschaftsministeriums und eigener Erkenntnisse über die Defizite der Montanunion wurde hierin das Konzept des allgemeinen gemeinsamen Marktes entwickelt und in Beziehung gesetzt zum institutionellen System der Montanunion. Ähnliche Überlegungen, die auf eine horizontale Wirtschaftsintegration hinausliefen, wurden zeitgleich in Belgien, den Niederlanden, Luxemburg und Italien angestellt.

Damit waren die unterschiedlichen Standpunkte umrissen, Einigkeit bestand auch unter den Pragmatikern darüber, dass die wirtschaftliche Integration – unabhängig davon, ob sektoral oder horizontal – der Stärkung nationaler Wirtschaftsmärkte oder gar der Wiederbelebung von Autarkiebestrebungen vorzuziehen sei. Dass eine Erweiterung der Wirtschaftsintegration auch spürbare Folgen im politischen Raum haben würde, war einer der erwünschten Nebeneffekte, von dem man hoffte, dass er zu einer Erhöhung des politischen Gewichts der EGKS-Staaten im internationalen Kontext beitragen würde.

Paul-Henri Spaak ergreift die Initiative

Nachdem die **Pariser Verträge** am 27. März 1955 vom französischen Parlament ratifiziert worden waren, hielt Paul-Henri Spaak den Zeitpunkt für günstig, die verschiedenen Konzepte auf Regierungsebene diskutieren zu lassen. Am 2. April schlug er in einem Schreiben an die Außenminister der fünf anderen EGKS-Staaten die Einberufung einer Konferenz vor, auf der gemeinsam darüber nachgedacht werden sollte, wie die Zukunft der Montanunion gestaltet werden könnte, um dem europäischen Integrationsprozess neuen Schwung zu verleihen. Dieser Vorstoß war keineswegs risikofrei, denn vor dem Hintergrund der EVG-Diskussion hatten sich auch die Gegner einer Fortsetzung des Integrationsprozesses formiert. Zu diesen zählten Anhänger des weltweiten Freihandels ebenso wie engagierte Sozialisten. Während erstere einer weiteren Integration kritisch gegenüberstanden, weil sie eine Diskriminierung von Drittländern und Erstarkung europäischer protektionistischer Tendenzen fürchteten, gab es aus sozialistischer Sicht Einwände gegen eine Konsolidierung des kapitalistischen Systems durch einen gemeinsamen europäischen Markt, der nationale Ausgleichs- und Gerechtigkeitsbestrebungen unterlaufen könne.

Die Bedeutung des Pariser Vertragswerkes vom 23. Oktober 1954

1. Beendigung des Besatzungsregimes in der Bundesrepublik; Aufhebung des Besatzungsstatuts und der Alliierten Kontrollkommission. Bundesregierung erklärt sich mit der Stationierung ausländischer Truppen auf eigenem Hoheitsgebiet einverstanden.
2. Erweiterung des Brüsseler Pakts zur Westeuropäischen Union (WEU).
3. Einigung im Rahmen der WEU über Maximalstärke der Streitkräfte der Mitgliedstaaten und Schaffung eines Rüstungskontrollsystems. Die Bundesregierung verpflichtet sich, keine ABC-Waffen sowie bestimmte andere schwere Waffen auf ihrem Gebiet herzustellen.
4. Zusicherung der Regierungen der USA, des Vereinigten Königreichs und Kanadas, Streitkräfte auf dem europäischen Kontinent zu belassen und im Einklang mit NATO-Strategie einzusetzen.
5. Aufnahme der Bundesrepublik Deutschland und Italiens in den Atlantikpakt (NATO-Beitritt der Bundesrepublik erfolgt nach Ratifikation des Vertrages (5. 5. 55) am 9. 5. 55).
6. Bildung einer einheitlichen militärischen Struktur durch Unterstellung sämtlicher Streitkräfte der Mitgliedstaaten, die im Kommandobereich des Supreme Allied Commander *Europe* (SACEUR) stationiert sind, unter dessen Befehl. Davon sind nur bestimmte Einheiten ausgenommen (Verteidigung überseeischer Gebiete, interne Sicherungsfragen und Polizeieinsätze).
7. Schaffung eines Rates der WEU aus Außenministern der Mitgliedstaaten sowie einer parlamentarischen Versammlung, deren Zusammensetzung sich an Europarat und EGKS orientiert.

E

Auch in den einzelnen Mitgliedstaaten waren die Meinungen über die Weiterentwicklung der EGKS geteilt. In der Bundesrepublik verfolgten Konrad Adenauer und sein engster außenpolitischer Berater Walter Hallstein zwar die Initiativen der Hohen Behörde wohlwollend, jedoch hatten sie jedenfalls in der ersten Jahreshälfte 1955 keine konkreten Vorstellungen über den zweckmäßigsten Weg dorthin. Im Gegensatz zu ihnen stand Wirtschaftsminister Ludwig Erhard dem Integrationsgedanken im Allgemeinen und der EGKS im Besonderen skeptisch gegenüber. Er bevorzugte stattdessen funktionalistische Konzepte wie den Ausbau der OEEC, die Herstellung einer allgemeinen europäischen Währungskonvertibilität, den allmählichen Abbau von Handelshemmnissen oder den Umbau des GATT zum Rahmen

Unterschiedliche Vorstellungen über den weiteren Verlauf des Integrationsprozesses

eines weltweiten Freihandels. In der Sechsergemeinschaft sah er dagegen eine wenig aussichtsreiche Regionalgemeinschaft mit latentem Hang zum Protektionismus und zu planwirtschaftlichen Interventionen, die eine Gefahr für die Einheit Westeuropas insgesamt darstellte. Andere Kritiker begründeten ihre Einwände gegen eine institutionell untermauerte Westbindung der Bundesrepublik mit dem Hinweis darauf, dass dadurch die Aussichten auf eine deutsche Wiedervereinigung erheblich geschmälert würden. Doch trotz so unterschiedlich begründeter Kritik blieb die Bundesregierung auf Integrationskurs. Allerdings schien die französische Regierung nach dem Scheitern der EVG zunächst kein Interesse an einer Weiterentwicklung der EGKS zu haben. So unterbreitete Außenminister Antoine Pinay der Bundesregierung noch Ende April 1955 den Vorschlag, einen Staatenbund aller OEEC-Länder ins Leben zu rufen. Das hätte in der Tat dem supranationalen Prinzip der EGKS und jeder Erweiterungsmaßnahme den Todesstoß versetzt, doch da der Plan sehr allgemein gehalten war und nicht mit der von Bonn bevorzugten Generallinie übereinstimmte, wurde das Projekt nicht weiterverfolgt. Während die französische Haltung gegenüber der Monnet-Spaak-Initiative also eher als zurückhaltend-skeptisch bezeichnet werden muss, begegnete ihr die italienische Regierung mit zurückhaltendem Wohlwollen. Hatte man in Rom zunächst große Hoffnungen auf das EVG-Projekt gesetzt, schien der Ausbau der EGKS, in welcher Form auch immer, die Integration Europas voranzubringen und Italien damit enger mit dem europäischen Westen zu verknüpfen.

Die Messina-Konferenz — Somit hatte sich keine der von Spaak am 2. April 1955 eingeladenen Regierungen der Initiative ausdrücklich widersetzt. Die Konferenz der Außenminister wurde für den 1. bis 3. Juni nach Messina einberufen. Rechtzeitig vor Konferenzbeginn hatten Spaak, Beyen und Bech ein gemeinsames Memorandum der BeNeLux-Staaten erarbeitet und darin eine Zielbestimmung der Außenministerkonferenz vorgenommen: Man möge sich mit der Frage weiterer sektoraler Integrationsschritte im Rahmen der EGKS befassen, so zum Beispiel mit dem Verkehrswesen, der Energieversorgung oder der Atomenergie, und zugleich Überlegungen dahingehend anstellen, wie eine horizontale Integration der Gesamtwirtschaften der Mitgliedstaaten hergestellt werden könne. Am 11. Mai 1955 diskutierte die Konsultativversammlung der EGKS das Spaak-Beyen-Bech-Memorandum und forderte die Minister auf, in Messina entsprechende Verträge abzuschließen.

Ausschüsse übernehmen die vorbereitende Arbeit — So weit mochten die Außenminister während ihres Treffens auf Sizilien jedoch nicht gehen. Ohnehin hatten die unterschiedlichen Standpunkte über die Zukunft der EGKS und des Integrationsprozesses die Erwartungen an die Konferenz von vornherein gedämpft. So verzichtete Adenauer ganz auf die Teilnahme und ließ sich von seinem Staatssekretär Hallstein vertreten. Um so überraschender war das Konferenzergebnis. Ohne größere Probleme konnten sich die Außenminister auf den ehemaligen französischen Ministerpräsidenten René Mayer als neuen Präsidenten der Hohen Behörde verständigen. Seine Ernennung war notwendig geworden, da Jean Monnet im November 1954 darauf verzichtet hatte, seine Präsidentschaft zu verlängern. Schwieriger gestalteten sich die Beratungen über die Zukunft der EGKS, da sich insbesondere Pinay lange nicht mit dem BeNeLux-Memorandum identifizieren konnte. Andererseits wollte er den Integrationsprozess nicht noch einmal einer Belastung aussetzen, wie sie die Ablehnung des EVG-Projekts bedeutet hatte. So stimmte er nach längerem Zögern namens der französischen Regierung zu, die Beratungen nach Konferenzende auf der Grundlage des BeNeLux-Vorschlags fortführen zu lassen, legte allerdings zugleich Wert auf den Zusatz, dass er damit der Sache an sich keinesfalls zugestimmt habe. Das war freilich auch nicht nötig, da noch zu viele Detailfragen beantwortet werden mussten. So einigten sich die Außenminister in Messina, ein Sachverständigenverfahren zur Umsetzung der Empfehlungen des BeNeLux-Memorandums einzuleiten. Dazu wurden fünf Ausschüsse gebildet: ein Lenkungsausschuss und vier themenbezogene Ausschüsse, die sich mit Fragen des Gemeinsamen Marktes, des Verkehrs, der Energie und der Kernenergie zu befassen hatten. Aufgrund seiner vorangegangenen Aktivitäten bestellte die Messina-Konferenz Paul-Henri Spaak zum Koordinator der Arbeit der Sachverständigenausschüsse.

Bis November 1955 hatten die Ausschüsse ihre Arbeit abgeschlossen und ihre Berichte und Empfehlungen vorgelegt. Als Koordinator der Ausschussarbeit verzichtete Spaak jedoch darauf, die einzelnen Ausschussberichte an die sechs Außenministerien weiterzuleiten, sondern zog diese für die Erstellung eines Gesamtkonzeptes heran. Dieses wurde unter Mitwirkung von Pierre Uri, ehemals Mitarbeiter Jean Monnets in der Hohen Behörde, und **Hans von der Groeben** zusammen mit einem kleinen Stab weiterer Mitarbeiter während einer Klausurtagung Anfang März 1956 erarbeitet und am 21. April 1956 als Spaak-Bericht veröffentlicht.

Der Spaak-Bericht

> **Hans von der Groeben (1907–2005)**
> deutscher Diplomat, Wissenschaftler und Publizist. Oberregierungsrat im Reichsernährungsministerium, 1937 Leitung des Referats für das Kredit- und Genossenschaftswesen, 1939 sowie 1942 bis 1945 Dienst in der Wehrmacht. Nach dem Krieg Regierungsdirektor im Finanzministerium von Niedersachsen, danach im Bundeswirtschaftsministerium Leitung der Unterabteilung des Schuman-Plans, Mitverfasser des Spaak-Berichts. 1958 bis 1970 Mitglied der EWG-Kommissionen.

E

Mit der Erstellung eines Gesamtkonzepts war Spaak weit über seinen eigentlichen Auftrag hinausgegangen, hatte jedoch eine Diskussionsgrundlage abgeliefert, die den weiteren Verlauf der Regierungsverhandlungen über die Zukunft der EGKS nachhaltig bestimmen sollte. So lehnte der Spaak-Bericht eine Fortsetzung der sektoralen Integration ab und plädierte stattdessen für den horizontalen Ansatz, also die Schaffung eines gemeinsamen Marktes, der in Europa einen großen Wirtschaftsraum entstehen lassen sollte, in dem die Voraussetzungen für eine gemeinsame Wirtschaftspolitik geschaffen wurden. Damit hoffte man, Wirtschaftswachstum, eine Hebung des Lebensstandards und die Entwicklung harmonischer Beziehungen zwischen den beteiligten Staaten zu erreichen. Der gemeinsame Markt sollte auf vier Säulen ruhen. Erstens auf einem Gemeinschaftsorgan, das in solchen Fällen mit der Mehrheit seiner Mitglieder entscheiden konnte, in denen es um die Einhaltung von Vertragsbestimmungen ging, die die Einrichtung eines gemeinsamen Marktes zum Gegenstand hatten. Ob es sich dabei um eine Hohe Behörde oder eine Kommission handeln sollte, wurde offen gelassen. Zweitens sollten in wirtschaftspolitischen Fragen, die für die

Entwicklung des gemeinsamen Marktes von wesentlicher Bedeutung waren – wie etwa auf den Gebieten der Agrar- und Handelspolitik – die Regierungen im Ministerrat auf Vorschlag der Kommission bzw. Hohen Behörde entscheiden, nach einer Übergangszeit sollte dafür eine qualifizierte Mehrheit genügen. Drittens blieben für die allgemeine Wirtschaftspolitik zunächst die nationalen Regierungen zuständig, allerdings wären sie zu einer Koordinierung im Sinne der Errichtung eines gemeinsamen Marktes verpflichtet. Viertens sollte gegen die Entscheidungen der Hohen Behörde bzw. Kommission der Rechtsweg möglich sein und nach dem Vorbild des Gerichtshofes der EGKS ein Gerichtshof für den gemeinsamen Markt eingerichtet werden.

Schlusskommuniqué der Konferenz von Messina vom 3. Juni 1955

Die Regierungen […] erachten es als notwendig, die Schaffung eines vereinigten Europa durch die Weiterentwicklung gemeinsamer Institutionen, durch die schrittweise Fusion der nationalen Wirtschaften, durch die Schaffung eines gemeinsamen Marktes und durch die schrittweise Harmonisierung ihrer Sozialpolitik fortzusetzen. Eine derartige Politik erscheint ihnen unerlässlich, um Europa den Platz zu erhalten, den es in der Welt einnimmt, um ihm seinen Einfluss und seine Ausstrahlungskraft zurückzugeben und um den Lebensstandard seiner Bevölkerung stetig zu heben.

Die Annahme des Spaak-Berichts

Am 29. und 30. Mai 1956 befassten sich die sechs Außenminister der EGKS auf einer Konferenz in Venedig mit den Empfehlungen des Spaak-Berichts. Aus der Rückschau empfand Hans von der Groeben den Konferenzverlauf als erstaunlich. So habe der Vorsitzende der Konferenz, der französische Außenminister Pinay, seinen Kollegen Spaak gebeten, den Bericht zu erläutern, woraufhin Spaak erwiderte, er könne doch wohl annehmen, dass seine Kollegen den Bericht gelesen hätten, der in sich geschlossen sei und ein vollständiges Bild der Integrationsziele und der dazu notwendigen Vorkehrungen gebe. Seiner Meinung nach stünde der Aufnahme von Regierungsverhandlungen nichts mehr im Wege. Als daraufhin keine weiteren Wortmeldungen folgten, habe Pinay zögernd festgestellt, dass offenbar alle Delegationen mit dem Vorschlag Spaaks einverstanden seien. Das gelte im Übrigen auch für die französische Delegation. Damit war die Aufnahme von Regierungsverhandlungen auf der Grundlage des Spaak-Berichts beschlossen, Spaak selber wurde zum Leiter der Verhandlungen bestimmt, die am 26. Juni 1956 in Brüssel begannen und in denen zwei Verträge vorbereitet werden sollten, einer über die Gründung einer europäischen Atomgemeinschaft, der andere über die Errichtung eines gemeinsamen Marktes.

Detailprobleme

Dass die Verhandlungen schwierig waren und lange Zeit zu scheitern drohten, kann angesichts der divergenten Interessenlage der beteiligten Parteien nicht überraschen. Dabei spielten strukturelle Fragen ebenso eine Rolle wie grundsätzliche politische Erwägungen zur Sicherung nationaler Interessen. So waren die Erwartungen der kleineren BeNeLux-Staaten an die politischen Implikationen des zu errichtenden gemeinsamen Marktes zwangsläufig andere als die der größeren Mitglieder – während Erstere ein größeres Maß politischer Mitsprache erwarteten, mussten Letztere darauf achten, ihr Gewicht als Nationalstaat und, wenigstens im Falle Frankreichs, als Siegermacht des Zweiten Weltkrieges und globaler Akteur nicht auf dem Altar supranationaler Integration zu opfern. Wirtschaftspolitisch gesehen gab es einen immanenten Zielkonflikt zwischen den exportorientierten Staaten BeNeLux und der Bundesrepublik Deutschland mit entsprechenden Präferenzen für Freihandelskonzepte und den latent protektionistischen Wirtschaftsnationen Frankreich und Italien. Und schließlich verfügten einige Mitglieder noch über überseeische Gebiete (Frankreich, Belgien, die Niederlande), deren Interessen ebenfalls gegenüber den Nicht-Kolonialmächten gewahrt werden mussten.

Abgesehen davon, dass keine der Verhandlungsparteien ein Interesse daran hatte, die Gespräche scheitern zu lassen, sorgte – anders als beim Scheitern des EVG-Projekts, als eine sich vermeintlich abzeichnende Entspannung nach Stalins Tod den externen Druck auf die Verhandlungspartner gemildert hatte – dieses Mal wachsender politischer Druck von außen dafür, dass sie zu einem guten Ende geführt werden konnten: Der Ungarn-Aufstand und die Suez-Krise erinnerten die Westeuropäer im Oktober 1956 nachhaltig an ihre eigenen machtpolitischen Grenzen. Hatten beispielsweise die Franzosen im September 1956 noch eine Zeit lang mit dem Gedanken einer anglo-französischen Fusion und einer Aufnahme der skandinavischen und der BeNeLux-Staaten in das Commonwealth kokettiert – was zumindest von Außenminister Eden kurzfristig als Alternative zu dem zeitgleich in Großbritannien diskutierten Plan einer europaweiten Freihandelszone durchaus goutiert wurde – waren derlei Überlegungen spätestens nach dem gescheiterten Suez-Abenteuer obsolet. Auf einem Treffen Konrad Adenauers mit dem französischen Ministerpräsidenten **Guy Mollet** am 6. November 1956 konnten die beiden Regierungschefs die wichtigsten Fragen im Bereich der deutsch-französischen Beziehungen klären und sich über das weitere Vorgehen in den Verhandlungen über den gemeinsamen Markt verständigen.

Außenpolitische Impulse

> **Guy Mollet (1905–1975)**
> 1956 bis 1957 Ministerpräsident Frankreichs. Sekretär der sozialistischen Partei, Mitglied der Résistance, 1945 Abgeordneter der Nationalversammlung, 1946 bis 1969 Generalsekretär der SFIO, Staatsminister unter Léon Blum, 1950 bis 1951 Europa-Minister unter Pleven und stellvertretender Ministerpräsident von Henri Queuille. Mollet vertrat Frankreich 1949 bis 1956 in der Beratenden Versammlung des Europarats, von 1954 bis 1956 Präsident des Europarats, 1951 bis 1969 Vize-Präsident der Sozialistischen Internationale, unmittelbar vor der Errichtung der Fünften Republik Mitglied der Regierung de Gaulles. Als Staatsminister nahm er an den Beratungen zur neuen Verfassung teil. Aus Protest über die Steuer- und Finanzpolitik trat er jedoch 1959 zurück, in den 1960er Jahren blieb Mollet Vorsitzender der SFIO.

E

„Et maintenant, il faut faire l'Europe" – mit diesen Worten hatte Adenauer die weitere Richtung vorgegeben. Der Bundeskanzler wollte die Verhandlungen zu einem guten Ende führen, dazu gehörte auf jeden Fall die Beteiligung Frankreichs, die daher sicherzustellen war. Dafür waren bereits im Oktober 1956 mit der Unterzeichnung der Luxemburger Verträge wesentliche Voraussetzungen geschaffen worden, in denen die Modalitäten zum Beitritt des Saarlandes zur Bundesrepublik zum 1. Januar 1957 geregelt

Die Bundesrepublik und Frankreich verständigen sich

wurden. Dabei hatte sich die Bundesregierung sehr kompromissbereit gezeigt und so zu einer wesentlichen Klimaverbesserung im bilateralen Verhältnis beigetragen. Am 6. November verständigten sich Mollet und Adenauer auf die Einsetzung einer Expertenkommission, die unter der Leitung von Robert Marjolin und Karl Carstens Kompromisse in den strittigen Punkten der Kompetenzbereiche des gemeinsamen Marktes im Bereich der Sozialleistungen, des Arbeitsrechtes und bestimmter Schutzklauseln für die Industrie erarbeitete. Und nach dem 6. November zeigte sich die deutsche Seite gegenüber den französischen Wünschen noch aufgeschlossener als zuvor, gelegentlich zum Verdruss der anderen Verhandlungspartner oder mancher Anhänger wirtschaftsliberaler Vorstellungen im eigenen Land, unter denen Ludwig Erhard zweifellos der einflussreichste war. Doch hatte der Bundeskanzler selber die deutschen Kommissionsmitglieder angewiesen, alles zu unternehmen, um einen Kompromiss zu erzielen.

Die Römischen Verträge   Damit standen der Unterzeichnung der beiden Verträge am 25. März 1957 im Konservatorenpalast zu Rom nur noch einige kleinere Detailfragen im Wege, die jedoch sämtlich rechtzeitig geklärt werden konnten. Die Römischen Verträge traten im Januar 1958 in Kraft und bildeten die Rechtsgrundlage der nunmehr bestehenden drei Europäischen Gemeinschaften: Europäische Gemeinschaft für Kohle und Stahl (EGKS), Europäische Wirtschaftsgemeinschaft (EWG) und Europäische Atomgemeinschaft (Euratom/EAG). Die Ziele dieser drei Gemeinschaften wurden in der Präambel des EWG-Vertrages aufgezählt. Sie sollten zu einem immer engeren Zusammenschluss der europäischen Völker beitragen, eine Ausrichtung der Mitgliedstaaten auf den wirtschaftlichen und sozialen Fortschritt vornehmen, zu einer Verbesserung der Lebens- und Beschäftigungsbedingungen im Geltungsbereich beitragen, die Einigung und harmonische Entwicklung der beteiligten Volkswirtschaften vorantreiben und die Wahrung des Friedens durch den Zusammenschluss der Wirtschaftskräfte sicherstellen. Darüber hinaus sahen die Verträge vor, den Gemeinsamen Markt innerhalb von zwölf Jahren zu erreichen und eine schrittweise Annäherung der nationalen Wirtschaftspolitiken zu ermöglichen. Dazu war vorgesehen, die Errichtung einer Zollunion einzuleiten, ferner sollten Maßnahmen ergriffen werden, um die noch bestehenden Hindernisse für den freien Personen-, Dienstleistungs- und Kapitalverkehr zwischen den Mitgliedstaaten abzubauen. Des Weiteren erfolgte die Grundlegung einer gemeinsamen Landwirtschafts-, Wettbewerbs- und Verkehrspolitik der Mitgliedstaaten. Der EAG-Vertrag regelte überdies die Förderung der Kernindustrie der Mitgliedstaaten durch die Schaffung eines einheitlichen Rahmens für Forschung, Wissensverbreitung, Sicherheitsnormen, Investitionen sowie Rohstoffversorgung und Kontrollen.

Auszug aus der Präambel des EWG-Vertrags

Die beteiligten Staaten erklären ihr „Bestreben, ihre Volkswirtschaften zu einigen und deren harmonische Entwicklung zu fördern, indem sie den Abstand zwischen einzelnen Gebieten [...] verringern [...] in dem festen Willen, die Grundlagen für einen immer engeren Zusammenschluss der europäischen Völker zu schaffen".

Und sie beschließen die Präambel mit dem festen Vorsatz, „durch diesen Zusammenschluss ihrer Wirtschaftskräfte Frieden und Freiheit zu wahren und zu festigen, und mit der Aufforderung an die anderen Völker Europas, die sich zu dem gleichen hohen Ziel bekennen, sich diesen Bestrebungen anzuschließen".

Die Struktur der Gemeinschaftsorgane folgte weitgehend derjenigen der EGKS. Der Ministerrat setzte sich zusammen aus je einem Vertreter der Mitgliedstaaten. Er fällte seine Entscheidungen grundsätzlich per Mehrheitsbeschluss, nur in bestimmten Fällen war eine qualifizierte Mehrheit erforderlich. Der Ministerrat war zuständig für die Abstimmung der Wirtschaftspolitik. Die bisherige Konsultativversammlung der EGKS wurde in das Europäische Parlament umgewandelt. Es übte eine begrenzte Beratungs- und Kontrollfunktion aus. Bis zur ersten EG-Erweiterung 1973 setzte es sich aus 142 Mitgliedern zusammen, von denen jeweils 36 aus Deutschland, Frankreich und Italien kamen. Als Gemeinschaftsorgan aller drei Gemeinschaften war es zuständig für die EGKS, die EWG und die EAG. Das galt auch für den Europäischen Gerichtshof. Er war bereits mit der Gründung der EGKS ins Leben gerufen worden, seine Kompetenzen wurden lediglich den veränderten Verhältnissen angepasst. Zur Unterstützung von wirtschaftlich unterentwickelten Gebieten innerhalb des EWG-Raums sowie zum Zwecke der Modernisierung von einzelnen Unternehmungen und der Finanzierung von grenzüberschreitenden Projekten innerhalb des EWG-Raums wurde ferner eine Europäische Investitionsbank ins Leben gerufen. Als eigentliche Exekutive blieb die Hohe Behörde der EGKS zunächst bestehen, zusätzlich wurden Kommissionen der EWG und der EAG neu gegründet (erst seit 1993 führt sie die Bezeichnung „Europäische Kommission"). Mit dem ihr beigeordneten Sekretariat als der der Kommission unterstellten Verwaltungsbehörde war die Kommission von vornherein die eigentliche genuin europäische Instanz der jeweiligen Gemeinschaft. Deren Mitglieder waren ausschließlich dem Wohl der Gemeinschaft verpflichtet und handelten unabhängig von den nationalen Regierungen. Im EWG-Vertrag ebenfalls vorgesehen war die Gründung des Wirtschafts- und Sozialausschusses, der die Aufgabe hatte, die Positionen der organisierten Interessen bei der Vorbereitung von verbindlichen Entscheidungen im Gemeinschaftsraum einzubringen. Damit sollte den Entscheidungsorganen ein Überblick über die Akzeptanz ihrer Vorhaben insbesondere bei Arbeitgeber- und Arbeitnehmerverbänden gegeben werden.

Die Struktur der Gemeinschaftsorgane

Zum ersten Präsidenten und Sprecher der unter den Gemeinschaftskommissionen mit Abstand wichtigsten EWG-Kommission (1958–1962) wurde der Jurist und Staatssekretär im Bundesaußenministerium **Walter Hallstein** ernannt, der das Amt auch in der zweiten Amtsperiode von 1962–1967 innehielt. Die Vizepräsidenten der ersten EWG-Kommission waren der Niederländer **Sicco Mansholt** (zuständig für Landwirtschaft), der Franzose Robert Marjolin (Wirtschaftspolitik) und die Italiener Piero Malvestiti (bis 1959) und Giuseppe Caron (1959–1962) (Zollunion und die vier Freiheiten: Warenverkehr, Personenverkehr, Dienstleistungsverkehr, Kapitalverkehr). Daneben gab es fünf weitere Kommissare: Hans von der Groeben, Deutschland (Wettbewerb), Robert Lemaignen, Frankreich (Überseeische Gebiete),

Die EWG-Kommissionen

Jean Rey, Belgien (Außenwirtschaft und Beziehungen zu Drittstaaten), Lambert Schaus, Luxemburg, und Giuseppe Petrilli (bis 1961) bzw. Lionelle Levi Sandri (1961–1962), Italien (Sozialsystem). Die zweite EWG-Kommission blieb personell weitgehend unverändert, nur zwei Änderungen waren zu verzeichnen: Henri Rochereau löste Lemaignen ab, Guido Colonna di Paliano wurde 1963 Nachfolger von Caron.

E | **Walter Hallstein (1901–1982)**
Professor für Privat- und Gesellschaftsrecht in Deutschland und den USA, Leitung der deutschen Delegation der Konferenz über den Schuman-Plan, 1950 Staatssekretär im Auswärtigen Amt, 1955 „Hallstein-Doktrin", 1958 bis 1967 erster Präsident der EWG-Kommission, 1968 bis 1974 Präsident der Europäischen Bewegung, 1961 Karlspreis zu Aachen, 1968 Europapreis, 1969 Robert-Schuman-Preis.

E | **Sicco Mansholt (1908–1995)**
niederländischer Landwirt und Politiker. Mitglied der Sociaal Democratische Arbeiders Partij (SDAP). Während des Zweiten Weltkrieges war er im Widerstand gegen den Nationalsozialismus aktiv, 1945 Minister für Landwirtschaft, Fischerei und Lebensmittelversorgung, 1958 wurde er einer der Kommissare der neu gebildeten Europäischen Kommission, Vizepräsident der EG-Kommission, 1972 und 1973 Präsident der Europäischen Kommission, in dieser Zeit war er stark vom Club of Rome beeinflusst.

E | **Jean Rey (1902–1983)**
Dr. jur., 1939 liberaler Abgeordneter des belgischen Parlaments, Führer der Wallonischen liberalen Vereinigung, 1940 als Major gefangen genommen und bis Kriegsende in deutscher Gefangenschaft, Minister für den Wiederaufbau 1949 bis 1950 im Kabinett Eyskens und Mitglied der Kommission für Europäische Studien. 1954 bis 1958 Wirtschaftsminister im Kabinett van Acker, aussichtsreicher Kandidat für das Amt des Präsidenten der Kommission des Gemeinsamen Europäischen Marktes (EWG), das schließlich Hallstein übernahm, Mitglied der Kommission, Leitung der Gruppe Auswärtige Beziehungen, Mitglied der Gruppen Innerer Markt und Wettbewerb, Nachfolger Hallsteins 1967 als Präsident der 14-köpfigen Europäischen Kommission, 1969 Karlspreis der Stadt Aachen.

Nachbarschaftliche Reaktionen

Frühe Erfolge der EWG   Mit der EWG war ein 170 Millionen Köpfe umfassender Wirtschaftsraum geschaffen worden, der innerhalb weniger Jahren zum weltweit bedeutsamsten Handelspartner aufsteigen sollte – als größter Importeur und zweitgrößter Exporteur. Zwischen 1958 und 1962 stieg das Bruttosozialprodukt im Gemeinschaftsraum um 21,5 % und lag damit deutlich über dem der USA (18 %) und Großbritanniens (11 %). Zeitgleich stieg die Industrieproduktion um 37 % (USA 28 %, Großbritannien 14 %). So konnte es nicht überraschen, dass die Nachbarstaaten die Entwicklung der EWG, insbesondere vor dem Hintergrund ihres offensichtlichen wirtschaftlichen Erfolges, mit großem Interesse verfolgten. Angesichts der wirtschaftlichen Dynamik im Integrationsraum war die Bedeutung der EWG ebenso wie ihr potentieller und tatsächlicher Einfluss auf die Nationalökonomien der Nachbarstaaten entschieden größer als der der EGKS. Dennoch unterschieden sich die Reaktionen in den einzelnen Staaten signifikant.

Aus politischen und wirtschaftlichen Gründen war die britische Reaktion auf die *Relance Européenne*, die letztendlich die Gründung der Europäischen Gemeinschaften eingeleitet hatte, bei weitem die wichtigste, nicht zuletzt auch deshalb, weil andere Staaten die britische Haltung zum Gemeinsamen Markt als Maßstab für ihre eigene Politik nutzten. Den Neustart des Integrationsprozesses hatte die britische Regierung zunächst nicht als Anlass genommen, von ihrer negativen Haltung in Bezug auf die eigene Beteiligung an supranationalen Organisationen abzuweichen. Jedoch wollten zahlreiche Wirtschaftswissenschaftler und Repräsentanten der britischen Handelskammer schon 1955 nicht ausschließen, dass sich ein Gemeinsamer Markt der Sechs zu einem ernsten Konkurrenten für Großbritannien entwickeln könnte. Das Finanzministerium und die Handelskammer hatten daraufhin mit „Plan G" ein Konzept entworfen, das eine große intergouvernementale Europäische Freihandelszone unter Beteiligung der sechs EWG-Staaten vorsah. Als daraufhin entsprechende, unter dem Dach der OEEC geführte Verhandlungen 1958 scheiterten – die sechs EWG-Staaten sahen in der Initiative den Versuch, ihr Konzept der supranationalen Integration zu verwässern –, übernahm Großbritannien 1958/59 die Führung bei der Errichtung einer kleineren europäischen Freihandelszone, der European Free Trade Association (EFTA). An dieser beteiligten sich neben Großbritannien Dänemark, Norwegen, Österreich, Portugal, Schweden und die Schweiz (mit Finnland wurde 1961 ein Assoziationsabkommen geschlossen). Anders als die EWG verfolgte die als lose Staatenassoziation konzipierte EFTA nur handelspolitische Ziele, es ging um die Ausweitung des Handels unter den Mitgliedstaaten, vor allem aber um den Schutz der „äußeren Sieben" vor den wirtschaftlichen Auswirkungen der EWG.

Auch wenn London sie als intergouvernementale Alternative zur EWG verstanden wissen wollte, litt die EFTA von vornherein unter dem Stigma der „Notlösung", nachdem der „große Wurf" einer OEEC-weiten Freihandelszone gescheitert war. Denn zweifellos wäre eine große europäische Freihandelszone für die Staatenwelt Westeuropas deutlich attraktiver gewesen. So hätte Irland die eigenen Wirtschaftsinteressen, die sich primär auf Agrarproduktion und -export bezogen, gegenüber Großbritannien gewahrt und zugleich neue ökonomische Möglichkeiten auf einem größeren europäischen Markt erschließen können. Aus dänischer Sicht hätte eine Freihandelszone mit britischer und westdeutscher Beteiligung die beiden Haupthandelspartner unter einem institutionellen Dach zusammengefasst. Für Schweden war eine EWG-Mitgliedschaft aufgrund der eigenen Neutralitätspolitik von vornherein ausgeschlossen gewesen, freihändlerische Konzepte stellten dabei keine Hindernisse dar, unabhängig davon, ob im großen oder kleinen Rahmen. Für Portugal hätte eine große europäische Freihandelszone längerfristig ebenso mehr Vorteile gebracht wie für Griechenland. So hatte die griechische Regierung die britische OEEC-Freihandelsinitiative ausdrücklich begrüßt, da sie weniger verbindlich schien als ein supranational organisierter gemeinsamer Markt. Der EFTA jedoch blieb sie fern, da ihr Grundkonzept mit griechischen Wirtschaftsinteressen, die primär auf dem Agrarsektor lagen, kaum vereinbar war. Finnland hingegen begrüßte die

Die britische Reaktion

Freihandel als Alternative? Die EFTA

EFTA-Initiative vor allem deshalb, weil die EWG aus der Sicht der zur strikten Neutralität verpflichteten Finnen als eine Art Erweiterung der NATO angesehen werden konnte, womit Probleme in den ohnehin schwierigen Beziehungen zur Sowjetunion vorprogrammiert waren. Die Mitgliedschaft in einer größeren Freihandelszone hätte es gemäß der **„Paasikivi-Kekkonen-Linie"** dagegen erforderlich gemacht, einen speziellen Deal mit Moskau zu verabreden. Im Gegensatz dazu bevorzugte Spanien den supranationalen Weg der Europäischen Gemeinschaften, da dieser sowohl wirtschaftliche Vorteile als auch eine internationale Anerkennung des Franco-Regimes bedeutet hätte – was allerdings für die Gemeinschaften nicht infrage kam. Die österreichische Regierung hätte bis 1956 eine Assoziation mit einem supranational organisierten Europa oder sogar mit österreichischer Mitgliedschaft bevorzugt. Nach der Niederschlagung des Ungarn-Aufstandes jedoch schien in Wien das weniger verbindliche Freihandelsabkommen der sicherere Weg zu sein.

E | **Die Paasikivi-Kekkonen-Linie**
Für Finnlands Außenpolitik sind drei Faktoren bestimmend: Die geographische Lage, die vergleichsweise geringe Bevölkerungszahl und die geschichtlichen Erfahrungen vor allem aus den ersten 30 Jahren der Selbständigkeit. Diese Faktoren führten nach dem Zweiten Weltkrieg zu der von Präsident Paasikivi begründeten und von Präsident Kekkonen weiterentwickelten außenpolitischen Linie einer strikten Neutralitätspolitik (die so genannte Paasikivi-Kekkonen-Linie). Ziel dieser Politik war die Bewahrung der Unabhängigkeit gegenüber dem mächtigen Nachbarn im Osten. So wurde im Ost-West-Konflikt auf die Interessen Moskaus besondere Rücksicht genommen.

Ein Blick auf die in den Nachbarstaaten geführte Diskussion über die Vorzüge und Nachteile einer möglichen Mitgliedschaft in den Europäischen Gemeinschaften oder einer größeren bzw. kleineren Freihandelszone zeigt, dass der Ursprungskonsens hinter der supranationalen Integration – die Schaffung politischer Stabilität durch die Beilegung historisch begründeter nationalstaatlicher Konflikte – kaum eine Rolle spielte. Stattdessen ging es primär um die möglichen wirtschaftlichen Vorteile und um die Frage der Kompatibilität des besonderen institutionellen Designs mit den jeweiligen nationalen Besonderheiten und Präferenzen. Grundsätzlich lässt sich in Bezug auf die Reaktion der nord-, west- und südeuropäischen Nachbarn auf die Gründung der EWG festhalten, dass anfangs Freihandelskonzepte als leichter mit den intergouvernementalen institutionellen Vorlieben der meisten Nachbarn vereinbar wahrgenommen wurden, da sie politische Unabhängigkeit mit bestimmten wirtschaftlichen Vorteilen zu verbinden schienen. Allerdings sollte sich diese Zurückhaltung unter dem Eindruck des offensichtlichen wirtschaftlichen Erfolges der EWG bald ändern.

Von der OEEC zur OECD

Gleichwohl blieb die Diskussion über eine große Freihandelszone nicht folgenlos. Denn die Frage nach einer stärkeren politischen und wirtschaftlichen Zusammenarbeit im Rahmen der NATO mit den USA und Kanada war schon seit längerem diskutiert worden, ohne bislang zu konkreten Ergebnissen geführt zu haben. Allgemein wurde es aber als wünschenswert angesehen, die OEEC um die beiden nordamerikanischen NATO-Partner zu erweitern. Vor diesem Hintergrund fanden 1959/60 Verhandlungen statt, wie eine solche Erweiterung vorgenommen werden könnte und welche institutionellen Änderungen dafür in der OEEC vorgenommen werden müssten. Im Dezember 1960 stand das Ergebnis fest: Mit Wirkung zum 1. September 1961 wurde die rein europäische OEEC in die nunmehr transatlantische Organization for Economic Cooperation and Development (OECD) umgewandelt. Damit war ein – freilich loser und strikt intergouvernemmenta – institutioneller Rahmen für eine bessere Koordination der transatlantischen wirtschaftspolitischen Kooperation geschaffen worden, der mit dem Beitritt Japans im Jahre 1963 eine globale Dimension erhielt. Eine wesentliche Aufgabe dieser neugeschaffenen Institution lag in der Koordination der Zusammenarbeit mit den Entwicklungsländern, für die eine bereits 1960 gegründete Arbeitsgruppe, die Development Aid Group, als Development Aid Committee (DAC) in die OECD eingegliedert wurde. Weitere Organe der OECD waren fortan der aus Repräsentanten aller Mitgliedstaaten gebildete Rat, der die wichtigsten Beschlüsse einstimmig fällen musste, sowie ein von einem Generalsekretär geleitetes Sekretariat mit Sitz in Paris.

Schwierige Anfangsjahre

Wenngleich die bemerkenswerten Wachstumzahlen der Jahre 1958 bis 1962 im Gemeinschaftsraum eine entschlossene Aufbruchstimmung suggerieren, ergibt eine Analyse der Haltung der beteiligten Akteure einen anderen Befund. Was die europäische Kommission betraf, so gab es zwar gelegentlich unterschiedliche Ansichten in Detailfragen – etwa hinsichtlich der Geschwindigkeit bei der Umsetzung der politischen Ziele –, insgesamt gesehen unterstützten aber alle Kommissionsmitglieder die europäische Idee und waren bereit, nationale Interessen dem Gemeinschaftsinteresse unterzuordnen. Während die beiden deutschen Kommissionsmitglieder Hallstein und von der Groeben zusammen mit dem Niederländer Mansholt und dem Belgier Rey am ungeduldigsten waren und möglichst rasch auch den Rahmen für eine politische Zusammenarbeit schaffen wollten, pochte vor allem der französische Kommissionsvizepräsident Marjolin auf ein behutsameres und schrittweises Vorgehen. Doch auch für ihn gab es keinen Zweifel an der Notwendigkeit einer engen politischen Zusammenarbeit neben der wirtschaftlichen Kooperation im Gemeinschaftsraum.

Nationale Interessen gegen Gemeinschaftsinteressen

Dagegen verhielten sich die Regierungen der Mitgliedstaaten zu den Römischen Verträgen zunächst eher abwartend. Einschlägige Stellungnahmen enthielten zumeist nur Absichtserklärungen, ohne dass diese bereits konkrete Folgen im Sinne einer weiteren Vertiefung auch der politischen Strukturen der Gemeinschaften gehabt hätten, so wie es die Präambel des EWG-Vertrages durchaus vorgesehen hatte. Dieser Attentismus hängt zusammen mit der Wahl Charles de Gaulles zum neuen französischen Präsidenten am 1. Juni 1958, inmitten der Algerien-Krise, die die vierte Republik an den Rand eines Staatsstreiches geführt hatte. Als nationale Identifikationsfigur wurde dem neuen Präsident von allen Seiten der Bevölkerung großes Vertrauen entgegengebracht, das es ihm gestattete, innerhalb von

De Gaulles Haltung zum Integrationsprozess

wenigen Monaten das französische Staatswesen von einer parlamentarischen Demokratie in eine fünfte Republik mit durchaus autoritären Zügen umzuwandeln. Der Gaullismus hat im französischen politischen System bis heute erkennbare Spuren hinterlassen, seine außenpolitische Komponente war geprägt vom Glauben an die *„grandeur de France"*, eingebettet in das nationalstaatliche Prinzip, allerdings nicht als Dogma, sondern als ein flexibles Instrument. In einem solchen Schema hatten Konzepte, die von der Einschränkung nationaler Hoheitsrechte zugunsten einer supranationalen Gemeinschaft ausgingen, keinen Platz. Zwar gestand der französische Präsident den europäischen Gemeinschaften durchaus ihre Existenzberechtigung zu – allerdings nur als Rahmen zur technischen Organisation eines europäischen Wirtschaftsraumes und als Regelungsebene für eine westeuropäische politische Zusammenarbeit der Mitgliedstaaten unter informeller Führung Frankreichs. Bei der Umsetzung dieses Konzepts sollte die Bundesrepublik Deutschland behilflich sein, die de Gaulle dafür mit der Juniorrolle in einer deutsch-französischen Partnerschaft entlohnen wollte, an der sich aber auch die BeNeLux-Staaten und Italien beteiligen durften.

Das Verhältnis der Mitgliedstaaten zu den Gemeinschaften De Gaulle präsentierte sein hier nur grob skizziertes Verständnis vom Wesen der Europäischen Gemeinschaften als den Staatsführungen untergeordnete Exekutivorgane den Regierungschefs der Mitgliedstaaten bei mehreren Gelegenheiten zwischen Sommer 1959 und Herbst 1960. Aufgrund seiner eigenwilligen Interpretation vom Wesen des Integrationsprozesses, aber auch wegen seiner Versuche, die Gewichte innerhalb der NATO zugunsten Europas – und damit zugunsten Frankreichs – zu verschieben, reagierten die Regierungen der anderen Mitgliedstaaten mit Zurückhaltung. So war zwar die Bundesregierung sehr an einer Verbesserung der Beziehungen zu Frankreich interessiert und daher zu Kompromissen bereit. Allerdings hatte diese Kompromissbereitschaft auch ihre Grenzen, da der deutsch-französische Ausgleich nur einen der vier Eckpunkte im außenpolitischen Konzept von Brentanos und Adenauers bildete. Von ebenso großer Bedeutung war darin die europäische Einigung auf der Grundlage der abendländischen Zivilisation als zweitem Eckpunkt, der dritte betraf die Pflege guter Beziehungen zu den USA als Führungsmacht der westlichen Welt, der vierte eine Politik der Stärke gegenüber dem Ostblock mit dem Ziel der Überwindung der deutschen Teilung. So gesehen, verstand die Bundesregierung Europa als den Raum, in dem der deutsch-französische Ausgleich als Beitrag zur Stärkung der gesamteuropäischen und globalen Stabilität stattfinden sollte. Somit war die französische Position nur teilweise mit der deutschen vereinbar. Dagegen deckte sich die italienische Politik in mancherlei Hinsicht mit der deutschen. Rom hoffte, die sich Anfang der 1960er Jahre abzeichnende deutsch-französische Partnerschaft zu einem Dreieck Paris–Bonn–Rom ausbauen zu können. Die Regierungen der BeNeLux-Staaten hingegen verfolgten das französische Vormachtstreben, aber auch die Bemühungen um einen deutsch-französischen Ausgleich mit Sorge. Vor diesem Hintergrund konnte man in offiziösen Stellungnahmen aus Luxemburg, Den Haag oder Brüssel nicht nur lesen, wie erstrebenswert ein weiterer Ausbau der bestehenden Gemeinschaft sei, sondern es wurde erneut der Wunsch ins Spiel gebracht, die Beziehungen zwischen der Gemeinschaft und Großbritannien zu verbessern, hätte das doch eine deutliche Aufwertung der scheinbar gefährdeten atlantischen Komponente im Kontext des gemeinschaftlichen Beziehungsgeflechts bedeutet.

Gerade angesichts seines kaum mit dem der anderen Mitgliedstaaten zu vereinbarenden Regierungskonzepts wurde de Gaulle im ersten Jahrzehnt der Existenz der EWG zum wohl einflussreichsten Politiker der Gemeinschaft überhaupt. Aufgrund seiner Präferenz für intergouvernementalistisches Handeln anstelle von Supranationalität stellte er den mit der Unterzeichnung der Römischen Verträge eingeleiteten Integrationsprozess schon in seinen Anfangsjahren auf die Probe und gefährdete den Fortbestand der EWG ernsthaft. Ob de Gaulle tatsächlich die Absicht hatte, den Integrationsprozess zum Stillstand zu bringen und möglicherweise sogar die eben erst geschaffenen Europäischen Gemeinschaften wieder aufzulösen und stattdessen einen Staatenverbund souveräner Staaten zu schaffen, in dem Frankreich die gewünschte Führungsrolle spielen würde – diese Frage lässt sich auch aus heutiger Sicht nicht endgültig beantworten.

> De Gaulles Widerstand gegen den Integrationsprozess

In der ersten Jahreshälfte 1961 hatten die durch den Richtungsstreit bedingten Spannungen im Gemeinschaftsraum eine kritische Dimension erreicht. Auf einer Gipfelkonferenz in Bonn im Juli 1961 wurde daher die Einsetzung einer Kommission beschlossen, die über eine Neugestaltung der politischen Dimension der Gemeinschaften nachdenken sollte. Dass eine Vertiefung ihrer politischen Strukturen wünschenswert war, wurde auch in Paris anerkannt – allein schon deshalb, um dem politischen Integrationsprozess eine Richtung zu geben, die mit dem Gesamtrahmen der de Gauleschen Politik vereinbar war. Der französische Diplomat **Christian Fouchet** wurde zum Vorsitzenden dieser Kommission bestimmt, die ihre Empfehlungen am 2. November vorlegte (Fouchet-Plan I). Dieser sah die Schaffung einer konföderal strukturierten unauflöslichen Staatenunion *(Union d'États)* vor, basierend auf dem „Respekt vor der Personalität der Völker und Mitgliedstaaten". Diese Union war als eine Allianz unabhängiger Staaten ohne eigene Rechtskörperschaft konzipiert und sollte aus drei Institutionen bestehen: dem Zentralen Rat der Regierungschefs, der Europäischen Parlamentarischen Versammlung und einem Sekretariat bzw. einer Kommission mit ausschließlich administrativen Rechten und Sitz in Paris. Der Aufgabenbereich dieser Union sollte die Koordination einer gemeinsamen Außen-, Sicherheits- und Verteidigungspolitik in Fragen gemeinsamen Interesses ebenso umfassen wie die Kooperation in Wissenschaft und Kultur und die Stärkung einer Politik, die sich um die Wahrung der Menschenrechte, Grundfreiheiten und Demokratie bemühte. Der Wirtschaftsbereich wurde nicht in die Überlegungen einbezogen, hier sollten die bestehenden Gemeinschaften weiterhin tätig sein.

> Die Genese der Fouchet-Pläne

Christian Fouchet (1911–1974)
Reserve-Offizier der französischen Luftwaffe, Diplomat in Italien und der UdSSR, 1944 vorübergehend Botschaftsrat in Moskau, 1945 bis 1946 Generalkonsul in Kalkutta und Delegierter Frankreichs in Neu-Delhi. Verhandlungen in Indien über die freie Passage der Verpflegung des Expeditionskorps in Indochina, in der Regierung Mendès-France Minister für tunesische und marokkanische Fragen, 1958 Botschafter in Kopenhagen, 1962 letzter französischer Hochkommissar in Algerien, 1962 französischer Erziehungsminister, 1967 Innenminister. 1961 und 1962 war Fouchet Leiter einer Kommission, die zwei Entwürfe zur Gründung einer Europäischen Politischen Union erarbeiten sollte.

E

In den zentralen Punkten spiegelte der Fouchet-Plan I die Vorstellungen des französischen Präsidenten hinsichtlich der politischen Kooperation im Gemeinschaftsraum – sie sollte Sache der Nationalstaaten bleiben, die im Zentralen Rat eine Gesprächs- und im Bedarfsfall auch Handlungsebene gefunden hätten. Die Parlamentarische Versammlung hätte ausschließlich das Empfehlungsrecht an den Zentralen Rat besessen und das Sekretariat bzw. die Kommission wäre an die Weisungen des Rates gebunden, ohne über eigene Exekutivkompetenzen zu verfügen. Eine Revisionsklausel sah zudem vor, dass drei Jahre nach Inkrafttreten des Vertrages eine Revision des bisher Erreichten erfolgen sollte, wobei die Ergebnisse der Überprüfung als Grundlage einer einheitlichen Außenpolitik dienen sollten, sowie eine Organisation zu schaffen wäre, die innerhalb der Union die Europäischen Gemeinschaften zu zentralisieren hätte – ob unter föderalen oder konföderalen Vorzeichen, blieb offen. Damit hätte eine Implementierung des Fouchet-Plans I, gemessen an dem bislang erreichten Integrationsgrad, einen erheblichen Rückschritt bedeutet. Entsprechend richtete sich die Kritik gegen die ungenügende Spezifizierung der supranationalen Strukturen der geplanten Union, ferner wurde gefordert, an die Stelle der weisungsgebundenen Kommission ein unabhängiges Generalsekretariat zu setzen, im Rat die Möglichkeit von Mehrheitsentscheidungen vorzusehen, die Rolle des Parlaments zu stärken, dessen Direktwahl einzuführen sowie den vorgesehenen Namen „Staatenunion" in „Völkerunion" *(Union des Peuples)* zu ändern. Hinsichtlich der geplanten sicherheitspolitischen Komponente des ersten Fouchet-Plans befürchteten insbesondere die Niederlande Konfliktpotential angesichts der bereits bestehenden Verteidigungsstrukturen des Westens. NATO und der WEU liefen ihrer Ansicht nach Gefahr, im Falle einer Implementation der Fouchet-Union geschwächt zu werden.

Der Elysée-Vertrag Ein weiterer Änderungswunsch betraf die Aufnahme eines Passus, der vorsah, dass jeder Staat, der um den Beitritt zu den Gemeinschaften nachsuchte, auf Antrag automatisch auch als Mitglied der Union zugelassen werden möge. Dieser Ergänzungsvorschlag war vor dem Hintergrund der von den Regierungen Großbritanniens, Irlands und Dänemarks im Sommer 1961 geäußerten Wünsche zur Aufnahme von Verhandlungen über den Beitritt der drei Staaten zu den europäischen Gemeinschaften erfolgt. Auch wenn die BeNeLux-Staaten, Deutschland und Italien diese Beitrittswünsche wohlwollend zur Kenntnis genommen hatten und auch die französische Regierung sie nicht *a priori* zurückwies, bedeuteten sie eine zusätzliche Belastung für die ohnehin angespannten Beziehungen im Gemeinschaftsraum. Ein Grund dafür war die unklare Haltung Frankreichs gegenüber den Gemeinschaften, die zwischen einer gemeinschaftlichen Lösungssuche und einer dezidiert nationalstaatlich orientierten Politik schwankte. Vor diesem Hintergrund sprachen sich insbesondere Belgien und die Niederlande in der Diskussion über den Fouchet-Plan I zwar grundsätzlich für dessen Implementierung aus, allerdings nur als ein lockeres Konstrukt unter britischer Beteiligung. Deutlich erkennbar wuchs insbesondere unter den kleineren Mitgliedstaaten im Verlauf des Jahres 1961 die Furcht vor einer möglichen deutsch-französischen Hegemonie im Europa der Sechs. Die britische Mitgliedschaft in den Gemeinschaften erschien in diesem Zusammenhang wie die Aussicht auf ein kräftiges Gegengewicht, mit dem sich die Gefahr des

Diktats einer „französisch-deutschen Achse" mindern ließ. Auch wenn die Unterzeichnung des **Elysée-Vertrages** am 22. Januar 1963 auf den ersten Blick die entsprechenden Befürchtungen der BeNeLux-Staaten zu bestätigen schien, spiegelte sich darin auch eine gewisse Unterschätzung des außenpolitischen Rahmenkonzepts der Bundesregierung, in dem der Ausgleich mit Frankreich zwar eine zentrale, aber nicht die allein ausschlaggebende Rolle spielte. Dass die Bundesregierung trotz der Ausgleichspolitik gegenüber Frankreich am ursprünglichen supranationalen Charakter der Gemeinschaften auch gegen den Willen Frankreichs festhielt, die entsprechenden Befürchtungen in Brüssel, Den Haag und Luxemburg also unbegründet waren, zeigte sich in der Folgezeit.

> **Der Elysée-Vertrag**
> Am 22. Januar 1963 wurde im Elysée-Palast zu Paris der deutsch-französische Vertrag unterzeichnet, der die Grundlage für die Aussöhnung zwischen beiden Ländern schuf. Eine besonders enge deutsch-französische Zusammenarbeit soll dafür die Grundlage schaffen. Neben regelmäßigen Treffen der Staats- und Regierungschefs ist eine engere Zusammenarbeit auf den Gebieten der Außenpolitik, der Entwicklungshilfe, der Verteidigung, der Erziehung und der Jugendfragen vorgesehen. In der Öffentlichkeit ist besonders das deutsch-französische Jugendwerk bekannt geworden. Die Sprachkenntnisse sollen gefördert werden, die Gleichwertigkeit der Diplome soll erreicht werden, und auf dem Gebiet der wissenschaftlichen Forschung wird mehr Gemeinsamkeit angestrebt. Die größte Wirkung des Vertrags liegt in dem, was er beendete: die vermeintliche Erbfeindschaft zwischen beiden Staaten.

Die Kritik am ersten Fouchet-Plan veranlasste das bei den Verhandlungen federführende französische Außenministerium Anfang Januar 1962 dazu, die Einwände in eine überarbeitete Fassung aufzunehmen, der am 18. Januar 1962 im Fouchet-Ausschuss diskutiert werden sollte. Allerdings redigierte de Gaulle persönlich am Vorabend der Ausschusssitzung die überarbeitete Fassung und änderte sie in drei Punkten grundlegend: Die vorgesehene Sicherheitspolitik wurde aus dem NATO-Rahmen gelöst, die Kompetenz für die Wirtschaft von der Gemeinschaftsebene auf die der intergouvernementalen Zusammenarbeit verlagert und die Zukunft der supranationalen Institutionen in Frage gestellt. Der so veränderte Fouchet-Plan II wurde den Ausschussmitgliedern am 18. Januar vorgelegt. Da die Änderungswünsche der Fünf nur in einigen unwesentlichen Punkten berücksichtigt waren, der Plan als Gesamtkonzept sogar einen Rückschritt im Vergleich zu seiner ersten Fassung darstellte, war er für sie nicht als Verhandlungsgrundlage akzeptabel. Stattdessen entwarfen sie einen eigenen Plan, der dem Ausschuss eine Woche später vorgelegt wurde. Dieser fertigte eine Synopse an, stellte fest, dass es viele Übereinstimmungen gab, und verabschiedete die Synopse am 15. März 1962. Wenig überraschend beschlossen die sechs Außenminister am 17. April, die Verhandlungen über eine klarere Struktur der politischen Zusammenarbeit im Gemeinschaftsraum nicht weiter fortzusetzen, da die Differenzen zwischen Frankreich und den fünf anderen Mitgliedstaaten offensichtlich zu diesem Zeitpunkt nicht auszugleichen waren.

Für weiteren Konfliktstoff sorgte die Gemeinsame Agrarpolitik (GAP), deren Umfang und Intensität bei ihrer Einführung am 14. Januar 1962 nicht

Die Kritik am ersten Fouchet-Plan

Konflikte über die Gemeinsame Agrarpolitik

konsensual geregelt worden war. Auslöser des Dissenses war die Diskussion über die Einführung eines qualifizierten Mehrheitsprinzips anstelle von Einstimmigkeit in agrarpolitischen Fragen. Bei 17 Stimmen im Ministerrat (Frankreich 4, Deutschland 4, Italien 4, Belgien 2, Niederlande 2, Luxemburg 1) sollten fortan zwölf Stimmen, also ca. zwei Drittel der abgegebenen Stimmen, für eine Entscheidung genügen. Zudem hatte die EWG-Kommission vorgeschlagen, dass die Gemeinschaft aus der GAP ab 1967, spätestens jedoch ab der Verwirklichung des Gemeinsamen Marktes 1970 eigene Einnahmequellen erschließen sollte, um nicht mehr ausschließlich auf die Beiträge der einzelnen Mitgliedstaaten angewiesen zu sein und ein höheres Maß an eigener Handlungsfähigkeit zu erhalten.

De Gaulle lehnt eine britische Mitgliedschaft ab

Darüber hinaus hatte de Gaulle im Januar 1963 seine Ablehnung einer britischen Mitgliedschaft in den Gemeinschaften zur großen Enttäuschung der Fünf verkündet, so dass sich erneut die Frage nach einer Harmonisierung der politischen Zusammenarbeit im Gemeinschaftsraum stellte. Dazu waren 1963/64 mehrere Vorschläge erarbeitet worden, die letztlich alle auf eine Beschleunigung der politischen Integration und Vertiefung der Integration in föderaler Richtung hinausliefen. Entsprechende Überlegungen wurden in allen sechs Mitgliedstaaten ebenso wie in der Kommission durchaus goutiert, deren Präsident Hallstein sich in den zurückliegenden Jahren ohnehin als ein engagierter Befürworter des föderalen Prinzips und – sehr zum Verdruss des französischen Präsidenten – unerschrockener Verfechter der europäischen Supranationalität erwiesen hatte.

Die französische Politik des „leeren Stuhls"

Schon im Sommer 1964 hatte sich de Gaulle mehrfach gegen eine Vertiefung der Integration ausgesprochen. Während der im Verlauf der ersten Jahreshälfte 1965 geführten Verhandlungen über die neuen Modalitäten in der GAP vertieften sich die Spannungen zwischen Frankreich und den anderen Fünf zusehends. Am 30. Juni 1965 schließlich kam es zum Eklat, als der französische Außenminister und amtierende Ministerratspräsident **Maurice Couve de Murville** erklärte, dass nach Ansicht seiner Regierung die Finanzierung der GAP bis 1970 ausschließlich aus nationalen Mitteln erfolgen solle, während die Kommission an ihrem Finanzierungsmodell festhielt und die anderen Staaten Standpunkte einnahmen, die der Position der Kommission deutlich näher waren als jener der französischen Regierung. Daraufhin stellte Couve de Murville die Unüberbrückbarkeit der Standpunkte fest und brach die Verhandlungen ab, ohne einen neuen Sitzungstermin festzulegen. Damit nicht genug – am nächsten Tag stellte die französische Regierung fest, dass die Neuregelung der Agrarfinanzierung nicht fristgerecht erfolgt sei und daraus die Konsequenzen gezogen werden müssten: Der Ständige Vertreter Frankreichs bei den Gemeinschaften wurde abberufen sowie allen Regierungsbeamten untersagt, in Brüssel oder anderswo an Sitzungen europäischer Institutionen teilzunehmen. Kurzum – Frankreich begann seine „Politik des leeren Stuhls" und verstieß damit eindeutig gegen Artikel 5 des EWG-Vertrages, der Maßnahmen, die die Verwirklichung der Ziele des Vertrages gefährdeten, untersagte.

E **Maurice Couve de Murville (1907–1999)**
Direktor für Außenfinanzen und Devisenwirtschaft der Vichy-Regierung, 1943 Schatzmeister des Französischen Komitees für die Nationale Befreiung (CFLN),

1945 Mitglied der provisorischen französischen Regierung als Botschafter in Italien, Botschafterposten in Kairo (1950 bis 1954), bei der NATO (1954), in Washington (1955–1956) und in Bonn (1956–1958). 1958 bis 1968 Außenminister, 1968 bis 1969 Premierminister, 1973 bis 1978 Präsident der Kommission für Auswärtige Angelegenheiten der Nationalversammlung, 1986 bis 1995 Mitglied des französischen Senats.

De Gaulle wollte eine Rückkehr nach Brüssel von einer umfassenden Revision der Zusammenarbeit zwischen den Gemeinschaftsstaaten abhängig machen, also seine Vorstellungen vom Wesen der europäischen Gemeinschaften als einem Bund souveräner Staaten unter informeller französischer Führung durchsetzen. Doch auch wenn die durch den französischen Rückzug ausgelöste Krise fast sieben Monate lang die Gemeinschaftsarbeit nahezu vollständig lähmte, waren die anderen Fünf nicht bereit, dem französischen Präsidenten auf diesem Weg zu folgen. Eine Lösung der Probleme könne und dürfe es nur im Rahmen der bestehenden Verträge und Institutionen geben, diesen müsse Frankreich akzeptieren, nur dann sei ein Weg aus der Krise möglich. Dass die Fünf einen Ausgleich mit Frankreich wollten, wurde daran deutlich, dass sie nichts unternahmen, was Frankreich im europäischen Kontext über das selbstgewählte Maß hinaus isoliert hätte. So konnte die französische Regierung ohne Gesichtsverlust im Januar 1966 an den Verhandlungstisch zurückkehren, nachdem auf zwei Außenministerkonferenzen in Luxemburg gemeinsam ein Ausweg aus der Krise gesucht und gefunden worden war.

Krise und Ausweg: Der Luxemburger Kompromiss

Der „Luxemburger Kompromiss" bezog sich in erster Linie auf das Abstimmungsverhalten im Ministerrat, hatte aber auch nachhaltige Auswirkungen auf die Gemeinschaften und die Gemeinschaftspolitik. So blieb das Mehrheitsvotum im Ministerrat, wie es Artikel 148 des EWG-Vertrages vorsah, zwar im Prinzip erhalten, fortan konnte aber jeder Mitgliedstaat bei Fragen von „höchstem nationalen Interesse" *(intérêts très importants)* auf Fortführung der Problemdiskussion bis zur Erzielung von Einstimmigkeit insistieren. Das bedeutete im Prinzip die Einführung des Einstimmigkeitsprinzips, womit weitreichende Beschlüsse zur Zukunft der Gemeinschaften kaum noch gefasst werden konnten, wenn sie nicht von allen Mitgliedstaaten mitgetragen wurden. Letztere hatten somit im gemeinschaftlichen Rahmen eine starke Aufwertung zu Lasten des supranationalen Prinzips erfahren, die Integrationsdynamik der Frühphase des Integrationsprozesses war damit deutlich geschwächt worden.

Gleichwohl hatten die europäischen Gemeinschaften in Luxemburg ihre Arbeitsfähigkeit so weit wiederhergestellt, dass lange liegen gebliebene Vorhaben und Projekte weiter- und zu Ende geführt werden konnten. Neben der raschen finanziellen Regelung des Agrarmarktes und der Terminierung der vollen Herstellung der Zollunion und des Gemeinsamen Markts zum 1. Juli 1968 noch im Mai 1966 betraf das in erster Linie die schon seit 1957 von vielen Seiten geforderte Fusion der drei Gemeinschaften durch Zusammenlegung der Hohen Behörde und der Kommissionen von EWG und EAG zu einer Europäischen Gemeinschaft (EG). Schon im September 1963 hatte der Ministerrat die Fusion der drei supranationalen Exekutivorgane beschlossen, im April 1965 war in Brüssel der Fusionsvertrag unterzeichnet

Neue Dynamik für den Integrationsprozess

worden, der die Bildung einer gemeinsamen Kommission und eines einzigen Ministerrates vorsah – die Versammlung und der Gerichtshof waren bereits in den Römischen Verträgen zu gemeinsamen Organen für die drei Gemeinschaften bestimmt worden. Brüssel war hierin zum Sitz von Kommission und Ministerrat bestimmt worden, der Gerichtshof und weitere Organe sollten in Luxemburg verbleiben bzw. dorthin verlegt werden und das Europäische Parlament vorerst weiterhin im Saal der Konsultativversammlung in Straßburg tagen. Nach dem „Luxemburger Kompromiss" gelang es in kurzer Zeit, den Vertrag in Kraft zu setzen. Zum ersten Präsidenten der gemeinsamen Kommission wurde, begrenzt auf zwei Jahre, Jean Rey ernannt. Hallstein hingegen kam als Kommissar nicht mehr in Frage, da er aufgrund seiner dezidiert auf Stärkung der Gemeinschaften zielenden Politik für Frankreich inakzeptabel war und auch von der seit Dezember 1966 in Bonn regierenden Großen Koalition nicht mehr gestützt wurde.

Die Schwierigkeiten in Bezug auf die Kompetenzverteilung in den europäischen Gemeinschaften, die mit dem „Luxemburger Kompromiss" wenigstens zum Teil ausgeräumt werden konnten, überschatteten jahrelang die Erfolge, die zumindest auf dem Sektor der Wirtschaftspolitik im ersten Jahrzehnt nach Inkrafttreten der Römischen Verträge erzielt worden waren. So konnten beispielsweise unter Federführung des dafür zuständigen Kommissars von der Groeben Wettbewerbsregeln für den gemeinsamen Wirtschaftsraum als Voraussetzung für die Einführung der Zollunion und des Gemeinsamen Markts zum 1. Juli 1968 aufgestellt werden. Die GAP sorgte überdies nicht nur für einen tief greifenden Strukturwandel im ländlichen Gemeinschaftsraum, sondern auch für signifikante Produktivitätssteigerungen, die Ende der 1960er Jahre zum bis dahin unbekannten Problem der Überschussproduktion führten. Darüber hinaus wurden weitere Maßnahmen zur Herstellung eines gemeinsamen Marktes realisiert – hier seien die Freizügigkeit für Arbeitnehmer und die Niederlassungsfreiheit für Unternehmer ebenso erwähnt wie erste Maßnahmen im Bereich der europäischen Regionalpolitik. Darüber hinaus konnten sich die Gemeinschaften zu international anerkannten und völkerrechtlich eigenständig handelnden wirtschaftspolitischen Akteuren entwickeln, die unter anderem beispielhafte Maßnahmen auf dem Gebiet der Entwicklungshilfe ergriffen. Die Versechsfachung des Handelsvolumens unter den Mitgliedstaaten zwischen 1958 und 1970 und dessen Verdreifachung gegenüber Drittstaaten spiegeln diese Erfolge ebenso wie der Anstieg des gemeinschaftlichen Bruttosozialproduktes um 70% im selben Zeitraum, was einer durchschnittlichen Steigerungsrate von 5% pro Jahr entsprach. Damit wurden die europäischen Gemeinschaften zu einem attraktiven Wirtschaftspartner, mit dem zahlreiche europäische und außereuropäische Staaten Assoziierungsabkommen schlossen, die teilweise auch die Perspektive auf einen späteren Beitritt zum Gemeinschaftsraum enthielten.

Der Abschluss der Gründungsphase: Die erste Erweiterung von 1973

Das britische Beitrittsersuchen von 1961 sollte nachhaltigen Einfluss auf die Politik der meisten europäischen Nachbarn gegenüber dem „Europa der Sechs" haben. Die Motive der britischen Regierung für den Beitrittsantrag von 1961 waren sowohl ökonomischer als auch politischer Natur gewesen. Der Beitritt sollte einerseits den Zugang zum wichtigen kontinentaleuropäischen Markt schaffen, andererseits aber auch zur Absicherung der „besonderen" Beziehung zu den USA dienen. Dort war die Kennedy-Administration stark an einer britischen Mitgliedschaft in den europäischen Gemeinschaften interessiert, um über Großbritannien das Gewicht der NATO gegenüber de Gaulles Sonderwegsbestrebungen zu erhöhen. Die britische politische Elite stand der Beitrittsfrage insgesamt gelassen gegenüber, da sie davon ausging, dass das Land als Mitglied der Gemeinschaften aufgrund ihres Nuklearwaffenpotentials und ihres außenpolitischen Prestiges als Siegermacht des Zweiten Weltkriegs und Mutterland des Commonwealth in kurzer Zeit Frankreich als Führungsmacht ablösen werde.

Folgen des ersten britischen Beitrittsgesuchs

In Irland stand die politische Elite der Beitrittsfrage ursprünglich indifferent gegenüber, viele betrachteten das „Projekt Europa" als ein wenig aussichtsreiches, dafür umso kostspieligeres Unterfangen. Für den Fall eines britischen Beitritts war ein entsprechender irischer Vorstoß allerdings für die irische Wirtschaft bedeutsam, schon um den Zugang zu dem für die eigene Wirtschaft überlebenswichtigen britischen Markt zu wahren – noch 1970 waren etwa 65 % aller irischen Exporte für den britischen Markt bestimmt. Aufgrund des offensichtlichen Erfolges der GAP nahm im Verlauf der 1960er Jahre das irische Interesse an einer Mitgliedschaft in den europäischen Gemeinschaften zu, darüber hinaus gewann der Gedanke an ein Europa, das auch als Motor einer Modernisierung der irischen Wirtschaft und Gesellschaft taugte, an Bedeutung.

Irlands Interesse an einer Mitgliedschaft

Die Diskussion im Dänemark der 1960er Jahre verlief ähnlich. Um 1960 ließ sich das wirtschaftspolitische Credo des Landes einfach umreißen: Man wollte möglichst gute Beziehungen zu allen wichtigen Handelspartnern pflegen. So war das Land der EFTA erst nach intensiven deutsch-dänischen Konsultationen beigetreten, in denen sich die Bundesrepublik Deutschland bereit erklärt hatte, als Vertreter dänischer Interessen gegenüber den Gemeinschaften aufzutreten und zugleich den eigenen Markt für dänische Importe offen zu halten. Die EFTA-Mitgliedschaft sicherte den dänischen Zugang zum britischen Markt und ermöglichte eine engere wirtschaftliche Zusammenarbeit im skandinavischen Raum, einer traditionellen Schwerpunktregion dänischen politischen Interesses. Der dänische Beitrittsantrag von 1961 erfolgte in enger Abstimmung mit der britischen Regierung, um sicherzustellen, dass im Falle eines Beitritts der britische Markt als Teil des gemeinsamen Marktes für die dänische Agrar- und Industrieproduktion erhalten blieb. Die im Umfeld des ersten Beitrittsantrages einsetzende Europa-Diskussion führte in Dänemark zu einer langsamen, aber spürbaren Verbesserung des seit Kriegsende in Skandinavien verbreiteten Negativimages des europäischen Integrationsprozesses als eines „kapitalistischen, konservativen und katholischen" Unternehmens. Eine wichtige Rolle in diesem

Die dänische Beitrittsdiskussion

Zusammenhang spielte auch die Bildung der sozialliberalen Koalitionsregierung unter Willy Brandt im Jahre 1969. Ähnliches galt übrigens auch für Norwegen, wo man die traditionell guten Handelsbeziehungen zu Großbritannien durch institutionalisierte Kontakte ergänzen wollte.

Der zweite britische Beitrittsantrag

Nachdem der erste britische Beitrittsantrag am französischen Widerstand gescheitert war, wurde 1967 ein zweiter Antrag eingereicht. Diesmal gaben in erster Linie wirtschaftliche Gesichtspunkte den Ausschlag, da sich die Labour-Regierung unter Harold Wilson von einer Mitgliedschaft in den Gemeinschaften Impulse für die krisengeschüttelte britische Wirtschaft erhoffte. Weitere Gründe lagen in einer offensichtlichen Interessenkonvergenz Großbritanniens und der Gemeinschaften im Hinblick auf äußere Sicherheit und sozialpolitische Grundsätze. Die „gemeinsamen Interessen" hatten sich vor dem Hintergrund schwindenden britischen Einflusses im Commonwealth ergeben – allein in den 1960er Jahren erlangten Zypern, Jamaika, Trinidad und Tobago, Rhodesien, Nigeria, Sierra Leone, Uganda, Kenia und Gambia ihre Unabhängigkeit – und bezogen sich in erster Linie auf die europäische Sicherheitsarchitektur. Trotz des allgemeinen Wohlwollens, auf das der Antrag in den europäischen Institutionen und allen Mitgliedstaaten traf, drohte er zunächst wieder am französischen Widerstand zu scheitern. Als sich der Ministerrat im Dezember 1967 mit dem britischen Beitrittsantrag zu befassen hatte, wurde dieser zwar nicht grundsätzlich zurückgewiesen, sondern die Entscheidung lediglich vertagt. Weil der britische Premierminister indes mit französischem Widerstand gerechnet hatte, war die Enttäuschung in London über diese Entscheidung nicht allzu groß. Die britische Regierung ließ umgehend mitteilen, dass sie ihre Bewerbung aufrechterhalten werde. Sie ging davon aus, dass sich die französische Haltung spätestens mit dem Ausscheiden de Gaulles ändern werde.

Georges Pompidous „Europa der Realitäten"

In der Tat leitete Georges Pompidou nach seiner Wahl zum Präsidenten im Jahre 1969 eine Trendwende in der französischen Politik ein, die auch die Außen- und Europapolitik betraf. Zwar hielt der neue Präsident an den Prinzipien des Gaullismus fest, interpretierte diesen aber deutlich flexibler als sein Vorgänger. Bezogen auf die Europäische Gemeinschaft bedeutete das in erster Linie die Rücknahme des französischen Vetos gegen die Aufnahme von Beitrittsverhandlungen mit Großbritannien, aber auch die Bereitschaft, konstruktiv an einer Weiterentwicklung der politischen Zusammenarbeit im Gemeinschaftsraum mitzuwirken. Wenn Pompidou verlautbaren ließ, dass es nunmehr gelte, am „Europa der Realitäten" weiterzubauen, spiegelte sich darin seine Bereitschaft, die gewachsenen Strukturen der EG ebenso wie deren zwischenzeitlich gewonnene Bedeutung als internationalen wirtschafts- und finanzpolitischen Akteur anzuerkennen und die Errungenschaften des europäischen Integrationsprozesses nicht nur zu pflegen, sondern gemeinsam mit den anderen Staaten der Gemeinschaft auszubauen. Zwar stand auch er dem Gedanken einer europäischen Föderation skeptisch gegenüber und bevorzugte stattdessen eine konföderale Lösung als Ergebnis des Integrationsprozesses, ohne diese Position gleichwohl zu einem Dogma zu erklären. Zunächst wollte er die europäische Einigung durch die seit längerem angestrebte endgültige Regelung der GAP-Finanzierung vorantreiben, den Integrationsprozess auf den Ebenen der Energie, des Verkehrs und der Währungspolitik vertiefen und die Gemeinschaft durch die Aufnahme neuer Mitgliedstaaten erweitern. Damit war die Richtung vorgegeben, die der europäische Integrationsprozess nach den Vorstellungen des neuen französischen Präsidenten nehmen sollte: die Erweiterung des Gemeinschaftsraums durch eine Vertiefung der bestehenden Strukturen, was auf höchster Ebene im Rahmen von Regierungskonferenzen erreicht werden sollte.

Die Umsetzung der im Grundsatz auch von den anderen Mitgliedstaaten und von der Kommission geteilten Ziele Pompidous erfolgte auf Grundlage des von Hans von der Groeben im Auftrag der Kommission erarbeiteten und im Juni 1969 vorgelegten „Programms für Europa". Darin legte er einen Katalog von Sofortmaßnahmen vor, die zur Stärkung der EG angesichts der bevorstehenden Aufnahme von Beitrittsverhandlungen mit Dänemark, Großbritannien, Irland und Norwegen ergriffen werden sollten. Zudem empfahl das Programm die Erneuerung des Assoziierungsabkommens mit den afrikanischen Staaten, die Einigung über die Grundzüge einer gemeinsamen Handelspolitik, die Verbesserung der wirtschafts- und währungspolitischen Zusammenarbeit der Mitgliedstaaten, die Annahme eines neuen Forschungsprogramms für die EAG, die Neuausrichtung und Intensivierung der Arbeit des europäischen Sozialfonds sowie die Einigung über die Neuregelung der Agrarfinanzierung, die Schaffung gemeinschaftlicher Einnahmen und die Verstärkung der haushaltsrechtlichen Befugnisse des Europäischen Parlaments. Als Ziel hatte von der Groeben den Abschluss eines Rahmenvertrages zur Begründung einer umfassenden politischen Gemeinschaft der Mitgliedstaaten vorgeschlagen, der die EG als eine „kontinuierliche Schöpfung" definierte (womit offen blieb, ob dem föderalen oder konföderalen Prinzip der Vorzug gegeben werden sollte). Der Vertrag sollte darüber hinaus für die rechtliche Verankerung der Ziele und Grundlagen des Integrationsprozesses sorgen und die gemeinschaftlichen Aufgabenbereiche auf den Gebieten der Außenbeziehungen, der Verteidigung sowie der wirtschaftlichen und kulturellen Angelegenheiten festlegen.

Mit diesem Programm hatte die Kommission den Rahmen ihrer Arbeit vor dem Hintergrund der bevorstehenden Erweiterung abgesteckt. Neben der Festlegung der Prinzipien, auf deren Grundlage die Beitrittsverhandlungen mit den Anwärterstaaten geführt werden sollten, ging es also in erster Linie darum, verbindliche Grundlagen für die künftige politische Zusammenarbeit im Integrationsraum zu schaffen. Damit waren die Inhalte der seit Juli 1969 auf verschiedenen Ebenen geführten Gespräche zur Vorbereitung der Erweiterung bestimmt. Eine endgültige Verständigung sollte auf einer Anfang Dezember 1969 in Den Haag stattfindenden Konferenz der Staats- und Regierungschefs erfolgen. Zwar waren im Umfeld der Vorbereitung der Haager Gipfelkonferenz noch unterschiedliche Präferenzen über die künftige Ausrichtung des Integrationsprozesses zu erkennen – während Frankreich offensichtlich dessen „Vollendung" anstrebte, legten die anderen „Fünf" größeres Gewicht auf den Faktor „Erweiterung", womit die Frage nach der Dimension der „Vertiefung" offen blieb –, doch waren alle Verhandlungspartner gewillt, daraus keinen Grund für ein Scheitern der Konferenz abzuleiten. Stattdessen unterstützten sie einvernehmlich den Standpunkt der Kommission, „Vertiefung" und „Erweiterung" als gleichrangige Ziele zu verfolgen, um eine geordnete Aufnahme der neuen Mitgliedstaaten

Das „Programm für Europa" Hans von der Groebens

Die Haager Gipfelkonferenz vom Dezember 1969

zu gewährleisten. Dazu sollten die Gemeinschaftsorgane durch eine vermehrte Anwendung des Mehrheitsvotums im Ministerrat gestärkt werden und zudem das Europäische Parlament künftig direkt gewählt werden.

Die Gemeinschaft legt die Modalitäten für die Erweiterung fest

Hinsichtlich der Erweiterung beschlossen die Teilnehmer der Haager Konferenz, die Verhandlungen mit den beitrittswilligen Staaten vor dem 1. Juli 1970 aufzunehmen. Dafür wurden vier Voraussetzungen festgelegt, die die Kandidaten vor einer Aufnahme erfüllen mussten. Erstens hatten sie das geltende Gemeinschaftsrecht *(Acquis communautaire)* in seiner Gesamtheit zu akzeptieren, zweitens durften Anpassungen nur durch Übergangsbestimmungen, nicht jedoch durch Änderungen des Gemeinschaftsrechts möglich sein, drittens durfte eine ungehinderte Weiterentwicklung der EG während der Dauer der Verhandlungen nicht behindert werden, und viertens waren alle durch den Beitritt aufgeworfenen Probleme vor dessen Vollzug zu regeln. Damit war klar, dass die Gemeinschaft normsetzend war und die Verhandlungen asymmetrisch verlaufen würden, da sie unter dem Primat der Übernahme des *Acquis* standen. Die Verhandlungen selber sollten von der EG-Präsidentschaft namens der Mitgliedstaaten geführt werden, allerdings war der Kommission eine zentrale Rolle eingeräumt worden, da sie die Verhandlungspositionen der EG vorschlug und die meisten direkten Kontakte zu den Anwärtern hielt.

Die Beitrittsverhandlungen

Am 30. Juni 1970 gab die Gemeinschaft ihre Auffassung von den Modalitäten der Verhandlungen und der Erweiterung bekannt. Am 21. Juli trafen sich die europäischen Verhandlungspartner erstmals mit der britischen Delegation in Brüssel, ab dem 21. September wurden die Gespräche parallel mit den anderen drei Delegationen geführt. In Großbritannien hatte im Juni 1970 ein Regierungswechsel stattgefunden, der den Verlauf der Verhandlungen erheblich vereinfachen sollte, denn im Gegensatz zu der zunehmend europaskeptischen Labour-Partei war der neue konservative Regierungschef **Edward Heath** ein ausgesprochener Anhänger des europäischen Integrationsgedankens. Es gelang ihm trotz wachsenden Widerstandes in der britischen Öffentlichkeit gegen einen Beitritt des Landes zur EG, die Gespräche konstruktiv zu führen, so dass sie bereits nach etwa 18 Monaten abgeschlossen waren. Vergleichbar reibungslos verliefen die Gespräche mit den anderen Beitrittskandidaten, so dass die Kommission am 19. Januar 1972 dem Ministerrat die Aufnahme der vier Bewerber in die EG empfehlen und drei Tage später in Brüssel der Beitrittsvertrag zwischen der EG und den vier Bewerberstaaten unterzeichnet werden konnte. Der Beitritt selber sollte zum 1. Januar 1973 wirksam werden.

E

Edward Heath (1916–2005)
Studium der Philosophie, Politik und Wirtschaftswissenschaften am Balliol College, Oxford. 1939 Gegner der Appeasement-Politik, 1939 bis 1950 Artillerieoffizier, 1951 Befürworter des Beitritts Großbritanniens zur Montanunion, 1959 bis 1960 Arbeitsminister des britischen Kabinetts, 1960 Lordsiegelbewahrer, Leitung der Beitrittsverhandlungen zur EWG, 1963 Karlspreis der Stadt Aachen, 1963/1964 Präsident der Handelsbehörde und Minister für Industrie, Handel und Regionalentwicklung. 1965 Parteivorsitzender der Konservativen und Fraktionsvorsitzender seiner Partei im Unterhaus bis 1975, nahm bis 2001 sein Abgeordnetenmandat im britischen Parlament wahr.

Das Vertragswerk regelte die volle Übernahme des *Acquis communautaire* durch die neuen Mitgliedstaaten und sah eine Übergangzeit von fünf Jahren vor. Ab dem 1. Januar 1978 sollte die erweiterte Gemeinschaft „normal" funktionieren. Die Gemeinschaftsinstitutionen wurden zudem den veränderten Größenverhältnissen angepasst. Die Ratifizierung des Vertrages erfolgte zeitgerecht vor dem 1. Januar 1973. Während in Frankreich ein Referendum bei einer nur schwachen Beteiligung von 53 % eine Zustimmungsquote von 68 % ergab, stimmten die Parlamente der anderen Gründerstaaten mit jeweils großer Mehrheit für die Aufnahme der Neumitglieder. Heath hatte angesichts der wachsenden öffentlichen Kritik in Großbritannien am Beitritt auf ein Referendum verzichtet und den Beitrittsvertrag dem Unterhaus zur Abstimmung vorgelegt, das ihn im Juli 1972 gegen die Stimmen der Labour-Opposition mit 301 zu 284 Stimmen annahm. Das irische Referendum im Mai 1972 ergab bei großer Teilnahme eine Zustimmung von 83 % für die Mitgliedschaft, und im dänischen Referendum vom Oktober 1972 entschieden sich 63,3 % für eine Mitgliedschaft. Allerdings lehnte das unter dänischer Verwaltung stehende Grönland den Beitritt ab und trat nach einer Übergangsfrist zum 1. Januar 1985 förmlich aus der EG aus. Seither ist es als überseeisches Gebiet der EG assoziiert. In Norwegen stimmte das Parlament dem Beitritt mit einer Dreiviertelmehrheit zu, jedoch lehnte die norwegische Bevölkerung in einem – konstitutionell nicht erforderlichen – Referendum diesen mit 53,5 % der abgegebenen Stimmen ab. Hier war die in vielerlei Hinsicht irrationale EG-kritische Agitation einer Allianz von traditionalistischen, pazifistischen und partikularinteressierten Beitrittsgegnern offensichtlich auf fruchtbaren Boden gefallen.

Mit der Erweiterung der EG von sechs auf neun Mitgliedstaaten endete die Gründungsphase des europäischen Integrationsprozesses. In den 15 Jahren nach der Unterzeichnung der Römischen Verträge hatten sich die westeuropäischen Demokratien mit Ausnahme jener Staaten, die aus neutralitätspolitischen Erwägungen heraus weiterhin den Selbstausschluss vom Integrationsprozess bevorzugten, unter dem Dach einer supranational organisierten europäischen Gemeinschaft zusammengefunden. Damit hatten sie jedoch zugleich ihre Bereitschaft zum Ausdruck gebracht, nationale Hoheitsrechte an eine supranationale Instanz abzugeben. Allerdings markieren die Vorstellungen der seither in der EG bzw. später in der EU vertretenen Staaten über das endgültige Ziel des Integrationsprozesses, die *finalité politique* Europas, auch die beiden grundsätzlichen Extrempositionen. Soll der Integrationsprozess in Richtung einer konföderalen, also staatenbündischen, oder föderalen, also bundesstaatlichen, Entwicklung verlaufen? Bis heute konnte trotz vieler Anstrengungen auf diese grundsätzliche Frage noch keine abschließende Antwort gefunden werden. Mit der Aufnahme dreier Staaten, deren Beitrittsmotive zumeist im ökonomischen Bereich lagen, hatte die Gemeinschaft zudem weit über den ursprünglichen Grund ihrer Existenz, durch Integration die Stabilität des (west)europäischen Staatensystems zu stärken, hinausgegriffen. Jenseits dieser grundsätzlichen Frage sind freilich in der Gründungsphase viele bemerkenswerte Erfolge erzielt worden, deren Gesamtheit das Erscheinungsbild der heutigen EU nachhaltig beeinflusst haben. Das betrifft das Einvernehmen über die Systematisierung der politischen Zusammenarbeit im Integrationsraum ebenso wie die Errich-

Die Ratifikation des Beitrittsvertrages

Die Folgen der ersten Erweiterung

tung eines Systems konsensualer Entscheidungsfindung zu Lasten bestimmter einzelstaatlicher Führungsansprüche oder das eindeutige Bekenntnis zur Demokratie. Letzteres spiegelt sich in der Entschlossenheit, mit der insbesondere in den 1960er Jahren alle Versuche nicht-demokratischer Staaten zurückgewiesen worden waren, in Beitrittsverhandlungen mit den Gemeinschaften zu treten. Unter dem Eindruck der bevorstehenden Erweiterung war ferner ein Verfahren entwickelt worden, das für alle nachfolgenden Erweiterungsrunden maßgeblich werden sollte.

III. Die Konsolidierungsphase (1970–1992)

April 1970	Einvernehmen über EG-Budgetrecht
Juli 1970	Davignon-Bericht
Oktober 1970	EPZ wird Bestandteil der Europapolitik
Oktober 1970	Werner-Bericht
März 1972	Europäische Währungsschlange
Oktober 1972	Pariser Gipfel
1973	Ölpreisschock
Dezember 1973	Kopenhagener Gipfel
Dezember 1974	Gipfeltreffen des Europäischen Rats
1975	Einrichtung des Europäischen Fonds für Regionale Entwicklung
Dezember 1975	Tindemans-Bericht
April 1978	Europäischer Rat Kopenhagen, Vorschlag zur Schaffung des EWS
12. 12. 1979	NATO-Doppelbeschluss
10. 6. 1979	Erste Direktwahl zum EP
1981	Beitritt Griechenlands zur EG
Dezember 1982	Ausschuss für Sicherheit und Verteidigung
Februar 1984	Spinelli-Bericht
1984	Adonnino-Ausschuss, Europa der Bürger
1984	Dooge-Ausschuss, EPZ
1985	Jacques Delors wird Präsident der Kommission
Juni 1985	Schengener Abkommen (Schengen I)
1. 1. 1986	Beitritt Portugals und Spaniens zur EG
Juli 1987	EEA
1987	Erstes Delors-Paket
Februar 1992	Unterzeichnung des Maastrichter Vertrags
1. 11. 1993	Inkrafttreten des EUV
1993	Verwirklichung des Binnenmarkts
März 1995	Durchführungsabkommen zum Schengener Vertrag
Juni 1995	Madrider Gipfel, Bezeichnung der Gemeinschaftswährung „Euro"

Politische Zusammenarbeit als Programm: Die Europäische Zusammenarbeit gewinnt an Profil

Die Konsolidierungsphase des europäischen Integrationsprozesses stand unter dem Vorzeichen des auf der Den Haager Gipfelkonferenz im Dezember 1969 als eine Art Leitmotiv verabschiedeten Grundsatzes, dass die Erweiterung der Gemeinschaft stets mit geeigneten Maßnahmen zur Vertiefung ihrer Struktur einhergehen müsse. Damit hatten die europapolitischen

Kennzeichen der Konsolidierungsphase

89

Entscheidungsträger an das schon zu Beginn der Gründungsphase formulierte Ziel angeknüpft, der wirtschaftlichen die politische Integration folgen zu lassen. Entsprechende Versuche hatte es seit Gründung der EGKS wiederholt gegeben, ohne dass diese größeren Erfolg gezeitigt hätten. Erst der Präsidentschaftswechsel in Frankreich und die damit verbundene Aufgeschlossenheit der französischen Regierung gegenüber dem britischen Beitrittswunsch schuf die Voraussetzung dafür, dass auf Kommissions- und Regierungsebene der Mitgliedstaaten mit Aussicht auf Erfolg über Möglichkeiten nachgedacht werden konnte, wie die EG den zu erwartenden Zuwachs um vier neue Mitgliedstaaten (Norwegen musste bis zum ablehnenden Referendum in die Überlegungen miteinbezogen werden) verkraften konnte. Somit überschneiden sich die Gründungs- und Konsolidierungsphase des Integrationsprozesses um drei Jahre. Doch während die erste Erweiterung eine Entwicklung zum Ende brachte, die bereits Ende der 1940er Jahre initiiert und in der die ganze Bandbreite der Vorstellungen über die *finalité politique* des Integrationsprozesses als politische Leitbilder in den Mitgliedstaaten versammelt worden war, die auch heute noch die einschlägige Diskussion beeinflusst, beziehen sich die in der Konsolidierungsphase angestellten Überlegungen über die Ausgestaltung der Europäischen Politischen Zusammenarbeit (EPZ) auf die Zeit nach dem Vollzug der Erweiterung und markieren damit eine neue Phase des Integrationsprozesses.

Unterschiedliche Vorstellungen vom Wesen und Zweck der Integration

Allerdings unterschieden sich die Vorstellungen vom Wesen und Zweck der politischen Zusammenarbeit schon zu Beginn dieser Phase. Zwar war mit Georges Pompidou im Juni 1969 ein im Vergleich zu seinem Vorgänger entschieden diplomatischer agierender Politiker zum französischen Präsidenten gewählt worden, doch unterschied sich sein Bild von der Gestalt des künftigen Europa im Grundsatz nicht wesentlich von dem de Gaulles. Auch für Pompidou stand nicht die supranationale Gemeinschaft als erstrebenswertes Ziel im Mittelpunkt, sondern ein Europa, das sich weiterhin am Primat des Nationalstaates orientierte. Eine europäische Konföderation sollte nach außen als Einheit auftreten, ihren Mitgliedstaaten jedoch die Wahrung ihrer jeweiligen Souveränität und Identität ermöglichen und damit einen Raum schaffen, in dem Frankreich im Idealfall eine informelle Führungsrolle einnehmen konnte. So gesehen, ging es der neuen französischen Regierung in der zweiten Hälfte des Jahres 1969 primär darum, dem Integrationsprozess neuen Schwung zu verleihen, um ihn möglichst rasch zu einem Abschluss bringen zu können, der den eigenen Vorstellungen nahe kam. In diesem Konzept spielte Großbritannien eine wichtige Rolle, schließlich ließen die Stellungnahmen führender britischer Politiker zu Europa darauf schließen, dass auch sie eine solche Konföderation anstrebten und damit als potentielle Verbündete beim Bau eines „Europa der Realitäten" zu betrachten waren.

Auch die Bundesrepublik Deutschland schien in dieses Konzept zu passen, galt Kurt Georg Kiesinger, der Kanzler der „Großen Koalition" seit 1966, doch als entschiedener „Gaullist", der dem „atlantischen" Kurs seines Vorgängers Erhard die Erneuerung des Schulterschlusses mit Frankreich gegenübergestellt hatte und für den die Europapolitik unter einem deutsch-französischen Vorbehalt stehen musste. Doch auch wenn Kiesinger keine

Alternative zu einer Europapolitik „der kleinen Schritte" sah, betrachtete er den Unterschied zwischen einem *„Europe unie"*, einem „einigen Europa" à la de Gaulle, und einem *„Europe unifiée"*, einem „vereinten Europa", so wie es die Föderalisten mit Jean Monnet anstrebten, als unproblematisch. Stattdessen ging er, ähnlich wie Adenauer, davon aus, dass die wachsende Verflechtung der Politiken der Gemeinschaftsstaaten Fakten schaffen würden, die eigenen Gesetzen folgten. Und auch wenn von französischer Seite die Bildung der sozialliberalen Regierung Brandt/Scheel im Oktober 1969 mit einer gewissen Skepsis verfolgt wurde, weil man vor dem Hintergrund der neuen ostpolitischen Zielsetzungen ein größeres deutsches Selbstbewusstsein in außenpolitischen Angelegenheiten befürchtete, hielten Willy Brandt und Walter Scheel am pragmatischen Ansatz der deutschen Europapolitik fest – wohl wissend, dass sie für die Realisierung der neuen Ostpolitik auch auf französisches Wohlwollen angewiesen waren, aber auch aus Überzeugung, nur so die europäische Integration weiter vorantreiben zu können. Allerdings ging es dem neuen Bundeskanzler dabei weniger um die für Frankreich so wichtige Vollendung, sondern – ähnlich wie den Regierungen der BeNeLux-Staaten und Italiens – darum, die mit der Erweiterung der Gemeinschaft verbundenen Herausforderungen zu meistern. Dazu galt es, die jeweils möglichen Schritte zu tun. Dass diese zu einer Vertiefung der Strukturen führen mussten, stand für alle beteiligten Verhandlungspartner einschließlich der Kommission außer Frage, wenngleich die Vorstellungen über die *finalité politique* des Integrationsprozesses voneinander abwichen.

Trotz unterschiedlicher Zielsetzungen waren die Voraussetzungen für eine konstruktive Zusammenarbeit der Gemeinschaftsstaaten bei der Suche nach Wegen zur Vertiefung der politischen Zusammenarbeit im Rahmen der EG im Herbst 1969 also günstig. In diesem Zusammenhang spielte nicht nur die notwendige Anpassung der Gemeinschaftsstrukturen an die mit der bevorstehenden Erweiterung verbundenen neuen Bedingungen eine Rolle, sondern auch der Machtzuwachs im internationalen Kontext, mit dem die EG nach dem Vollzug der Erweiterung rechnen musste. Vor diesem Hintergrund befassten sich die Außenminister der Mitgliedstaaten im November 1969 mit dem Problemkomplex und prüften Möglichkeiten, wie eine Verbesserung der politischen Zusammenarbeit im Rahmen der EG erreicht werden konnte. Eingedenk des Scheiterns entsprechender, gleichwohl deutlich ehrgeizigerer Versuche – etwa des Projekts der Europäischen Politischen Gemeinschaft oder der Fouchet-Pläne – beschränkten sie sich darauf, Maßnahmen zur Verbesserung der Koordination der Außen- und Verteidigungspolitik der Mitgliedstaaten im Sinne der Einrichtung eines Konsultationsmechanismus zu empfehlen.

Bescheidenere Ziele

Trotz dieses recht unspektakulären Ansatzes sollte sich dieser hier erstmals in Erwägung gezogene Konsultationsmechanismus als Ausgangspunkt einer Entwicklung erweisen, die in letzter Konsequenz zur Formulierung der Gemeinsamen Außen- und Sicherheitspolitik (GASP) als eigenständiger Säule des Vertrags von Maastricht führte. Dass die Überlegungen vom November 1969 derart nachhaltige Folgen haben würden, war seinerzeit nicht absehbar. Schließlich gab es für einen solchen Konsultationsmechanismus weder eine rechtliche Grundlage noch eine institutionelle Anbin-

Ein neuer Konsultationsmechanismus als Voraussetzung für eine bessere Abstimmung nationaler Politiken

dung an die Gemeinschaftsstrukturen. Darüber hinaus hatten die 1960er Jahre unmissverständlich gezeigt, dass es unter dem Dach der EG keinen Konsens über die Ziele und Inhalte einer gemeinsamen Außenpolitik gab. Entsprechend behutsam mussten die Staats- und Regierungschefs mit diesem Thema umgehen, als sie sich am 1. und 2. Dezember 1969 – am 2. Dezember in Anwesenheit von Kommissionspräsident Jean Rey – auf dem Den Haager Gipfel mit der Frage nach der künftigen Gestalt der EG und ihrer Institutionen befassten. Und entsprechend vorsichtig fielen die Aussagen der Gipfelteilnehmer über mögliche Formen der EPZ aus. Willy Brandt, der in Den Haag seinen ersten großen europapolitischen Auftritt als Bundeskanzler hatte, schlug anstelle einer Festlegung auf bestimmte Verfahrensweisen die Einberufung eines Ausschusses vor, der Vorschläge erarbeiten sollte, wie, gemäß der Perspektive der Erweiterung, am besten Fortschritte auf dem Gebiet der politischen Einigung erzielt werden konnten.

Der Davignon-Ausschuss zur Europäischen Politischen Zusammenarbeit

Der Ausschuss, der auch als „Arbeitsgruppe EPZ" tituliert wurde, bestand aus den Politischen Direktoren der sechs EG-Außenministerien. Er stand unter der Leitung des belgischen Diplomaten und späteren Kommissions-Vizepräsidenten **Étienne Davignon**. Am 20. Juli 1970 legte er seinen Abschlussbericht vor. Ausdrücklich wurde hervorgehoben, dass die EG angesichts ihrer zu erwartenden wachsenden globalen Bedeutung die sich daraus ergebenden neuen Verpflichtungen angemessen wahrnehmen müsse. Um das zu erreichen, empfahl der Bericht künftig eine Abstimmung der jeweiligen nationalen Außenpolitiken. Dies sei notwendig, um eine Verbesserung der gegenseitigen Verständigung zu erzielen, eine Abstimmung der jeweiligen Standpunkte zu erreichen und eine Abgleichung oder, falls möglich, sogar Harmonisierung des gemeinsamen Vorgehens vorzunehmen. Dafür sei die Einrichtung einer zweimal jährlich tagenden Konsultativkonferenz der EG-Außenminister notwendig. Die Staats- und Regierungschefs der EG akzeptierten die Empfehlungen des Berichts am 27. Oktober 1970 und machten die EPZ damit formell zu einem Bestandteil europäischer Politik.

E | **Étienne Davignon (*1932 in Ungarn)**
Studium in Brüssel und Louvain, Jurist, Baccalauréat in thomistischer Philosophie, Studium der Wirtschaftswissenschaften. 1959 als Attaché des Dienstes für afrikanische Angelegenheiten im Außenministerium, Kabinetts-Attaché des Sozialisten Paul-Henri Spaak im Außenministerium, 1964 Kabinettschef. 1974 bis 1977 erster Präsident der Internationalen Energie-Agentur, 1977 bis 1985 Europäischer Kommissar in den Bereichen Binnenmarkt, Verwaltung der Zollunion und der industriellen Angelegenheiten.

Gleichwohl sah der verabredete EPZ-Mechanismus zunächst nur laufende Konsultationen und mögliche Abstimmungen in außenpolitischen Fragen ohne jegliche Vertragsgrundlage vor. Dazu wurden zweimal pro Jahr stattfindende Gipfeltreffen der Staats- und Regierungschefs, mindestens halbjährliche Außenministertreffen, vier Sitzungen pro Jahr der Politischen Direktoren der Außenministerien (das Politische Komitee) und die Einrichtung spezieller Arbeitsgruppen vereinbart. Den Vorsitz in den verschiedenen Gremien hielt jeweils die halbjährlich wechselnde Ratspräsidentschaft inne, die die Treffen vorbereitete und in deren Land sie auch stattfanden. Für alle Entscheidungen war grundsätzlich Einstimmigkeit erforderlich. Die

Kommission war nicht mit in die Arbeit der EPZ einbezogen und wurde auch nur dann konsultiert, wenn die Aktivitäten im Rahmen der EPZ offensichtliche Bereiche der bereits vergemeinschafteten Politiken berührten.

Neue Impulse für eine gemeinsame Wirtschafts- und Währungspolitik

Während die Staats- und Regierungschefs auf dem Den Haager Gipfel vom Dezember 1969 in Bezug auf die Neuausrichtung der EPZ keine konkreten Aussagen machten, fielen die Aussagen über die künftige gemeinsame Wirtschafts- und Währungspolitik konkreter aus. In seiner Erklärung hatte Willy Brandt eindringlich die Schaffung einer „Wirtschafts- und Währungsunion" gefordert, in der die Entwicklung einer gemeinsamen Wirtschaftspolitik möglichst zügig zur Einrichtung eines europäischen Wirtschaftsfonds führen sollte. Dabei stützte er sich auf ein im Juli 1969 von den sechs Finanzministern angenommenes Memorandum des französischen Kommissars **Raymond Barre**, das die Ausschaltung der für eine gemeinsame Wirtschaftspolitik störenden Wechselkursschwankungen durch die Schaffung eines neuen, vom US-Dollar unabhängigen Festkurssystems vorsah. Auch wenn im weiteren Verlauf der Gipfelgespräche weitgehend Einvernehmen darüber erzielt werden konnte, vor weitergehenden Beschlüssen zunächst die bevorstehende Erweiterung abzuwarten, gelang es, einen Stufenplan zu formulieren, der zunächst eine bessere Koordinierung der nationalen Wirtschafts- und Währungspolitiken sowie die Schaffung kurz- und mittelfristiger Währungsbeistandsmöglichkeiten vorsah, um so dem Idealziel einer europäischen Währungsunion näher zu kommen. Frankreich hatte seine Zustimmung zu diesem Konzept abhängig gemacht von einem Beschluss zur „Vollendung" des Gemeinsamen Marktes zum 1. Januar 1970, um „von der Übergangszeit in die Endphase der Europäischen Gemeinschaft einzutreten" und dafür eine endgültige Regelung der Finanzierung der GAP festzulegen. Dazu sollten die Beiträge der Mitgliedstaaten gemäß Artikel 201 des EWG-Vertrages schrittweise durch eigene Einnahmen ersetzt werden, um so den Weg zu einer vollständigen Finanzierung der Haushalte der Gemeinschaften zu ebnen. Erfolgreich widersetzte sich Pompidou den Wünschen seiner Kollegen, im Gegenzug einer Reform der kostspieligen Agrarpolitik zuzustimmen. Hingegen stimmte er einem anderen Vorschlag zu, der vorsah, die Schaffung einer Gemeinschaftsfinanzierung zur Stärkung der Haushaltsbefugnisse des Europäischen Parlaments zu nutzen und die Möglichkeit der Einführung einer Direktwahl des Parlaments zu prüfen.

Das Barre-Memorandum zur Wirtschafts- und Währungspolitik

Raymond Barre (*1924)
Studium der Rechts- und Wirtschaftswissenschaften, Diplom des Institut d'études politiques de Paris, 1962 bis 1965 Kabinettsleiter von Jean-Marcel Jeanneney, 1967 von Charles de Gaulle in die Europäische Kommission entsandt, dort Vizepräsident. Mitglied der französischen Regierung 1976 bis 1981, Januar bis August 1976 Minister für Außenhandel unter Jacques Chirac, 1976 bis 1981 Premierminister Frankreichs unter Valéry Giscard d'Estaing. 1978 bis 2002 Abgeordneter der Nationalversammlung. Bürgermeister von Lyon zwischen 1995 und 2001.

Maßnahmen zur
Stärkung des Euro-
päischen Parlaments

Auch wenn die Stärkung des Parlaments kaum in das konföderale Europa-
konzept des französischen Präsidenten passte, besaß er in dieser Hinsicht
nur wenig Verhandlungsspielraum, da seine Kollegen aus den anderen EG-
Staaten unter dem Hinweis auf die von Frankreich geforderte endgültige
Finanzregelung der GAP durch Gemeinschaftsmittel ihre Zustimmung von
der Schaffung einer demokratisch legitimierten Kontrollinstanz abhängig
machten. Entsprechende Forderungen wurden insbesondere von den Niederlanden und Italien vorgetragen, während sich die Bundesregierung um
eine Vermittlungsposition bemühte. Weitere Partikularinteressen, die einzelne Mitgliedstaaten in die entsprechenden, auf verschiedenen Ebenen
geführten Verhandlungen hineintrugen, waren der Grund, weshalb die endgültige Regelung der Finanzierung der GAP – und damit die in Den Haag
beschlossene „Vollendung" des Gemeinsamen Marktes – nicht fristgerecht
in Kraft treten konnte. Erst im April 1970 konnte Einvernehmen über die verschiedenen Aspekte des EG-Budgetrechts erzielt werden: In einem schritt-
weisen, erst 1979 abgeschlossenen Verfahren wurde ein Finanzierungs-
system realisiert, aus dem sich der EG-Haushalt speisen sollte. Dazu gehörte das Recht auf Abschöpfung von Gewinnen aus dem Handel mit
Agrarprodukten, der Zugriff auf entsprechende Zolleinnahmen sowie die
Beteiligung der EG an den Mehrwertsteuereinnahmen der Mitgliedstaaten
in Höhe eines Prozentpunktes. Auch wenn die Einnahmen im Jahre 1980,
also dem ersten vollen Haushaltsjahr nach Ablauf der Übergangsfristen, mit
ca. 20 Milliarden ECU weniger als ein Prozent des gemeinschaftlichen Bruttosozialprodukts betrugen und damit vergleichsweise bescheiden waren,
war die Signalwirkung, die von dem im April 1970 erreichten Kompromiss
ausging, doch beträchtlich.

Der Gemeinschafts-
haushalt

Die EG hatte mit der Einrichtung eines föderalen Budgets ihre Abhängig-
keit von den Regierungen der Mitgliedstaaten weiter verringert, da sie nicht
mehr länger auf Gedeih und Verderb von deren jährlichen Zuweisungen
abhängig war. Dafür hatte die Gemeinschaft und die sie stützenden föderal
denkenden politischen Entscheidungsträger auf nationaler Ebene freilich
auch erhebliche Zugeständnisse machen müssen. So war es nicht gelungen,
ein Verfahren zu entwickeln, das tatsächlich eine Haushaltskontrolle durch
das Europäische Parlament sicherstellte. Stattdessen war eine Übergangsfrist
bis 1975 festgelegt worden, ab der die Gemeinschaftsausgaben in „obliga-
torische", sich zwingend aus dem *Acquis Communautaire* ergebende, und
nicht-obligatorische Zahlungen unterteilt wurden. Zu dem obligatorischen
Ausgabenbereich gehörte unter anderem die GAP, in die 1970 ca. 95 % des
EG-Gesamthaushaltes flossen. Für diesen Bereich hatte sich der Ministerrat
das letzte Wort ausbedungen, dem Europaparlament war lediglich das Vor-
schlagsrecht für Änderungen zugestanden worden, die der Rat annehmen
oder ablehnen konnte. Das Parlament war nach einer Ratsentscheidung
lediglich zu informieren. Ihm blieb die abschließende Entscheidungsbefug-
nis über nur etwa vier Prozent des Haushaltes, zudem verfügte die Kommission fortan über das Recht, in einem allerdings engen Rahmen den nicht-
obligatorischen Ansatz des Haushaltes jährlich zu erhöhen. So gesehen,
war das Europaparlament aus den zwischen Dezember 1969 und April
1970 geführten Verhandlungen nur wenig, der Ministerrat jedoch erheblich
gestärkt hervorgegangen. Doch würde eine solche Bewertung die langfristi-

ge Wirkung unterschätzen, die sich aus der Beteiligung des Parlamentes am Haushaltsverfahren der EG ergab. Es verfügte fortan über das Recht, an den Haushaltsverhandlungen beteiligt zu werden und in diesem Rahmen auf bestehende Defizite zu verweisen sowie eigene Verbesserungsvorschläge einzubringen. Darüber hinaus sorgte das Festsetzungsrecht der Kommission für eine sukzessive Vergrößerung des Anteils der nicht-obligatorischen Ausgaben am EG-Haushalt: Waren es 1970 noch vier Prozent, betrug der Anteil 1975 schon 13 Prozent und sollte bis 1993 auf immerhin 47 Prozent anwachsen.

Was die Frage der Wirtschafts- und Währungsunion betraf, hatte die Den Haager Konferenz den Rat der Wirtschafts- und Finanzminister (Ecofin-Rat) mit der Ausarbeitung weiterer Vorschläge beauftragt. Aus diesem Kreise waren in den ersten Wochen des Jahres 1970 bereits mehrere Vorschläge vorgelegt worden, die durchaus unterschiedliche Wege skizzierten. Es galt somit, ein Gremium einzubestellen, das auf der Grundlage der verschiedenen Entwürfe ein konkretes Konzeptpapier anfertigen sollte. Mit der Leitung einer im März 1970 zu diesem Zweck gebildeten Sachverständigengruppe wurde der luxemburgische Ministerpräsident und Finanzminister **Pierre Werner** beauftragt. Nachdem der Werner-Ausschuss dem Rat bereits im Juni 1970 einen ersten Zwischenbericht vorgelegt hatte, der angenommen wurde, schloss er seine Arbeit mit der Präsentation des endgültigen Werner-Berichtes im Oktober 1970 ab. Dieser sah die Errichtung einer Währungsunion in drei großen Schritten vor, wobei der endgültige Übergang zur Einheitswährung am 31. 12. 1980 erfolgen sollte. Diesem Schritt hatte eine vollständige und irreversible Konvertibilität der Währungen vorauszugehen. Als Voraussetzung für eine gemeinsame Währungspolitik empfahl der Bericht ferner die Integration der Wirtschaftspolitik, die wiederum nach einer Übergangszeit den Kern einer politischen Union bilden sollte. Die Harmonisierung der Wirtschafts- und Währungspolitik stand im Zentrum der Überlegungen, dafür mussten weitere Befugnisse von der nationalen auf die Gemeinschaftsebene übertragen werden. Mit dieser Empfehlung bestätigte der Werner-Bericht nachhaltig die bereits Anfang der 1950er Jahre von den EGKS-Gründungsvätern getroffene Feststellung, dass die Wirtschaftsintegration als Ausgangspunkt einer politischen Integration verstanden werden muss, wobei Erstere auf Dauer nicht ohne die Letztere bestehen kann. Von dieser eher grundsätzlichen Erkenntnis abgesehen, hatten die Sachverständigen um den luxemburgischen Ministerpräsidenten in ihren Überlegungen verschiedene wirtschaftspolitische Denkansätze miteinander vereint. Dabei stellte die in erster Linie von der Bundesrepublik und den Niederlanden vertretene „ökonomistische" Position den einen Ausgangspunkt dar, der in der Angleichung der nationalen Wirtschaftspolitiken die Voraussetzung für eine gemeinsame Wirtschafts- und Währungspolitik sah, während die von Frankreich und Belgien favorisierte monetaristische „Lokomotivtheorie" sich von der Festschreibung der Wechselkurse einen Anpassungsdruck auf den Wirtschaftssektor erhoffte.

Der Werner-Plan

Pierre Werner (1913–2002)
luxemburgischer Politiker, in Frankreich geboren, Jurist. Ab 1938 Rechtsanwalt in Luxemburg, 1953 Finanz- und Verteidigungsminister unter Joseph Bech, 1959 bis

E

> 1974 und 1979 bis 1984 Premierminister von Luxemburg. In den 1960er Jahren leistete er wesentliche Beiträge zu den Grundlagen der Europäischen Gemeinschaft, 1970 legte er den nach ihm benannten Werner-Plan vor und leitete den ersten Versuch der Gründung einer europäischen Währungsunion ein.

Die Rezeption des Werner-Plans

Trotz dieser offensichtlichen Versuche, die divergierenden Standpunkte zu überbrücken, fiel die Rezeption des Werner-Plans unterschiedlich aus. Während die Bundesregierung das ehrgeizige Papier schon als „Magna Charta der europäischen Einigung" feiern wollte, stießen die Überlegungen in Bezug auf den Transfer von Hoheitsrechten von der nationalen auf die supranationale Ebene besonders in französischen Regierungskreisen auf Kritik. Präsident Pompidou hielt die Übertragung nennenswerter währungspolitischer Kompetenzen auf Gemeinschaftsorgane für unvereinbar mit den nationalen französischen Interessen, weil damit die Herrschaft über die französische Nationalökonomie verloren gegangen wäre. Sollten also auch nur Teile des Werner-Plans realisiert werden, musste ein Kompromiss gefunden werden.

Dieser wurde zwischen der Bundesrepublik und Frankreich im Februar 1971 ausgehandelt, als die beiden Regierungen sich darauf verständigten, die Frage des Ausbaus der Gemeinschaftsorgane zunächst nicht weiterzuverfolgen und lediglich Maßnahmen zur Realisierung der ersten Stufe des Werner-Plans zu ergreifen. Dazu gehörte unter anderem die Herstellung fester Paritäten zwischen den Währungen der Mitgliedstaaten und gegenüber dem Dollar zum 15. Juni 1971. Im Verhältnis zur US-Währung wurde die Schwankungsbreite von +/– 0,75 % auf +/–0,6 % reduziert. Die darüber hinausgehenden Vorschläge des Werner-Plans wurden als unverbindliche Empfehlungen für die Koordination der künftigen Geld- und Haushaltspolitik im Gemeinschaftsraum gewertet. Allerdings wurde die Umsetzung dieses Vorhabens durch die internationale Finanzkrise des Frühjahrs 1971 überschattet, als infolge des seit Ende des Zweiten Weltkriegs dramatisch angewachsenen Handelsbilanzdefizits der USA auf den internationalen Devisenmärkten eine Flucht vom Dollar zu den EG-Währungen stattfand. Unter dem Eindruck der Krise hob die US-Regierung die Konvertierbarkeit des Dollars in Gold auf und erließ eine Import-Zusatzsteuer von 10 %. Damit hatte Washington das seit 1944 wirksame internationale Währungsabkommen von Bretton Woods als ein System fester Wechselkurse mit dem Dollar als Leitwährung und Gold als Sicherheit aufgekündigt.

Angesichts der Krise hätte sich der EG die Chance geboten, an der mehrfach empfohlenen Harmonisierung der Währungspolitik zu arbeiten und eine gemeinsame Strategie gegenüber den rigorosen Maßnahmen Washingtons zu entwickeln. Doch offensichtlich war die Zeit Anfang der 1970er Jahre für eine solche Maßnahmenbündelung im EG-Raum noch nicht reif. Stattdessen wurden vier verschiedene Arten des Krisenmanagements erprobt. Während die Bundesregierung für eine radikale Aufgabe der Währungsbindung aller EG-Währungen an den Dollar plädierte und für ein gemeinsames „floaten" eintrat, also dem Devisenmarkt die Regelung des Kursverhältnisses überlassen wollte, um so die Gefahr einer inflationären Entwicklung von vornherein so gering wie möglich und das Wechselkursverhältnis der EG-Währungen untereinander stabil zu halten, traten die

Kommission und die französische Regierung für die Beibehaltung eines festen Wechselkursverhältnisses zum Dollar ein. Mögliche unerwünschte Dollarzuflüsse sollten durch einen neu einzuführenden Kontrollmechanismus verhindert werden. Die niederländische und die belgische Regierung entschlossen sich, in gemeinsamem Verbund gegenüber dem Dollar zu floaten, während Italien auf ein eigenes Devisenkontrollsystem setzte. Damit war das erst im März 1971 vom Ministerrat beschlossene System fester Paritäten der EG-Währungen bereits vor seiner Einführung Makulatur, stattdessen erfuhr die DM gegenüber den Partnerwährungen eine Aufwertung von fünf bis zehn Prozent. Es bedurfte erst weitreichender Maßnahmen der US-Regierung – eine offizielle Abwertung des US-Dollars um 7,89 % und Rücknahme der zusätzlichen Importsteuer –, um die internationalen Währungsturbulenzen im Dezember 1971 zu beenden. Darüber hinaus einigte man sich auf internationaler Ebene, im Rahmen des Internationalen Währungsfonds (IWF) großzügigere Schwankungsbreiten der Währungen einzuführen und hob diese von +/– 1 Prozent auf +/– 2,25 % an.

Eine so großzügige Regelung würde es zweifellos erlauben, künftigen währungspolitischen Schwierigkeiten gelassen zu begegnen. Angesichts der angestrebten Währungsunion schien jedoch ein geringeres Maß an Flexibilität ratsam zu sein. Vor diesem Hintergrund einigten sich die sechs EG-Mitglieder mit den vier Beitrittskandidaten am 21. März 1972 darauf, untereinander die IWF-Schwankungsbreite zu halbieren. Damit war die Europäische Währungsschlange geboren, die eine Zeit lang unter dem Dach des IWF, ab 1973 eigenverantwortlich dazu dienen sollte, die Gemeinschaftswährungen durch möglichst geringe wechselkursbedingte Schwankungen auf die angestrebte Währungsunion vorzubereiten. Dazu wurde am 3. April 1973 in Analogie zum IWF der „Europäische Währungsfonds" (EFWZ) eingerichtet. Gleichwohl wichen währungspolitischer Anspruch und Wirklichkeit in den Jahren 1972/73 im Rahmen der EG noch weit voneinander ab: Aus jeweils nationalen Erwägungen heraus verzichtete eine Reihe von Regierungen auf Dauer oder zeitweilig auf ihre Mitgliedschaft in der Währungsschlange, so dass sich deren Wirkungsbereich schließlich nur noch auf die Bundesrepublik, die BeNeLux-Staaten und Dänemark beschränkte und damit einen Raum bestimmte, in dem die Bundesbank direkt oder indirekt für die währungspolitische Stabilität zuständig war. Damit hatten sich die Erwartungen der Anhänger einer gemeinsamen Währungspolitik an die harmonisierenden Effekte des Werner-Plans als im Wesentlichen zu groß herausgestellt. Aufgrund der weiterhin dominierenden nationalen Egoismen war dieser in den meisten EG-Staaten zum bloßen Stichwortgeber im Rahmen einer reinen Deklarationspolitik verkommen.

Die Europäische Währungsschlange

Gleichwohl sollte sich im weiteren Verlauf der 1970er Jahre zeigen, dass ausschließlich nationalpolitisch orientierte Währungspolitik insbesondere unter dem Dach der EG nicht mehr dazu taugte, den ökonomischen Problemen der Zeit angemessen zu begegnen. Im Gegenteil wurde bald deutlich, dass über sorgsam aufeinander abgestimmte währungspolitische Maßnahmen am ehesten Wege aus der ökonomischen Krise gefunden werden konnten. Diese Krise war im Jahre 1973 durch den Ölpreisschock infolge einer künstlichen Verknappung des auf dem Weltmarkt angebotenen Rohöls mittels einer Reduzierung der Ölfördermengen seitens der Förderländer

Die Folgen des Ölpreisschocks von 1973

ausgelöst worden. Um die internationale Gemeinschaft zu größerem Druck auf Israel zu bewegen und so den israelischen Rückzug aus den besetzten palästinensischen Gebieten zu erreichen, hatten sich die arabischen Erdölförderländer dazu entschlossen, ihre Ölfördermengen zwischen September und November 1973 um etwa 10 % gegenüber den Vormonaten zu drosseln. Dabei hatten sie allerdings die dramatischen Folgen unterschätzt, die diese Maßnahme auf den internationalen Wirtschafts- und Finanzmärkten haben sollte. Die – sachlich keineswegs gerechtfertigte – Vervierfachung des Ölpreises auf 13 Dollar pro Barrel im Mai 1974 führte zu weltweiter Inflation, neuen Zahlungsbilanzdefiziten und einer signifikanten Steigerung der Arbeitslosenzahlen. In der EG bedrohten die stärkeren Währungsschwankungen die GAP, da die Landwirte in den Ländern mit einer starken Währung aufgrund der gemeinsamen Agrarpreise mit Einkommensverlusten gegenüber ihren Kollegen in den Mitgliedstaaten mit weicherer Währung zu rechnen hatten. Erneut war der Bestand der gemeinsamen Wirtschaftsund Währungspolitik ernsthaft bedroht. Überdies drohte sich das deutsch-französische Verhältnis vor diesem Hintergrund zu verschlechtern.

Das Europäische Währungssystem

Dass sich daraus keine ernste Krise entwickelte, lag auch an dem guten persönlichen Verhältnis der beiden Regierungschefs zueinander: Valéry Giscard d'Estaing und Helmut Schmidt hatten sich bereits während ihrer gemeinsamen Tätigkeit als Finanzminister unter Pompidou bzw. Brandt kennen und schätzen gelernt. Unmittelbar nach ihrer jeweiligen Amtsübernahme trafen sich Präsident und Bundeskanzler am 31. Mai 1974 auf Initiative Giscards in Paris, um ihre zukünftige Politik in möglichst vielen Bereichen aufeinander abzustimmen. Das betraf die Haltung beider Staaten gegenüber der Sowjetunion und dem Warschauer Pakt, ebenso gegenüber den USA, Aspekte der gemeinsamen Verteidigungspolitik, insbesondere aber der Wirtschafts- und Finanzpolitik, eines beiden gleichermaßen eng vertrauten Politikfeldes. Angesichts der anhaltenden ökonomischen Probleme seit dem Ölpreisschock wussten sie um die Notwendigkeit eines geregelten währungspolitischen Abstimmungsverfahrens im EG-Raum, doch bedurfte es erst einer Initiative des britischen Kommissionspräsidenten Jenkins, um den Überlegungen über eine gemeinschaftsweite Wirtschafts- und Währungsunion neue Dynamik zu verleihen. Jenkins hatte sich im Oktober 1977 entsprechend öffentlich geäußert. Schon im April 1978 befasste sich der Europäische Rat in Kopenhagen mit einem von Giscard und Schmidt eingereichten Vorschlag, die Schaffung eines „Europäischen Währungssystems" (EWS) betreffend. Nachdem sich der Rat grundsätzlich positiv geäußert hatte, wurde die Einführung des EWS im Dezember 1978 auf einer weiteren Ratssitzung in Brüssel förmlich beschlossen – allerdings erst, nachdem man Großbritannien zugestanden hatte, außen vor zu bleiben, Irland ebenso wie Italien signifikante Sonderleistungen aus dem Strukturausgleichsfonds zugesichert und Frankreich Zugeständnisse auf dem Gebiet der GAP gemacht hatte.

Mit dem EWS war ein regionales, auf die EG-Staaten (außer Großbritannien) beschränktes System fester, aber anpassungsfähiger Währungsparitäten entstanden. Damit unterschied es sich wesentlich von der Währungsschlange, in der die Paritäten im Prinzip offen gewesen waren. Der Zahlungsverkehr innerhalb des EWS-Raums wurde durch ein festgelegtes

Kredit- und Transaktionssystem geregelt und als abstrakte gemeinsame Referenzwährung die „Europäische Währungseinheit" oder „European Currency Unit" (ECU) eingeführt. Ihr auf den ersten Blick rein technokratisch begründeter Name besaß durchaus eine historische Dimension, da er an den zwischen dem 13. und dem 19. Jahrhundert ausgegebenen französischen Ecu erinnerte. Der Wert der ECU wurde über einen „Währungskorb" errechnet, in dem die Währungen der Teilnehmerstaaten je nach individueller Wirtschaftskraft anteilig vertreten waren. Die Zusammensetzung der ECU zum Zeitpunkt des Inkrafttretens des EWS am 13. März 1979 (rückwirkend zum 1. Januar 1973) sah wie folgt aus: Die DM hatte einen Anteil von 32,9% am Währungskorb, 1 ECU entsprach 2,10 DM, der Anteil des französischen Franc betrug 19,9%, 1 ECU entsprach 5,80 FF, die Zahlen für die anderen Währungen lauteten: Italien 9,5% und 1148 Lira pro ECU, Niederlande 10,5% und 2,72 Hfl pro ECU, Belgien 9,2% und 39 BFr pro ECU, Luxemburg 0,4% und 39 Lfr pro ECU, Dänemark 3,1% und 7,09 DKr pro ECU, Irland 1,1% und 0,66 IRP pro ECU. Änderungen und Anpassungen der Paritäten waren nur über einen gemeinsamen Beschluss des Ministerrats zu verwirklichen, die einzelnen Währungen bewegten sich in einem von den Notenbanken der EWS-Staaten überwachten Toleranzbereich. Sobald eine Kursschwankung die tolerierten Grenzen zu überschreiten drohte, waren die Notenbanken zur Intervention verpflichtet, um den Schwankungsregelbereich von 2,25% (für Großbritannien während der Teilnahme am EWS sowie für Italien, Griechenland, Portugal, Spanien und Schweden galten zeitweise Ausnahmebreiten von bis zu 6%) einzuhalten. Zwischen 1993 und dem Inkrafttreten der Wirtschafts- und Währungsunion zum 1. Januar 1999 wurde die Schwankungsbreite allerdings auf 15% erweitert. Das EWS sollte sich, anders als die Währungsschlange, als ein durchschlagender Erfolg herausstellen, der die Mitgliedstaaten zur Währungsdisziplin verpflichtete und damit seit 1979 zunächst für Währungsstabilität, dann aber auch für nachhaltiges Wirtschaftswachstum sorgen sollte.

Während die währungspolitische Zusammenarbeit nach schwierigen Anfängen also durchaus nachhaltige Früchte trug, erwies sich der weitere Bereich der wirtschaftspolitischen Zusammenarbeit in den 1970er und 1980er Jahren erneut als schwierig. Weiterhin wurden entsprechende Ansätze auf unterschiedlichen wirtschaftpolitischen Gebieten von nationalen Egoismen überlagert, womit viele aus Gemeinschaftssicht durchaus sinnvolle Initiativen gar nicht, nur teilweise oder nur unter großen Schwierigkeiten verwirklicht werden konnten. So blieb eine gemeinsame Energiepolitik der EG bzw. EU in ihren Anfängen stecken, obwohl sich vor dem Hintergrund der Ölpreiskrise der 1970er Jahre erste Ansätze einer Harmonisierung abzeichneten. Etwas erfolgreicher war die Zusammenarbeit auf dem Gebiet der Umweltpolitik. Hier präsentierte die EG in drei Aktionsprogrammen 1973, 1977 und 1981 ihre entsprechenden Ziele, in denen es um die Reinhaltung von Luft und Gewässern, allgemeinen Naturschutz, den rationaleren Umgang mit natürlichen Ressourcen und andere Wege zur Verbesserung der Lebensqualität im Gemeinschaftsraum ging. Weniger erfolgreich war die EG auf dem Gebiet der gemeinsamen Verkehrspolitik. Zwar wurde vom Ministerrat im März 1981 ein Zehn-Punkte-Katalog verabschiedet, der die Grundsätze für ein verkehrspolitisches Programm der EG ent-

Abstimmungsschwierigkeiten auf mehreren Politikfeldern

hielt, doch bestätigte der Europäische Gerichtshof (EuGH) noch im Mai 1985 die Rechtmäßigkeit einer Untätigkeitsklage des Europäischen Parlaments aus dem Jahre 1983, in der dem Rat vorgeworfen wurde, für dieses Gebiet wichtige Entscheidungen nicht getroffen zu haben. Damit allerdings wurde, wie noch zu zeigen sein wird, einer europäischen Verkehrspolitik neue Dynamik verliehen.

Regionalpolitik und GAP

Auch die gemeinschaftliche Regionalpolitik litt anfangs unter erheblichen Koordinationsschwierigkeiten, insbesondere in Bezug auf die Abstimmung zwischen nationalen und europäischen Strukturförderungsmaßnahmen. Die Einrichtung des Europäischen Fonds für Regionale Entwicklung (EFRE) im Jahre 1975 sorgte für ein größeres Maß an Harmonisierung, womit die durchaus guten Absichten hinter der Regionalpolitik wenigstens ansatzweise verwirklicht und ein Weg zum Abbau der anfangs beträchtlichen regionalen Unterschiede im Gemeinschaftsraum abgesteckt werden konnte. Die Tagesordnungen der GAP in den 1970er Jahren wurden zu einem Großteil von der Frage bestimmt, wie man das Problem der Überproduktion im Gemeinschaftsraum umgehen sollte. Die in diesem Zusammenhang geführten Diskussionen schlugen sich in der Entwicklung immer feinerer Steuerungsmechanismen und Quotierungen nieder, die ihrerseits eine stärker bedarfsorientierte Agrarproduktion anregten. Unabhängig davon konnte eine umfassende Reform der GAP erst 1992 vorgenommen werden. Etwas rascher vonstatten ging die Einführung einer gemeinsamen Fischereipolitik, die im Zusammenhang mit der ersten Erweiterung notwendig geworden war, da mit Großbritannien und Norwegen zwei große Fischfangnationen zu den Beitrittskandidaten zählten. Allerdings dauerte es bis 1983, um eine Gesamtfangmenge zu definieren, Quoten für die einzelnen Mitgliedstaaten zu bestimmen und Umstrukturierungsmaßnahmen festzulegen, mit deren Hilfe die Anpassung der nationalen Fangflotten an die europäischen Bestimmungen erleichtert werden sollte.

Industriepolitik

Lange Zeit blieb die gemeinsame Industriepolitik deutlich hinter den Erwartungen zurück, da zwei grundsätzlich verschiedene Schulen miteinander konkurrierten – eine eher dirigistischen Maßnahmen zugeneigte, die sich besonders in Frankreich vieler Sympathien erfreute, und eine eher freihändlerische, die in Großbritannien und der Bundesrepublik favorisiert wurde. Gelegentlich sollten sich Krisen harmonisierend auswirken, wie zum Beispiel die Stahlkrise Ende der 1970er Jahre, in die die EG mit Erfolg regulierend eingriff. Überdies waren gerade die 1970er Jahre gekennzeichnet von der Gründung einiger europäischer Einrichtungen und Institutionen, von denen sich die beteiligten Kräfte industriepolitische Impulse erhofften. In diesem Zusammenhang wäre der Joint European Torus (JET) zur Entwicklung der kontrollierten thermonuklearen Fusion zum Zwecke der Energiegewinnung ebenso zu nennen wie die European Space Agency (ESA) als europäisches Pendant zur NASA, das Europäische Patentamt (als einer Initiative des Europerates) oder Euronet, ein europäisches Datennetz. Auch die Gründung des Airbus-Konsortiums fällt in diese Zeit, das sich, durchaus beeinflusst von der industriepolitischen Aufbruchstimmung der Zeit und gegen vielerlei Widerstand in den Folgejahrzehnten, zu einem veritablen europäischen Vorzeigeprojekt entwickeln konnte. Trotz einiger weiterer Zusammenschlüsse und Fusionen auf dem Industriesektor ist das Airbus-Projekt bis heute das zweifellos ambitionierteste und erfolgreichste Ergebnis europäischer industriepolitischer Anstrengungen geblieben. Zahlreicher waren hingegen die vielfältigen erfolgreichen Initiativen auf dem sozialpolitischen Sektor, wo Mindeststandards hinsichtlich Arbeitszeit- und Urlaubsregelungen für alle europäischen Arbeitnehmer definiert und gesetzt werden konnten.

Die Europäische Union gewinnt Konturen: Auf dem Weg zur Einheitlichen Europäischen Akte

Die Schwierigkeiten bei der Harmonisierung der Wirtschafts- und Währungspolitik sowie bei der Institutionalisierung der EPZ werden in der einschlägigen Literatur oftmals als „Eurosklerose" bezeichnet. Dieser plakative Sammelbegriff bezieht sich auf die vorwiegend in den 1970er Jahren zu verzeichnende Stagnation insbesondere in den bereits teilweise integrierten Politikbereichen. Zu einem großen Teil lag das an der Zurückhaltung der britischen und dänischen Regierungen gegenüber ihrer Meinung nach zu weitgehenden föderalen Ansätzen bei entsprechenden Maßnahmen. Hieran zeigen sich deutlich die mit der ersten Erweiterung verbundenen Folgen für das Selbstverständnis der EG. Während in den auf der Basis des ursprünglichen Gründungskonsenses miteinander verbundenen Gründungsmitgliedstaaten – mit Ausnahme Frankreichs – der föderale Gedanke Leitbild der jeweiligen Europapolitik war, hatten sich die Neumitglieder bei der Formulierung ihres jeweiligen Beitrittsgesuchs primär von ökonomischen Erwägungen leiten lassen. Dabei vertrauten sie darauf, dass der zu erwartende große britische Einfluss in Verbindung mit dem bekannten französischen Skeptizismus gegenüber einer föderalistischen Struktur der EG deren supranationalen Charakter in einen konföderalen Rahmen einbinden würde.

Damit war das Spannungsfeld zwischen Föderalisten und Konföderalisten in der EG deutlich stärker geworden. Unstrittig war hingegen, dass die Strukturen der Gemeinschaft weiterentwickelt werden mussten, wenn sie angesichts der Herausforderungen der Gegenwart und Zukunft ihre Leistungsfähigkeit bewahren und stärken wollte. Dazu zählten unter anderem die spätestens seit Anfang der 1970er Jahre sichtbaren Veränderungen im Verhältnis der Blöcke zueinander. Dem Säbelrasseln der 1950er Jahre folgten politische Kontakte. Es war zu erwarten, dass der zwischen den USA und der UdSSR aufgenommene Dialog über Rüstungsfragen nachhaltige Folgen auch für die EG haben würde, deren Mitgliedstaaten ihre jeweiligen Interessen abgleichen und aufeinander abstimmen mussten, wenn sie sich politisches Gehör verschaffen wollten. Zudem verlangten die Entwicklungen im Nahen Osten, die im Oktober 1973 zum arabisch-israelischen Krieg geführt hatten, und das daran anschließende Ölembargo der OPEC-Länder gegen die westlichen Industrienationen eine angemessene Reaktion auch der EG. Schließlich hatte die Ölpreiskrise unmittelbare Folgen für die Wirtschaft im Gemeinschaftsraum und damit auch für die europäischen wirtschaftspolitischen Zielsetzungen gehabt.

Föderalisten gegen Konföderalisten: Ursachen der „Eurosklerose" der 1970er Jahre

Die EG im Rahmen der internationalen Politik der 1970er Jahre

Erste Überlegungen
über die Schaffung
einer Europäischen
Union

Darüber hinaus hatte die US-Regierung angesichts der krisenhaften Zuspitzung der internationalen politischen Lage im Jahre 1973 die EG ausdrücklich dazu aufgefordert, sich aktiv am weltpolitischen Strukturwandel zu beteiligen und die USA als politische Führungsmacht des Westens zu entlasten. Aus der Sicht Washingtons handelte es sich dabei um einen legitimen Wunsch, gleichwohl drohte er, die EG angesichts der gerade erst erfolgten Erweiterung und den daraus resultierenden Orientierungsproblemen zu überfordern. Andererseits wollten sich die Staats- und Regierungschefs der EG dieser Verantwortung nicht entziehen, schließlich stand die Harmonisierung der Außen- und Sicherheitspolitik ebenso wie die Realisierung der EPZ schon seit längerem auf den Tagesordnungen der europäischen Gremien. Der letzte Gipfel vor der Erweiterung hatte im Oktober 1972 in Paris einen Zielkatalog für die weitere Entwicklung der EG verabschiedet – von der Schaffung der Wirtschafts- und Währungsunion bis zum 31. 12. 1980 war darin ebenso die Rede wie von der Notwendigkeit der Sicherung der wirtschaftlichen Expansion, der Hebung des Lebensstandards, der Steigerung der Entwicklungshilfe, der Förderung des Welthandels sowie der selbständigen Mitwirkung der EG an der internationalen Entspannungspolitik. Auch über konkrete Strukturverbesserungsmaßnahmen wurde nachgedacht und die Verbesserungswürdigkeit der Beziehungen zwischen Rat, Kommission und Parlament konstatiert. Und schließlich, als „vornehmstes Ziel", wurde die Umwandlung der EG in eine Europäische Union noch vor dem Ende des Jahrzehnts unter Beibehaltung sämtlicher, bereits unterzeichneter Verträge beschlossen. Dazu sei von den entsprechenden Stellen noch vor Ende 1975 ein Bericht auszuarbeiten. Es ist allerdings bezeichnend, dass die Staats- und Regierungschefs bei der Vorstellung ihres Programms darauf verzichteten, den Begriff „Union" näher zu erläutern und ihn damit Föderalisten wie Konföderalisten zur jeweils eigenen Interpretation überließen.

Der Kopenhagener
Gipfel vom
Dezember 1973

Wie weit die Mitgliedstaaten von einem gemeinsamen Auftreten in weltpolitischen Angelegenheiten noch entfernt waren, sollte der Kopenhagener Gipfel vom Dezember 1973 zeigen, als es nicht gelang, Einvernehmen über die Institutionalisierung künftiger Gipfelkonferenzen herzustellen, was die Voraussetzung für ein künftiges geschlossenes Auftreten im internationalen politischen Kontext gewesen wäre. Und das vom Gipfel verabschiedete „Dokument über die europäische Identität" entsprach eher einem außenpolitischen Zielkatalog für den Fall, dass es den Mitgliedstaaten gelingen würde, „schrittweise [...] auf dem Gebiet der Außenpolitik gemeinsame Positionen zu erarbeiten". Eine Definition dessen, was die versammelten Staats- und Regierungschefs unter „europäischer Identität" verstanden, sucht man in dem Text vergebens und stößt stattdessen auf vage Formulierungen, die u. a. konstatierten, dass sich „die Entwicklung der europäischen Identität [...] nach der Dynamik des europäischen Einigungswerks richten" werde. Nur mühsam konnten solche Formulierungen verdecken, wie weit die EG im Dezember 1973 noch von den selbstgesteckten Zielen entfernt war.

Auf die Bedeutung der Regierungswechsel in Frankreich und in der Bundesrepublik im Jahre 1974 ist im Zusammenhang mit der Währungspolitik bereits hingewiesen worden. Mit Giscard d'Estaing und Schmidt hatten zwei pragmatisch denkende Politiker die Verantwortung übernommen, die gemeinsam dem Integrationsprozess neuen Schwung verleihen wollten. Giscards Europabild mag zu diesem Zeitpunkt konturierter ausgeprägt gewesen sein als das seines deutschen Partners, gleichwohl wusste dieser wohl um die Bedeutung einer funktionsfähigen EG für das ökonomische Wohlergehen seines Landes. Der französische Präsident hingegen verfügte bereits über recht weit entwickelte Vorstellungen von der *finalité politique* des Integrationsprozesses. Dieser müsse in eine Konstruktion *sui generis* münden und konstitutionell angesiedelt sein zwischen Intergouvernemental-ismus und Supranationalität, Föderalismus und Konföderalismus, wobei Giscard dem Intergouvernementalismus und dem Konföderalismus mehr Bedeutung zuzuerkennen bereit war als Supranationalität und Föderalis-mus. So waren die Ausgangspunkte Giscards und Schmidts zwar unter-schiedlich, doch ging es beiden darum, dem Integrationsprozess eine neue Dynamik zu verleihen. So gesehen, begründete das gemeinsame Bemühen des französischen Präsidenten und des deutschen Bundeskanzlers den „deutsch-französischen Motor", der sich im weiteren Verlauf des europä-ischen Integrationsprozesses mehrfach als bedeutsam herausstellen sollte, auch wenn er, besonders im ersten Jahrfünft seiner Laufzeit, noch manche Aussetzer hatte. In gewisser Weise angestoßen wurde die Kooperation von Jean Monnet, der nach der Erweiterung mehrfach versucht hatte, politische Entscheidungsträger in Frankreich und Deutschland dazu zu bewegen, den Entscheidungsstau in der EG zu überwinden. Monnet kannte sowohl Gis-card d'Estaing wie Schmidt schon seit längerem und wusste um ihr gutes persönliches Verhältnis zueinander, das sie nunmehr, so sein Wunsch, auch vermehrt zum Wohle der europäischen Einigung einsetzen sollten.

Valéry Giscard d'Estaing erklärte sich bereit, diesem Wunsch Folge zu leisten, Helmut Schmidt ebenfalls, allerdings sah er seine Rolle zunächst eher als eine flankierende. Erst auf Monnets Drängen stimmte er im Grund-satz einer französisch-deutschen Initiative zu, bestand allerdings weiterhin darauf, dass „europäisches Handeln" letztlich das Wesentliche sei. Somit blieb es dem französischen Präsidenten überlassen, auf dem Pariser Gipfel-treffen im Dezember 1974 vorzuschlagen, die bislang unregelmäßigen Zusammentreffen der Staats- und Regierungschefs der EG in einen „Europä-ischen Rat" umzuwandeln, der – wenn nötig, gemeinsam mit den Außen-ministern – mindestens dreimal pro Jahr tagen und über Fragen der politi-schen Zusammenarbeit sowie über die Gemeinschaftspolitiken konferieren sollte. Da dieser Rat von vornherein als Ergänzung zu den Gemeinschafts-institutionen konzipiert war, verfügte die EG nunmehr über eine Einrich-tung, die die intergouvernementalen mit den supranationalen Elementen institutionell verband. Die Gemeinschaftsstruktur war durch eine neue Komponente ergänzt, allerdings auch das Gefüge der Institutionen verscho-ben worden, letztlich zu Lasten der bisherigen Organe, da der Europäische Rat alle seinen Mitgliedern wichtig erscheinenden Fragen an sich ziehen konnte. Damit war die traditionell starke Rolle des Ministerrates ebenso beschnitten worden wie die der Kommission, deren Initiativrecht aufgrund der faktischen Richtlinienkompetenz des Europäischen Rates reduziert wur-de. Zwar wurde der jeweilige Kommissionspräsident in den Rat kooptiert, doch die damit verbundene Aufwertung der Kommission dadurch wieder zurückgenommen, dass der Rat fortan den Kommissionspräsidenten ernann-

Die deutsch-französische Annäherung unter Giscard d'Estaing und Schmidt

Der Europäische Rat entsteht

te. Ebenso wurde die Rolle des EuGHs eingeschränkt, da die politischen Beschlüsse des Rates nicht seiner Kontrolle unterlagen. Ähnlich ambivalent erging es dem Europäischen Parlament. Einerseits war vom Rat beschlossen worden, es künftig direkt wählen zu lassen (die erste Direktwahl zum EP fand 1979 statt), andererseits war es aus dem Entscheidungsfindungsprozess zwischen Rat und Kommission ausgeklammert, konnte keine Kontrollfunktion über den Rat ausüben und musste hinnehmen, dass der Rat fortan über Belange des Parlamentes Beschlüsse fassen konnte, ohne es zuvor konsultiert zu haben.

Neue Qualität für die EPZ: Der Tindemans-Bericht

Diese Beispiele zeigen deutlich, dass die EPZ nach Einrichtung des Europäischen Rates eine neue Qualität gewonnen hatte. Ihre Institutionalisierung trug zweifellos erheblich zur Stabilisierung der Konsultations- und Harmonisierungsprozesse unter dem Dach der EG bei. Dass die Folgen ihres Beschlusses weitreichend sein würden, war den Staats- und Regierungschefs auf dem Pariser Gipfel klar gewesen. Deshalb hatten sie den belgischen Ministerpräsidenten **Leo Tindemans** beauftragt, einen Bericht über Aufgaben, Gestalt und Ziele der künftigen Europäischen Union auf Grundlage ihrer reformierten Struktur zu erstellen. Tindemans legte seinen Bericht dem Europäischen Rat im Dezember 1975 vor. Angesichts der Wirtschaftskrise empfahl er eine pragmatische „Politik der kleinen Schritte", ohne bereits ein konkret ausgestaltetes Endkonzept zu verfolgen. Die Entscheidungsverfahren innerhalb der Gemeinschaft sollten durch eine Ausweitung von Mehrheitsentscheidungen beschleunigt, die Gemeinschaft selber durch Initiativrecht und weitere Gesetzgebungsrechte des Parlaments allmählich demokratisiert werden. Doch trotz langwieriger Beratungen über die Empfehlungen des Berichts blieb dieser zunächst folgenlos, da der Europäische Rat darauf verzichtete, ihn zur Grundlage einer entsprechenden Initiative zu machen. Gleichwohl hatte Tindemans in seinem Bericht die Punkte umrissen, mit denen sich die europäischen Institutionen künftig befassen mussten.

E | **Leo Tindemans (*1922)**
1974 bis 1978 belgischer Premierminister. 1975 legte er den nach ihm benannten Tindemans-Bericht im Auftrag der Pariser Gipfelkonferenz 1974 vor, 1976 erster Präsident der Europäischen Volkspartei, Verleihung des Karlspreises 1976. Tindemans beschwor die „Schicksalsgemeinschaft Europa" und betrachtete Europa zugleich als stärkste Wirtschaftsmacht. 1980 erneut Vorsitzender der EVP, 1979 bis 1981 und 1989 bis 1999 Mitglied des Europaparlaments.

Der KSZE-Prozess und die Nachrüstungsdebatte

Der in der zweiten Hälfte der 1970er Jahre gefasste Beschluss der UdSSR, mit der SS-20 ein neues Mittelstrecken-Raketensystem einzuführen, sollte die im Westen gehegte Hoffnung auf eine dauerhafte Sicherung des Friedens infolge des **KSZE**-Prozesses nachhaltig erschüttern. Mochte Leonid Breschnew, der Generalsekretär des ZK der KPdSU, vielleicht gehofft haben, mit der SS-20 eine nukleare „Lücke" der NATO dahingehend nutzen zu können, um Europa von den USA strategisch und vielleicht auch politisch abkoppeln zu können, sollte sich das als eine – für die Sowjetunion letztlich verhängnisvolle – Fehleinschätzung herausstellen. Im Gegenteil probte die NATO den Schulterschluss und fasste einvernehmlich ihren „Doppelbeschluss", dem Bedrohungspotential der SS-20 Marschflugkörper und Pershing-II-Raketen entgegenzustellen, falls die UdSSR an ihrem Stationierungsbeschluss festhalten sollte. Vor die Wahl gestellt, von der Einführung der SS-20 abzusehen oder sich auf ein nukleares Wettrüsten mit ungewissem Ausgang einzulassen, entschied sich Breschnew für Letzteres – und leitete damit den Zusammenbruch der Sowjetunion ein. Da Europa das Hauptstationierungsgebiet der Trägerraketen sein würde, mussten sich die Tagesordnungen der politischen Gespräche auf EG-Ebene in vielerlei Hinsicht mit diesem Problemkomplex befassen. Einerseits näherte sich Paris wieder der NATO an, andererseits war Bundeskanzler Schmidt an einer Stärkung des europäischen NATO-Pfeilers interessiert und suchte nach Möglichkeiten einer engeren Verzahnung der französischen Nuklear- und konventionellen Streitkräfte mit den deutschen konventionellen Streitkräften. Auch wenn die meisten anderen EG-Staaten unter dem Eindruck der Krise an der bestehenden NATO-Konzeption festhalten wollten, weil die USA bereits über ein funktionsfähiges Satellitensystem zur präzisen Raketensteuerung verfügten, rückte vor diesem Hintergrund der eine Zeit lang vernachlässigte Bereich einer Harmonisierung der europäischen Außen- und Sicherheitspolitik wieder in das Zentrum europapolitischer Überlegungen.

> **Die Konferenz für Sicherheit und Zusammenarbeit in Europa (KSZE)**
> Die KSZE wurde 1973 als Gesprächsforum ost- und westeuropäischer Staaten, Kanadas und der USA mit dem Ziel gegründet, gemeinsame Projekte in den Bereichen Kultur, Wissenschaft, Wirtschaft, Umweltschutz und Abrüstung durchzuführen und zur Sicherheit und Durchsetzung der Menschenrechte in Europa beizutragen (Schlussakte von Helsinki, 1975). Die vielfältigen Kooperationen und Beziehungen trugen wesentlich zur Vertrauensbildung zwischen den politisch-ideologischen Blöcken bei und beendeten letztlich den Ost-West-Konflikt. Nach der politischen Wende in den Ost-West-Beziehungen erhielt die KSZE mit der Charta von Paris (1990) eigene Institutionen und in der Folge den Status einer internationalen Organisation (OSZE) mit Sitz in Wien.

E

In diesem Zusammenhang ist auf eine Initiative zu verweisen, die gemeinsam vom deutschen Außenminister **Hans-Dietrich Genscher** und seinem italienischen Amtskollegen **Emilio Colombo** im Verlauf des Jahres 1981 ergriffen wurde. Erstmals hatte Genscher auf einem FDP-Parteitag im Januar 1981 seine Überlegungen zur Stärkung der EPZ insbesondere auf dem Gebiet der Außen- und Sicherheitspolitik vorgetragen. Auf der europäischen Ebene pochte er gemeinsam mit dem Italiener darauf, einen „Vertrag über die Europäische Union" zu schließen, in dem unter anderem eine gemeinsame Außenpolitik, eine Koordination der Sicherheitspolitik und die Einrichtung eines Rates der Verteidigungsminister auf eine vertragliche Grundlage gestellt werden sollten. Es gelang ihnen nach anfänglichen Schwierigkeiten im Verlauf des Jahres 1982, die Aufmerksamkeit des Europäischen Rates für ihr Vorhaben zu gewinnen. Zunächst scheiterte ihr Vorstoß jedoch am Widerstand Frankreichs, der Niederlande und Dänemarks, während Großbritannien eine Stärkung der EPZ unter Berücksichtigung der Sicherheitspolitik ausdrücklich begrüßte. Stattdessen beschränkte sich der Europäische Rat auf dem Stuttgarter Gipfel vom Juni 1983 darauf, eine „Feierliche Deklaration zur Europäischen Union" zu verabschieden. Darin wurde der Wille der Staats- und Regierungschefs zur Fortsetzung des politischen

Die Genscher-Colombo-Initiative

Integrationsprozesses erneut betont, die Notwendigkeit der Intensivierung der EPZ herausgestellt und darauf hingewiesen, wie wichtig es sei, die Arbeit der verschiedenen Institutionen der EG enger miteinander zu verzahnen und die rechtliche wie die kulturelle Zusammenarbeit zu stärken. Allerdings blieben die Ausführungen darüber, wie eine Stärkung der Zusammenarbeit erreicht werden konnte, unverbindlich. So gelang es nicht, Einvernehmen über eine Reform der Abstimmungsmodalitäten im Rat herzustellen. Zwar diskutierten die Gipfelteilnehmer die Frage, ob künftig Beschlüsse nach dem Mehrheitsprinzip gefasst werden sollten, doch gaben die Regierungen Dänemarks, Frankreichs, Irlands, Griechenlands und Großbritanniens zu Protokoll, dass sie auch weiterhin in „vitalen" Fragen am Prinzip der Einstimmigkeit festhalten wollten. In Bezug auf die Frage der Kompetenzerweiterung des Europäischen Parlaments wurde ihm das Recht zu Stellungnahmen bei der Ernennung des Kommissionspräsidenten und vor Abschluss bedeutsamer internationaler Verträge eingeräumt, ohne freilich eine Gewähr dafür zu geben, dass entsprechende Stellungnahmen auch berücksichtigt werden würden.

E | **Emilio Colombo (*1920)**
italienischer Politiker und Diplomat, Mitglied der Democrazia Cristiana. 1953 bis 1955 Staatsminister im Ministerium für Öffentliche Arbeiten, 1955 bis 1958 Landwirtschaftsminister und von 1958 bis 1959 Minister für Außenhandel unter Fanfani. 1959 Industrie- und Handelsminister, Ministerpräsident Italiens 1970 bis 1972, Bildung einer Regierung der linken Mitte aus Christdemokraten, Sozialisten, Sozialdemokraten und Republikanern, die aber schon am 16. Januar 1972 wegen Differenzen innerhalb der Koalition wieder zurücktreten musste, später mehrere Schatzministerposten. Präsident des Europäischen Parlaments 1977 bis 1979, Außenminister von Italien 1980 bis 1983 und 1992 bis 1993, 1993 Vorsitzender der Christdemokratischen Internationale.

E | **Hans-Dietrich Genscher (*1927)**
Politiker, Jura- und Volkswirtschaftsstudium; seit 1965 für die FDP im Bundestag; seit 1968 stellvertretender Parteivorsitzender; 1969 bis 1974 Innenminister, ab 1974 Außenminister der Bundesrepublik. Er ermöglichte 1989 den DDR-Flüchtlingen in der Prager Botschaft die Ausreise in die Bundesrepublik, Unterzeichner der „2+4 Gespräche". 1992 trat er als Außenminister und Vizekanzler auf eigenen Wunsch zurück.

Der Spinelli-Bericht des Europäischen Parlaments

Dass das Europäische Parlament über eine so unverbindliche Erklärung enttäuscht war, kann daher nicht überraschen, zumal es im Jahre 1981 einen eigenen Ausschuss unter der Leitung des engagierten italienischen Föderalisten **Altiero Spinelli** mit dem Auftrag eingesetzt hatte, einen „Vertrag zur Gründung der Europäischen Union" vorzubereiten. Der Spinelli-Bericht wurde im Februar 1984 vom Europäischen Parlament verabschiedet und ist somit auch als eine Antwort des Parlaments an den Rat zu verstehen. Denn in seiner Erläuterung betonte der Berichterstatter, dass die wenig konstruktiven Ratsbeschlüsse der letzten Zeit gezeigt hätten, wie sehr die Staats- und Regierungschefs überfordert seien, wenn sie einerseits ihre jeweiligen nationalen Interessen wahren und zugleich auch im Gemeinschaftsinteresse handeln müssten. Seinen Bericht sah er als die einzig mögliche Antwort des Parlaments auf dieses Dilemma. In 81 Artikeln skizzierte er den Weg zu einer demokratischeren und vor allem föderaleren Struktur der Gemeinschaft, die insbesondere auf dem Gebiet der Außen- und Sicherheitspolitik deutlich erweiterte Kompetenzen erhalten würde. Die europäische Legislative sollte fortan dem Plan gemäß vom Parlament und dem Europäischen Rat gebildet und die Kommission als Exekutivorgan vom Parlament eingesetzt werden.

> **Altiero Spinelli (1908–1986)**
> italienischer Politiker, Mitarbeiter de Gasperis, Monnets und Schumans, 1970–1976 Mitglied der EG-Kommission, 1979 bis 1986 Mitglied des EP, Leitung des institutionellen Ausschusses des EP, 1984 „Entwurf eines Vertrags zur Gründung der Europäischen Union". Der nach ihm benannte Spinelli-Bericht sieht die Erweiterung der Kompetenzen des EP, die Übertragung weiterer politischer Felder und die Gestaltung des institutionellen Gefüges nach dem Vorbild westlicher Demokratien vor. Der Spinelli-Entwurf knüpfte an den Bericht Leo Tindemans an und bereitete den Genscher-Colombo-Plan vor, der schließlich in der EEA mündete.

E

Der Spinelli-Bericht hatte letztlich nur die Punkte aufgelistet, die in der Vergangenheit bereits als gemeinschaftliche Mindestkonstitution definiert worden waren und sah weiterhin die Methode der Kooperation für den außen- und sicherheitspolitischen Bereich vor. Auch für das Ratifikationsverfahren hatte der Ausschuss bereits ein Konzept entwickelt: Der Plan sollte dann als angenommen gelten, wenn gemeinschaftsweit eine Zweidrittelmehrheit der Bevölkerung diesem in einem Referendum zugestimmt hätte. Jenen Staaten, die kein Referendum durchführen wollten, sollte ein Assoziationsangebot unterbreitet werden. In der Endabstimmung nahmen die Abgeordneten des Europäischen Parlaments den – im Laufe der Debatte noch etwas modifizierten – Bericht mit absoluter Mehrheit an, wobei es zu einer bemerkenswerten Allianz von Christdemokraten, Liberalen, der italienischen, deutschen und BeNeLux-Sozialisten, der italienischen Kommunisten, beinahe der Hälfte der britischen Konservativen und zweier Gaullisten kam.

Auch wenn der Europäische Rat sich erwartungsgemäß weigerte, sich eingehender mit den Vorschlägen des Parlaments zu befassen, deren Abgeordnete stattdessen daran erinnert wurden, ihre im Rahmen der Verträge definierte Arbeit zu leisten, sorgte der Spinelli-Bericht doch für einiges Aufsehen in den europäischen Gremien und der europäischen Öffentlichkeit. Er hatte unmissverständlich auf die Schwachpunkte der Gemeinschaftsstruktur hingewiesen und radikale, jedoch grundsätzlich machbare Verfahrensvorschläge benannt, wie die strukturellen Defizite beseitigt werden konnten. Dass Handlungsbedarf bestand, konnten auch die europäischen Staats- und Regierungschefs nicht abstreiten, mochten sie über den kecken Vorstoß der Europaparlamentarier noch so aufgebracht sein.

Die Veröffentlichung des Spinelli-Berichts im Frühjahr 1984 fiel in die Zeit der französischen Ratspräsidentschaft. Insofern war es Sache des französischen Präsidenten François Mitterrand, entsprechende Initiativen zu ergreifen, um die „verlassene Baustelle Europa" wieder mit neuem Leben zu erfüllen. Dass er eben dieses vorhatte, betonte er am 7. Februar 1984, also genau eine Woche vor der Veröffentlichung des Spinelli-Berichts, in einer Rede in Den Haag. Und dass in diesem Zusammenhang der „deutsch-

Die Rezeption des Spinelli-Berichts

französische Motor" wieder eine wichtige Rolle spielen würde, stand eben-falls außer Frage, hatte doch Helmut Kohl nur drei Tage nach seiner Wahl zum Bundeskanzler im Oktober 1982 bereits den französischen Staatspräsi-denten in Paris besucht, um die nahtlose Fortsetzung der deutsch-französi-schen Kooperation zu dokumentieren. 17 Tage später, bei den ersten Kon-sultationen nach dem Regierungswechsel in Bonn, wurde zudem beschlos-sen, dass die Außen- und Verteidigungsminister beider Staaten sich im Halbjahresturnus zur gemeinsamen Erörterung außen- und sicherheitspoliti-scher Fragen treffen sollten. Zur Vorbereitung und Koordination dieser Gespräche wurde im Dezember 1982 ein aus deutschen und französischen Experten zusammengesetzter „Ausschuss für Sicherheit und Verteidigung" eingerichtet.

Das Verhältnis Mitterrand–Kohl

Die Europapolitik Mitterrands unterschied sich anfangs nur in Nuancen von der seines Vorgängers. Wie Giscard war auch Mitterrand gewillt, die weitere Entwicklung der EG tatkräftig mitzugestalten und hatte daher kurz nach seinem Amtsantritt in mehreren Denkschriften eine neue „relance européenne" gefordert. In Anlehnung an den Durchbruch von 1955 auf dem Weg zu den Römischen Verträgen sollte sie dem Integrationsprozess neuen Schwung verleihen. Allerdings war es ihm weder 1981 noch 1982 gelungen, in größerem Umfang im Gemeinschaftsraum Unterstützung für seine Ansätze zu gewinnen. Zudem enthielten seine Überlegungen keine Vorschläge für institutionelle Neuerungen, die Anfang der 1980er Jahre von den meisten europapolitischen Entscheidungsträgern als überfällig angese-hen wurden. Hingegen stimmte er mit dem neuen Bundeskanzler darin überein, dass die EG zum Kern einer Europäischen Union umgestaltet wer-den musste, die sich nicht nur als Gemeinsamer Markt begriff, sondern als Wertegemeinschaft. Wie Kohl ging aber auch Mitterrand davon aus, dass bis dorthin noch ein weiter Weg zurückzulegen war, der einerseits von pragmatischen Problemlösungsansätzen, andererseits von Impulsen zur Dynamisierung des Integrationsprozesses gekennzeichnet sein musste.

Der Weg zur EU wird abgesteckt

Nachdem sich beide Politiker im Verlauf des Jahres 1983 bei mehreren Gelegenheiten gegenseitig unterstützt hatten, beide überdies über die dau-ernden Forderungen der britischen Premierministerin Margaret Thatcher nach einer Verringerung des britischen EG-Beitrages verärgert waren, hatten sie eine gegenseitige Vertrauensbasis gefunden, die dazu taugte, das Projekt „Europäische Union" gemeinsam mit Erfolg voranzutreiben. Die Bewäh-rungsprobe dieser Zusammenarbeit sollte der Gipfel von Fontainebleau im Juni 1984 sein. In ausführlichen Vorgesprächen wurde eine gemeinsame Marschroute festgelegt. Mitterrand und Kohl waren bereit, den britischen Rückzahlungsforderungen weit entgegenzukommen. Sollte die britische Premierministerin sich dennoch unnachgiebig gegenüber ihren Strukturre-formvorschlägen zeigen und der Gipfel deshalb zu scheitern drohen, woll-ten sie sogar eine Neugründung der EG ohne britische Beteiligung in Kauf nehmen. Nachdem diese Botschaft der britischen Regierung auf vertrauli-chem Wege zur Kenntnis gebracht worden war, stand einem erfolgreichen Abschluss der Ratstagung nichts mehr im Wege. Die britische Premierminis-terin konnte in ihrem Abschlusskommuniqué verkünden, dass sich die Staats- und Regierungschefs auf eine Minderung der britischen Nettobei-träge um 66 % verständigt hatten. Frankreich und Deutschland übernahmen den Fehlbetrag zusätzlich zu ihren sonstigen Leistungen. Damit blieb die Finanzierung der GAP weiterhin sichergestellt und die Gemeinschaft handlungsfähig. Zudem hatte sich Frankreich mit der Einführung einer Quotenbegrenzung bei bestimmten Agrarausgaben einverstanden erklärt. Die in Bonn nur zähneknirschend akzeptierten zusätzlichen Zahlungen an die EG waren für Helmut Kohl lediglich eine Investition in die Zukunft, da die Mittel teils direkt wieder nach Deutschland zurückflossen, teils im Rahmen des Strukturausgleichs ärmeren Regionen in Europa zugute kamen, die damit in größerem Umfang als bisher am EG-Binnenhandel partizipieren konnten, was wiederum zumindest teilweise von Vorteil für die deutsche Wirtschaft war. Nach der Verständigung in diesen zentralen Punkten wurden in Fontainebleau zudem die Voraussetzungen dafür geschaffen, die zeitgleich mit Spanien und Portugal geführten Beitrittsverhandlungen zügig abzuschließen. Des Weiteren wurden zwei Ausschüsse eingesetzt, von denen der eine – unter der Leitung des Italieners Pietro Adonnino – sich mit dem „Europa der Bürger" befassen und Maßnahmen zur Stärkung einer europäischen Identität vorschlagen sollte, während der andere – unter dem Vorsitz des irischen Senators James Dooge – Vorschläge zu einer Verbesserung der Gemeinschaftsstrukturen und der EPZ erarbeiten sollte.

Während die Arbeit des Adonnino-Ausschusses ohne größere Wirkung blieb, sollte der Dooge-Ausschuss für den weiteren Verlauf des europäischen Integrationsprozesses von zentraler Bedeutung sein. Der im März 1985 vorgelegte Bericht analysierte die derzeitigen Probleme der EG nüchtern – in einer Zeit ständig wachsenden äußeren Konkurrenzdrucks leide die Gemeinschaft an erheblichen strukturellen Defiziten, die wiederum zu einer allgemeinen Europa-Verdrossenheit führten, welche ihrerseits mögliche Reformansätze von vornherein unterdrücke. Ein Ausweg aus diesem Teufelskreis sei nur durch eine erhebliche Qualitätsverbesserung des Integrationswerkes möglich, die Schaffung einer „Europäischen Union" als einer echten politischen Einheit müsse daher angestrebt werden. Um dies zu erreichen, gelte es, den Gemeinsamen Markt zu vollenden, einen europäischen Sozial- und Rechtsraum zu schaffen, die gemeinsamen kulturellen Werte zu fördern sowie die außenpolitische Identität durch die Weiterentwicklung der EPZ unter Einbeziehung der Außen- und Sicherheitspolitik zu stärken. Dazu bedürfe es leistungsfähigerer demokratischer Institutionen, einer Stärkung der europäischen Institutionen, einer Ausweitung des Mehrheitsvotums und einer Festigung des EuGH als Hüter der Verträge. Um diese Ziele zu erreichen, schlug der Ausschussbericht eine Regierungskonferenz der Mitgliedstaaten vor, die sich mit der Aushandlung eines Vertrages über eine Europäische Union zu befassen habe. Dabei sei auf die Wahrung des gemeinschaftlichen Besitzstandes zu achten, die Stuttgarter Deklaration zu berücksichtigen und der vom Parlament verabschiedete Unionsentwurf zum Vorbild zu nehmen.

Der Dooge-Ausschuss

Unabhängig von der Klarheit der Empfehlungen des Ausschusses hatten einige Ausschussmitglieder aus Dänemark, Griechenland und Großbritannien Minderheitenvoten zu Protokoll gegeben und darauf verwiesen, dass insbesondere hinsichtlich der einzuberufenden Regierungskonferenz noch weiterer Klärungsbedarf bestehe. Dass hier die Gegner einer Vertiefung der Gemeinschaftsstrukturen wieder auf Zeit spielen wollten, um so die Reali-

Die Rezeption des Dooge-Berichts

sierung der Vorschläge zumindest zu erschweren, war offensichtlich, ebenso deutlich war freilich die Haltung einer Mehrheit der Staats- und Regierungschefs. Nachdem in den folgenden Wochen und Monaten deutlich wurde, dass ein Einvernehmen über das weitere Procedere aufgrund der divergierenden Standpunkte nicht erreicht werden konnte, entschloss sich der amtierende Ratspräsident, der italienische Regierungschef Bettino Craxi, zu einem ungewöhnlichen Schritt. Er ließ auf der Mailänder Ratstagung im Juni 1985 die versammelten Kollegen über die Einberufung einer Regierungskonferenz gemäß den Empfehlungen des Dooge-Ausschusses abstimmen – sehr zum Verdruss seiner britischen Kollegin und der Kollegen aus Dänemark und Griechenland, schließlich hatte Craxi damit gegen das sonst übliche Einstimmigkeitsprinzip im Rat verstoßen. Da sich jedoch eine deutliche Ratsmehrheit für die Einberufung ausgesprochen hatte, blieb den Konferenzgegnern nichts anderes übrig, als den Mehrheitsbeschluss zu akzeptieren, wenn sie nicht den Fortbestand der EG in der gegebenen Form riskieren wollten.

Die Einheitliche Europäische Akte wird beschlossen   Die Regierungskonferenz nahm ihre Arbeit am 9. September 1985 bereits unter Beteiligung Spaniens und Portugals auf, deren Beitritt zum 1. Januar 1986 erfolgte. In zwei Arbeitsgruppen (ein politischer Ausschuss und ein Ausschuss für die Revision der Gemeinschaftsverträge) erarbeitete die Konferenz bis zur Luxemburger Tagung des Europäischen Rates im Dezember 1985 ihre Empfehlungen. Erwartungsgemäß sorgten die divergierenden Standpunkte über die künftige Gestalt der Gemeinschaft für eine Reihe von Kompromissen, die zwar manche Empfehlung der Regierungskonferenz abschwächten, jedoch am Ende ein Papier zuließen, das von allen Mitgliedstaaten akzeptiert werden konnte, auch wenn manch Regierungschef wie beispielsweise der Däne Poul Schlüter bis zum Schluss zögerte, seine Unterschrift unter das Vertragswerk zu setzen. Das Ratifikationsverfahren in den Mitgliedstaaten verlief dagegen reibungslos, lediglich in Irland verlangte der Oberste Gerichtshof ein Referendum, das immerhin eine Zustimmungsquote von 70% erzielte. Die Einheitliche Europäische Akte (EEA) konnte daraufhin zum 1. Juli 1987 in Kraft treten mit dem Ziel, „zu konkreten Fortschritten auf dem Weg zur Europäischen Union beizutragen" (Art. 1 EEA). Sie stellte die bis dahin umfassendste Änderung der Gründungsverträge dar, also des EGKS-Vertrages von 1951 und der Verträge über die EWG und die EAG von 1957.

Die Rezeption der EEA   In ihr waren Vorkehrungen für drei zentrale Bereiche gemeinsamer europäischer Politik getroffen worden, die den weiteren Prozess der europäischen Integration nachhaltig beeinflussen sollten. Auf dem Gebiet der Wirtschaftspolitik sah sie vor, den Gemeinsamen Markt bis Ende 1992 zu vollenden. Dieser gemeinsame Binnenmarkt war gekennzeichnet durch vier Freiheiten für Personen, für Güter, für Kapital und für Dienstleistungen. Unter dem Dach des Binnenmarktes sollte die Gemeinschaftskompetenz darüber hinaus ausgeweitet werden auf die Bereiche Forschung und Entwicklung (FuE), Umwelt, Sozialpolitik, Regionalpolitik sowie Wirtschafts- und Währungspolitik.

Die vier Freiheiten des Binnenmarktes

Freier Personenverkehr	Dienstleistungsverkehr
• Wegfall von Grenzkontrollen • Harmonisierung der Einreise-, Asyl-, Waffen-, Drogengesetze • Niederlassungs- und Beschäftigungsfreiheit für EG-Bürger • Verstärkte Außenkontrolle	• Liberalisierung der Finanzdienste • Harmonisierung der Banken- und Versicherungsaufsicht • Öffnung der Transport- und Telekommunikationsmärkte
Freier Warenverkehr	Freier Kapitalverkehr
• Wegfall von Grenzkontrollen • Harmonisierung oder gegenseitige Anerkennung von Normen und Vorschriften • Steuerharmonisierung	• Größere Freizügigkeit für Geld- und Kapitalbewegungen • Schritte zu einem gemeinsamen Markt für Finanzleistungen • Liberalisierung des Wertpapierverkehrs

Ferner strebte die EEA eine größere institutionelle Effizienz der Gemeinschaftsorgane an. In den meisten Fragen, die den Binnenmarkt betrafen, sollte der Europäische Rat mit Mehrheit entscheiden können. Darüber hinaus wurden die Exekutivbefugnisse der Kommission erweitert. Das Europäische Parlament erhielt ebenfalls weitere Rechte. So musste es gemäß EEA künftig bei der Neuaufnahme von Mitgliedern und bei internationalen Verträgen seine Zustimmung geben. Zudem wurde es in größerem Maße als bisher an der Verabschiedung von Rechtsakten beteiligt. Und schließlich wurde für den Geltungsbereich des Binnenmarktes ein Kooperationsverfahren zwischen der Exekutive, also der Kommission und dem Europäischen Rat, und der Legislative entwickelt, nach dem das Parlament in zwei Lesungen auf den Binnenmarkt betreffende Rechtsakte Einfluss nehmen konnte. Dabei sah die EEA allerdings auch vor, dass der Europäische Rat das Parlament bei entsprechender Mehrheit immer überstimmen konnte. In Bezug auf den Europäischen Rat regelte die EEA die Unterstützung der Regierungschefs durch die Außenminister und ein Kommissionsmitglied, dem Europäischen Gerichtshof (EuGH) wurde ein „Gericht erster Instanz der EG" (Instanzgericht) zur Entlastung, aber auch zur weiteren Festigung des europäischen Rechtsdenkens beigeordnet.

Ein weiteres Politikfeld, auf dem die EEA signifikante Fortschritte erzielte, war der Bereich der Außenpolitik. In diesem Zusammenhang wurden die Erklärungen von Luxemburg (Davignon-Bericht 1970), Kopenhagen (1973) und London (1981) verbindlich festgeschrieben. Erstmals in der Geschichte des Integrationsprozesses erwähnte mit der EEA ein offizielles EG-Dokument Verteidigungsfragen. Ein in Brüssel eingerichtetes ständiges EPZ-Sekretariat sollte darüber hinaus und unter Beteiligung der Kommission die Arbeit des rotierenden Europäischen Rates erleichtern. Mit der EEA und der tatsächlichen Verwirklichung des Binnenmarktes zum 1. Januar 1993 hatte die Gemeinschaft der Zwölf in der Tat eine wesentliche Vertiefung der Integration erreicht, angesichts der 1981 und 1986 vollzogenen Erweiterung um die drei Mittelmeeranrainerstaaten Griechenland, Portugal und Spanien mussten jedoch weitere Schritte des Zusammengehens folgen.

Aus neun werden zwölf: Die zweite Erweiterungsrunde

Im Verlauf der ersten EG-Erweiterung hatten sich die internationalen Bedingungen für die europäische Integration grundlegend verändert. Eine politische Entspannung des Verhältnisses zwischen Ost und West war spürbar geworden, als in Washington Präsident Kennedy seine Version der *„peaceful co-existence"* zum neuen Leitmotiv der Ost-West-Beziehungen erklärt hatte. Die Aufgeschlossenheit der westdeutschen Außenpolitik gegenüber Osteuropa in den Zeiten der sozialliberalen Koalition unter Kanzler Willy Brandt trug ebenfalls zu einer Verbesserung des politischen Klimas in den Ost-West-Beziehungen bei. Infolge der entsprechend veränderten Rahmenbedingungen trat die Konferenz für Sicherheit und Zusammenarbeit in Europa (KSZE) zusammen, die sich mit Fragen der Akzeptanz des politischen Status quo in Europa und mit Menschenrechtsaspekten und ihrer Anwendung auf beiden Seiten des Eisernen Vorhangs beschäftigte. Die KSZE tagte in Helsinki, an der Nahtstelle zwischen den Blöcken und darüber hinaus in einem Land, dessen Regierungen stets eine entschiedene Politik der Bündnisfreiheit als den sichersten Weg angesehen hatten, besonders angesichts der unmittelbaren Nachbarschaft zur UdSSR. Der Helsinki-Prozess wertete die Gruppe neutraler und bündnisfreier Staaten politisch deutlich auf. Das zeigte sich spätestens auf der Wiener MBFR-Konferenz (Mutual Balanced Forces Reduction), die im Oktober 1974 begann. Mit der KSZE und der MBFR waren in den frühen 1970er Jahren zwei ernsthafte Versuche zur Überwindung der durch den Kalten Krieg hervorgerufenen Spannungen zwischen den beiden Blöcken unternommen worden.

Der Zusammenbruch der autoritären Regime in Südeuropa

Die Verhandlungen fanden in zwei der drei Staaten statt, die sich zwischen 1969 und 1973 gegen eine EG-Mitgliedschaft entschieden hatten. Dass sie in dieser Entspannungsphase als angemessene Konferenzorte ausgesucht worden waren, bestätigte nicht nur die Verlässlichkeit österreichischer und finnischer Neutralitätspolitik innerhalb der bipolaren Weltordnung, sondern diente auch als weitere Legitimation für deren langfristige Bewahrung. Weil Bündnisfreiheit auch im Zentrum der schwedischen Außen- und Sicherheitspolitik stand, sprach sich dieser skandinavische Staat gleichfalls gegen eine Beteiligung an der europäischen Integration aus. Solange der KSZE-Prozess nicht den bipolaren Konflikt beendete, war nicht mit einer Änderung der österreichischen, finnischen und schwedischen Position zur EG-Mitgliedschaft zu rechnen. Damit unterschieden sich diese drei potentiellen Mitgliedstaaten von den Positionen Griechenlands, Spaniens und Portugals in den Jahren der KSZE-Verhandlungen. 1974 war die Militärherrschaft in Griechenland beendet und in Portugal das Salazar-Regime gestürzt worden. Nur ein Jahr später folgte auf den Tod Francos die Restauration der spanischen Monarchie. Da alle drei Länder zuvor aufgrund ihrer autoritären politischen Systeme im internationalen Kontext marginalisiert waren, schien die EG-Mitgliedschaft den neuen politischen Eliten erstrebenswert, weil sie den Weg in die demokratische europäische Gemeinschaft ebnen und zudem Druck auf die jeweiligen politischen und gesellschaftlichen Strukturen ausüben würde, die dringend der Modernisierung bedurften.

Griechenland hatte sich seit den 1960er Jahren auf eine engere Zusammenarbeit mit der EWG/EG vorbereitet. Ungeachtet linker Kritik hatten sich seinerzeit die Konservativen für die Vollmitgliedschaft als langfristiges Ziel entschieden. Der griechischen Linken erschien die EWG dagegen als der Versuch fremder Monopole, angeführt von einem „revanchistischen" Deutschland und anderen „Imperialisten", Griechenland wirtschaftlich zu vereinnahmen. Doch auch mancher Wirtschaftsvertreter betrachtete eine Assoziation mit der EWG/EG mit Argwohn, da ein Verlust nationaler Subventionen für bestimmte Wirtschaftssektoren von strategischem politischen Interesse nicht ausgeschlossen werden konnte. Wie in Schweden und Finnland wurden auch in Griechenland NATO und EWG/EG als zwei Seiten derselben Medaille angesehen, allerdings zumindest im konservativen Spektrum mit großem Wohlwollen.

Griechenland

1974, nach dem Sturz der Junta, knüpfte die neue griechische Regierung an die vor 1967 verfolgte Europapolitik an. Da die Militärdiktatur in erheblichem Maße von US-amerikanischer Vormundschaft abhängig gewesen war, wurde die EG nun oftmals auch als eine neue internationale Bezugsgröße angesehen. Aufgrund der seit 1974 zunehmenden türkisch-griechischen Spannungen im Zypern-Konflikt und hinsichtlich der umstrittenen territorialen Ansprüchen in der Ägäis sah die Regierung Karamanlis in der Mitgliedschaft eine ausgezeichnete Möglichkeit, das Land in einem von den USA unabhängigen institutionellen Rahmen strategisch zu verankern. Sie betrachtete die EG-Mitgliedschaft ferner als Mittel zur politischen, wirtschaftlichen und gesellschaftlichen Modernisierung, als Garant finanzieller Unterstützung sowie als Hüter des wiedererrichteten demokratischen Systems. Für die konservativen Regierungen der Jahre 1974 bis 1981 gab es deshalb keine Alternative zum EG-Beitritt, zumal es sich bei der EFTA um eine Zone industriellen Freihandels handelte, und Griechenland an der Erschließung geeigneter Märkte für seine landwirtschaftlichen Produkte interessiert war.

Dennoch ist das griechische Beitrittsersuchen primär auf strategische und außenpolitische Erwägungen zurückzuführen. Davon ging auch die EG-Kommission aus, und so erwies sich die strategische Dimension der Bewerbung als ein großes Hindernis für die Aufnahme formaler Beitrittsverhandlungen, da die Kommission sich nicht in den griechisch-türkischen Konflikt hineinziehen lassen wollte. Ministerpräsident Karamanlis musste daher den griechischen EG-Beitritt von dem bilateralen Regionalkonflikt abkoppeln, nicht zuletzt auch deshalb, weil die raschen Fortschritte in Spanien und Portugal den griechischen Beitrittsfahrplan zu gefährden schienen. Folglich prüfte die griechische Regierung die zu erwartenden ökonomischen Auswirkungen einer EG-Mitgliedschaft nicht allzu kritisch und akzeptierte den *Acquis communautaire* vorbehaltlos – sehr zum Verdruss der 1974 gegründeten Pan-Hellenistischen Sozialistischen Bewegung (PASOK) unter Andreas Papandreou und der kleinen Kommunistischen Partei Griechenlands (KKE), die die nationale Unabhängigkeit ihres Landes als Vorbedingung für einen sozialistischen Wandel ansahen. Ihrer Meinung nach würde die EG-Mitgliedschaft Griechenlands periphere Rolle in Europa zementieren und das Land in einen Satelliten des kapitalistischen „Systems" verwandeln. Die PASOK wich schließlich zwischen 1979 und 1981 von dieser Position ab, als sich ein Wahlsieg in den griechischen Parlamentswahlen abzeichnete.

Portugal   Für Portugal und Spanien waren geopolitische und strategische Überlegungen im Zusammenhang mit der EG-Mitgliedschaft nicht annähernd so wichtig. Aus portugiesischer Sicht hatte seit den 1960er Jahren die Bedeutung der Kolonien für die heimische Wirtschaft beständig abgenommen, während der europäische Markt immer wichtiger wurde. Zusätzlich wählten portugiesische Gastarbeiter Westeuropa, besonders Frankreich zum bevorzugten Migrationsziel. Diese strukturellen Veränderungen hatten bereits Marcello Caetano, seit 1968 Nachfolger António Salazars, erhebliches Kopfzerbrechen bereitet, da er ähnlich wie sein Vorgänger der Frage eines EG-Beitritts skeptisch gegenüberstand. Allerdings konnte sich in der Regierung Caetano eine kleine liberale, „pro-europäische" Gruppe von Technokraten bilden, die genügend Einfluss ausübte, um Portugals Außenpolitik in Richtung einer engeren Zusammenarbeit mit der EG zu lenken.

Doch erst der Militärputsch von 1974 sorgte für eine dramatische Änderung der Verhältnisse. Die noch zerbrechliche Demokratie des Landes war dringend auf wirtschaftliche und politische Unterstützung angewiesen, die von internationalen Organisationen wie der NATO und der EG nicht zuletzt deshalb angeboten wurde, um einen möglichen kommunistischen Umsturz zwischen 1974 und 1975 zu verhindern. Die erste frei gewählte Regierung setzte vorbehaltlos auf die europäische Karte und erklärte 1976 die EG-Mitgliedschaft zum strategischen Ziel. Dieser Kurs wurde von der EG mit moderater Finanzhilfe und viel moralischem Beistand unterstützt, um so dem Land bei der Stabilisierung seines politischen Systems zu helfen und es auf die EG-Mitgliedschaft vorzubereiten. Der Wahlkampfslogan von Mario Soares' *Partido Socialista* (PS) lautete daher „Europa mit uns", was auch die umfassende Unterstützung europäischer sozialistischer Parteien in der Übergangsphase widerspiegelte. Die Haltung des PS steigerte sich zu einer entschlossenen Ablehnung aller vorangegangenen „post-imperialen" und neutralistischen Tendenzen in der portugiesischen Politik. Nachdem die rechten und konservativen Parteien die europäische Option auch für sich entdeckt hatten, gab es in der Frage der EG-Mitgliedschaft einen parteiübergreifenden Konsens. Hingegen beteiligten sich wirtschaftliche und landwirtschaftliche Interessengruppen und Gewerkschaften kaum an der entsprechenden Debatte. Gegen die EG-Mitgliedschaft sprachen sich nur die Kommunistische Partei (PCP) und die kommunistischen Gewerkschaften aus. Die breite Öffentlichkeit hingegen stand der EG lange Zeit indifferent gegenüber. Bis 1978 waren sich etwa 60 Prozent der Portugiesen nicht darüber im Klaren, ob die EG-Mitgliedschaft wichtig für das Land sei. Im Gegensatz dazu waren in der zweiten Hälfte der 1980er Jahre etwa zwei Drittel davon überzeugt.

Spanien   Portugal überreichte der EG-Kommission seine formelle Bewerbung im Jahre 1977. Die 1978 begonnenen Verhandlungen wurden von der Tatsache überschattet, dass das portugiesische politische System bis 1982 unter dem Einfluss des Militärs blieb. Unabhängig davon gelang es der portugiesischen Regierung auch danach nicht, ihre Verhandlungen mit der EG von denen der Spanier abzukoppeln, womit schwierige wirtschaftliche Probleme in Bezug auf den Handel mit Agrarerzeugnissen und der Fischerei aufgeworfen wurden. Für Spanien bedeuteten die Verhandlungen, dass die seit langer Zeit gehegten Hoffnungen, die offiziell erstmals 1957 unter der Franco-Herrschaft formuliert worden waren und im Spanien der Übergangszeit umgehend erneuert wurden, sich zu erfüllen schienen. Anders als in Portugal hatte es hier seit einigen Jahrzehnten einen breiten gesellschaftlichen Konsens über die „europäische Berufung" der Nation gegeben. Das hatte sich unter der wiederhergestellten Monarchie und Demokratie nicht geändert. Alle großen politischen Parteien unterstützten den pro-europäischen Kurs, nur die extreme Linke im Baskenland und in Katalonien sprach sich dagegen aus. Ähnlich wie die griechische Linke sahen sie die EG als Zweig des internationalen Kapitalismus, um die europäischen Völker zu unterdrücken.

Die „Mittelmeer-Erweiterung" von 1981 bis 1986 fand unter dem anhaltenden Eindruck des Kalten Krieges statt. Die Aussicht auf Demokratisierung und feste Verankerung in der Westlichen Welt verlieh der Integration der neu etablierten mediterranen Demokratien in die westliche politische Gemeinschaft zusätzlichen Schub. Auf der Gemeinschaftsseite schärften die Erweiterungsverhandlungen zusätzlich den Blick auf eigene strukturelle Defizite. Daraus resultierte ein wachsender Druck sowohl auf die Gemeinschaftsinstitutionen als auch auf die Regierungen der Mitgliedsstaaten, geeignete Maßnahmen zur Vertiefung des Integrationsprozesses zu ergreifen. Damit sind alle Gemeinschaftsinitiativen vom Genscher-Colombo-Plan bis zur EEA auch im Zusammenhang mit der zweiten Erweiterung zu sehen.

Die Europäische Union wird gegründet: Der Vertrag von Maastricht

Den Weg zur Verwirklichung des Binnenmarktes zu bereiten war das Hauptziel der EEA. Damit hatten die an der Formulierung des Vertragstextes beteiligten europapolitischen Entscheidungsträger an ein bereits mit der Gründung der EGKS angestrebtes Ziel, der supranationalen Integration der Wirtschaftssysteme der Mitgliedstaaten, angeknüpft. Trotz vielerlei Anstrengungen in den seither vergangenen drei Jahrzehnten harrte es nach wie vor der Vollendung. Die Rückbesinnung auf dieses Kernelement des europäischen Integrationsprozesses änderte jedoch nichts daran, dass die Vollendung der wirtschaftlichen Integration Hand in Hand gehen musste mit einer weiteren Vertiefung der politischen Gemeinschaftsstrukturen, denn nur dann konnte der Binnenmarkt reibungslos funktionieren – wirtschaftliche Integration ist ohne gleichzeitige Integration der zentralen Politikfelder zum Scheitern verurteilt.

Nach Inkrafttreten der EEA im Juli 1987 ging es also darum, die darin festgelegten Zielvorgaben so zu erreichen, dass die weiteren Maßnahmen

Die Bedeutung der
Präsidentschaft
Jacques Delors'

sowohl dem geschriebenen als auch dem gewollten Vertragstext entsprachen. Zugleich galt es, die an der Umsetzung der Vertragsvorgaben beteiligten Parteien, in erster Linie die Mitgliedstaaten der Gemeinschaft, davon zu überzeugen, den weiteren Prozess mitzutragen. Dass dies in nur fünf Jahren gelang, ist einerseits auf den weiterhin zumeist reibungslos laufenden deutsch-französischen Motor zurückzuführen, andererseits aber auch auf die zielgerichtete und konstruktive Politik der Kommission, die seit dem 6. Januar 1985 unter der Präsidentschaft des ehemaligen französischen Wirtschafts- und Finanzministers **Jacques Delors** stand. Mit Delors hatte ein Präsident die Leitung der Kommission übernommen, der das Duett Kohl–Mitterrand trefflich ergänzte und zum französischen Präsidenten wie zum deutschen Bundeskanzler über einen gleichermaßen guten Draht verfügte. Diese europäische Troika dank ihres festen Willens, den Integrationsprozess weiter voranzutreiben, und der daraus resultierenden ausgezeichneten Kooperation innerhalb weniger Monate nach Inkrafttreten der EEA weitere bedeutsame Maßnahmen auf dem Weg zur Europäischen Union durchsetzen. In diesem Zusammenhang auffällig ist die relative Kooperationsbereitschaft Großbritanniens, denn eine Europäische Union, so wie sie die EEA vorsah, entsprach keineswegs den Vorstellungen der Premierministerin Thatcher vom Wesen des integrierten Europa. Ihre in den 1990er Jahren erschienenen Memoiren erlauben einen guten Einblick in ihr Europadenken – sie sah die EG in erster Linie als eine Freihandelszone, für den politisch-integrativen Ansatz hatte sie kein Verständnis. Stattdessen war sie einem Weltbild verhaftet, das in großen Teilen dem 19. Jahrhundert zu entstammen schien und in dem Kategorien wie Hegemonie, Vergeltung, Primat des Nationalstaats und der *„balance of power"* dominierten.

Margaret Thatchers
Schwierigkeiten
mit der EG

Damit konnte sie für Delors, Kohl und Mitterrand in europapolitischen Angelegenheiten keine ernstzunehmende Gesprächspartnerin sein. Stattdessen hatten sie mit der drastischen Reduktion der britischen Beitragszahlungen das Wohlverhalten der Premierministerin in gewisser Weise erkauft und ihr zugleich unmissverständlich signalisiert, dass weiterer britischer Widerstand gegen die Fortsetzung des Integrationsprozesses die Auflösung der alten und Gründung einer neuen Gemeinschaft zur Folge haben könne. Dieses Argument scheint in London auf Gehör gestoßen zu sein, andernfalls wäre Großbritannien – zweifellos zum Schaden der eigenen Nationalökonomie – völlig vom europäischen Markt abgekoppelt worden.

E | **Jacques Delors (*1925)**
französischer Politiker der Sozialistischen Partei, Leiter der Abteilung für soziale Angelegenheiten im Generalkommissariat für Wirtschaftsplanung, Generalsekretär des interministeriellen Komitees für berufliche Bildung und sozialen Fortschritt, Berater von Premierminister Chaban-Delmas für soziale und kulturelle Angelegenheiten, Professur für Unternehmensführung an der Pariser Universität Dauphine, 1979 bis 1981 Abgeordneter im Europäischen Parlament, 1981 bis 1984 französischer Wirtschafts- und Finanzminister, 1985 bis 1995 Präsident der EG-Kommission, 1992 erhielt er den Karlspreis.

Das Delors-
Programm und der
Schengener Vertrag

Jacques Delors hatte sein Arbeitsprogramm wenige Tage nach seiner Ernennung zum Kommissionspräsidenten im Europäischen Parlament vorgestellt. Es ging ihm zum einem um die Überwindung der noch bestehenden

Hürden auf dem Weg zum Gemeinsamen Markt und zur Vollendung des Binnenmarktes. Dieser sollte bis Ende 1992 verwirklicht sein. Dazu wurde in der Kommission ein Maßnahmenkatalog erstellt, der ca. 300 Einzelpunkte enthielt. Der Europäische Rat akzeptierte den Katalog auf der Mailänder Ratstagung im Juni 1985, auf der er auch die Weichen in Richtung EEA gestellt hatte. Ein weiterer Schritt auf dem Weg zum Binnenmarkt war das zwischen den BeNeLux-Staaten, Deutschland und Frankreich am 14. Juni 1985 geschlossene „Schengener Abkommen" über die weitgehende Abschaffung von Personen- und Güterkontrollen im Geltungsbereich, womit auch eine einheitliche Regelung der Visa-Bestimmungen und der Bekämpfung der grenzüberschreitenden Kriminalität erforderlich wurde. Die Schaffung einer gemeinsamen Außengrenze und der Verzicht auf Einreisekontrollen an den jeweiligen Staatsgrenzen verlangte von den einzelnen Signatarstaaten den Verzicht auf ein zentrales, auch symbolisches Hoheitsrecht und großes Vertrauen in die Kompetenz der für die Überwachung der Außengrenzen zuständigen Mitgliedstaaten. Deshalb verlief die weitere Entwicklung des Schengen-Raums nur langsam. Erst in der ersten Hälfte der 1990er Jahre wurde das „Schengener Informationssystem" (SIS) eingerichtet, das die grenzübergreifende Verbrechensbekämpfung erheblich erleichterte. Am 26. März 1995 trat das Durchführungsabkommen zum Schengener Vertrag in Kraft, das den vollständigen Abbau der Grenzkontrollen zwischen den BeNeLux-Staaten, Deutschland, Frankreich, Spanien und Portugal vorsah. Italien und Österreich traten dem Abkommen 1998, Griechenland 2000 bei. Dänemark, Finnland und Schweden, die 1996 Beitrittsprotokolle unterzeichnet hatten, wenden die Schengener Bestimmungen erst seit 2001 an, ebenso die über die nordische Passunion assoziierten Staaten Island und Norwegen. Vor dem Hintergrund der weiterhin problematischen Sicherheitslage in Nordirland haben Großbritannien und Irland bislang darauf verzichtet, dem Schengen-Raum beizutreten.

Drei weitere Problemfelder, deren Lösung sich die erste Delors-Kommission verschrieben hatte, betrafen die Bereiche GAP, Strukturpolitik und Finanzierung der Gemeinschaft. Die dazu für notwendig erachteten Maßnahmen wurden 1987 im so genannten ersten „Delors-Paket" als einem von der EG-Kommission verabschiedeten Reformpaket vorgelegt. Es enthielt konkrete Vorschläge zur Reform des EG-Finanzsystems, machte Vorschläge zur Begrenzung der Agrarausgaben sowie zur Aufstockung des Strukturfonds und stellte neue Regeln für die Haushaltsführung der Gemeinschaft auf. Im Februar 1988 nahm der Europäische Rat auf einer Tagung in Brüssel die Vorschläge Delors' an, die damit zusammen mit der EEA zu einer wichtigen Voraussetzung für die Umsetzung des Binnenmarktprogramms wurden. In Bezug auf die GAP wurde das Garantiepreissystem ohne Mengenbegrenzung aufgegeben, die Gemeinschaftspreise sollten sich fortan am Weltmarkt orientieren, über die Stilllegung von Anbauflächen, gekoppelt an Ausgleichszahlungen für die Landwirte, versuchte man ferner, das Problem der Überproduktion in den Griff zu bekommen. Auf Drängen insbesondere der strukturell niedriger entwickelten Mittelmeeranrainer wurden die drei Strukturfonds der Gemeinschaft nicht nur grundlegend reformiert, sondern die über sie zu verteilenden Mittel auch verdoppelt. Den damit unmittelbar zusammenhängenden erhöhten Finanzbedarf der Gemeinschaft regelte

GAP, Strukturpolitik und Gemeinschaftsfinanzierung als weitere Programmpunkte Delors'

eine graduelle Anhebung der ursprünglich auf 1,15 % des kumulierten Bruttosozialprodukts der Mitgliedstaaten festgelegten Obergrenze für das Gemeinschaftsbudget auf bis zu 1,2 % für das Haushaltsjahr 1992. Das bedeutete bereits für das laufende Jahr 1988 eine Haushaltsvergrößerung von 20 %. Sofern die bisherigen Einnahmequellen (Mehrwertsteueranteil von 1,4 %, Zölle, Abschöpfungen) nicht ausreichten, sollte eine sich anteilig am Bruttosozialprodukt der Mitgliedstaaten orientierende neue Einnahmequelle genutzt werden.

Die Weiterentwicklung der Wirtschafts- und Währungsunion

Neben der Weiterentwicklung des Binnenmarktes wurde auch das Projekt der Wirtschafts- und Währungsunion zielstrebig weiterverfolgt, denn dass ein Binnenmarkt nur dann als vollendet anzusehen war, wenn er auf einer einheitlichen Währung fußte, war aus Gemeinschaftssicht seit den 1950er Jahren ausgemachte Sache. Das EWS hatte dafür gute Vorarbeit geleistet, da es zu einer verlässlichen Konvergenz der Wechselkurse im Gemeinschaftsraum geführt und zudem die Inflationsrate seit Jahren niedrig gehalten hatte. Allerdings ließ der vergleichsweise lockere EWS-Verbund immer noch eine relativ große Schwankungsbreite der Wechselkurse und Zinsen im Rahmen der EG zu. Darüber hinaus hatte sich die D-Mark zu einer ausgesprochen harten Währung entwickelt und war so zu einer Art informeller Leitwährung im Gemeinschaftsraum geworden. Aus französischer und italienischer Sicht erschien die damit verbundene Führungsrolle der Bundesbank unerwünscht, entsprechend pochten die Regierungen auf eine Neuverteilung der währungspolitischen Gewichte im EG-Raum. Die damit verbundenen Risiken, insbesondere hinsichtlich der Stabilität der D-Mark, wurden in Bonn mit großer Sorge wahrgenommen. Bundesbank, Finanzministerium und Wirtschaftswissenschaftler warnten eindringlich vor möglichen destabilisierenden Folgen der Preisgabe der D-Mark zugunsten einer europäischen Währung. Andererseits widersprach die Dominanz einer einzelnen Währung im EG-Rahmen dem Gemeinschaftsprinzip, und so entschied sich Bundeskanzler Kohl letztlich dafür, die D-Mark auf dem „Altar des europäischen Gemeinschaftsinteresses" zu opfern. Dass er dazu grundsätzlich bereit war, hatte er Mitterrand bereits im Jahre 1986 signalisiert. Seit Ende 1987 gab es entsprechende Vorplanungen auf Seiten der Kommission und der Regierungen einiger Mitgliedstaaten. Im Juni 1988 waren die Planungen insbesondere zwischen Kohl und Mitterrand so weit gediehen, dass eine weitere deutsch-französische Initiative auf der Hannoveraner Tagung des Europäischen Rates im selben Monat die Einberufung eines Expertengremiums unter der Leitung des Kommissionspräsidenten Delors mit der Erarbeitung eines Planes beauftragen konnte, in dem die weiteren notwendigen Schritte auf dem Weg zur Wirtschafts- und Währungsunion festgelegt werden sollten. Die in diesem Gremium vertretenen Chefs der nationalen Zentralbanken einigten sich bis April 1989 auf einen Drei-Stufen-Plan, der sich in mancherlei Hinsicht an den Werner-Plan von 1970 orientiert. Stufe Eins sah die Vollendung des Binnenmarktes vor, ebenso die Koordinierung der Wirtschaftspolitiken und die Beteiligung aller Mitgliedstaaten am EWS. Zeitgleich sollte ein Vertrag zur Schaffung einer Wirtschafts- und Währungsunion (WWU) ausgehandelt werden, dessen Annahme die zweite Stufe des Plans einleiten würde. Diese sollte zur Vorbereitung eines europäischen Zentralbankensystems dienen. Die dritte Stufe des

Plans sah die Übertragung der nationalen Wirtschafts- und Währungskompetenzen auf die Gemeinschaftsinstitutionen vor, so weit sie für die WWU benötigt wurden. Ferner waren hier die endgültigen Wechselkurse festzulegen und eine europäische Währung einzuführen. Neben den drei Stufen enthielt der Plan noch Vorschläge für Konvergenzkriterien, von denen die Teilnahme eines Landes an der WWU abhängig gemacht werden sollte: Inflationsrate, Einhaltung der Bandbreiten des EWS, Niveau der langfristigen Zinssätze und Finanzlage der öffentlichen Hand. Diese Kriterien wurden später im Maastrichter Vertrag konkretisiert und festgeschrieben.

Der Europäische Rat akzeptierte auf seiner Madrider Tagung im Juni 1989 den Delors-Bericht und betonte bei dieser Gelegenheit ausdrücklich die Parallelität zwischen dem Binnenmarktprojekt und den währungspolitischen Maßnahmen. Es wurde ferner beschlossen, den Beginn der ersten Stufe, also die „verstärkte Koordination", des Delors-Plans auf den 1. Juli 1990 zu legen und bis zur Einführung des Binnenmarktes reichen zu lassen. Die für die zweite Stufe vorgesehene Einrichtung einer europäischen Zentralbank – gelegentlich auch als Übergangs- und Lernphase bezeichnet – sollte von 1994 bis 1996 dauern und die dritte Stufe mit der Verwirklichung der WWU zwischen 1997 und 1999 abgeschlossen werden. Die dem Madrider Gipfel folgenden Wochen und Monate waren gespickt mit zahlreichen Konferenzen auf verschiedenen Ebenen und in wechselnden Konstellationen, auf denen die Teilnehmer versuchten, die vielfältigen Detailprobleme im Vorfeld der ersten Stufe der WWU zu lösen bzw. Lösungsvorschläge zu erarbeiten. Darüber hinaus hatte der Madrider Gipfel die Einberufung einer Regierungskonferenz beschlossen, die nach Beginn der ersten Stufe über Inhalte und Laufzeit der anschließenden Stufen beraten sollte. Zur Vorbereitung dieser Konferenz war ein Ausschuss aus Vertretern der Außen- und Finanzministerien der Mitgliedstaaten eingesetzt worden, der unter der Leitung Elisabeth Guigous', der europapolitischen Beraterin François Mitterrands, stand. Dessen vorwiegend technische Vorschläge wurden auf der Straßburger Ratstagung im Dezember 1989 angenommen.

Der Delors-Bericht wird akzeptiert und der Weg zur WWU abgesteckt

Zu diesem Zeitpunkt hatte der politische Umbruchsprozess in Mittel- und Osteuropa bereits eingesetzt. Im Zentrum der Ereignisse zwischen November/Dezember 1989 und Oktober 1990 stand die Entwicklung in Deutschland, vom Fall der Mauer am 9. November 1989 bis zur deutschen Wiedervereinigung am 3. Oktober 1990. So wie der Wiedervereinigungsprozess im Rahmen der „2+4-Gespräche" als eine konzertierte Aktion der beiden deutschen Teilstaaten und der Siegermächte des Zweiten Weltkrieges als ein internationales Gemeinschaftswerk gesehen werden muss, bettete die Regierung Kohl den Weg zur deutschen Einheit gezielt in den europapolitischen Rahmen ein – einerseits, um die Besorgnisse der Nachbarn gegenüber einem wiedervereinigten Deutschland zu mindern, andererseits, um öffentlich zu zeigen, dass Deutschlands Zukunft nur im Rahmen der europäischen Integration liegen könne. So hatte die Bundesregierung bereits Ende November 1989 darauf gedrängt, den Umbruch in Mittel- und Osteuropa dahingehend zu nutzen, um neben der WWU auch die lang angestrebte Politische Union zügig zu realisieren. Zu diesem Zeitpunkt zögerte Mitterrand noch, ob er dem Vorschlag folgen sollte, schließlich betrachtete er die Möglichkeit gerade einer deutschen Wiedervereinigung noch mit großer

Der Umbruch in Mittel- und Osteuropa

Zurückhaltung. Erst als die Implosion des kommunistischen Regimes in der DDR unerwartet rasch binnen weniger Wochen offensichtlich und die deutsche Wiedervereinigung damit immer wahrscheinlicher wurde, zeigte sich der französische Präsident in dieser Frage offener, zumal ähnliche Forderungen immer deutlicher in anderen Mitgliedstaaten und auch im Europäischen Parlament gestellt wurden. Die Volkskammerwahlen vom 18. März und das damit verbundene klare Bekenntnis der DDR-Bürger zur Wiedervereinigung waren schließlich das auslösende Moment: In einem gemeinsamen Brief an den irischen Ratspräsidenten Haughey baten Kohl und Mitterrand darum, dass sich der Europäische Rat auf einer außerplanmäßigen Tagung mit der Frage der Politischen Union befassen möge.

Dublin I und Dublin II   Die Ratstagung fand am 18. April 1990 in Dublin (Dublin I) statt. Die Staats- und Regierungschefs beschlossen, die EG-Außenminister mit der Vorbereitung einer Regierungskonferenz zur Politischen Union zu beauftragen. Diese sollte sich unter anderem mit einer Verstärkung der – schon seit längerem angemahnten – demokratischen Legitimation der europäischen Institutionen befassen, ferner sollte sie Wege zu einer effektiveren Arbeit der Organe aufzeigen – beispielsweise durch eine Erweiterung des Mehrheitsabstimmungsverfahrens. Eine größere Kohärenz des internationalen Handelns wurde als ein weiteres Desiderat genannt, wobei insbesondere eine Prüfung von Möglichkeiten für eine gemeinsame Außen- und Sicherheitspolitik im Mittelpunkt stand. Der Rat beschloss zudem, nach dem Vollzug der deutschen Wiedervereinigung die ehemalige DDR vorbehaltlos als Teil Deutschlands und damit der EG anzuerkennen. Die Ergebnisse der Vorbereitungsarbeit durch die Außenminister wurde zwei Monate später, im Juni 1990, auf der regulären Ratstagung in der irischen Hauptstadt diskutiert. Das Ergebnis von „Dublin II" war eindeutig: Eine Regierungskonferenz sollte sich mit der Frage der „Umwandlung der Gemeinschaft von einer hauptsächlich auf die wirtschaftliche Integration und der politischen Zusammenarbeit beruhenden Einrichtung in eine Union mit politischem Charakter, die auch eine gemeinsame Außen- und Sicherheitspolitik" enthalten würde, befassen. Mitte Dezember 1990 sollte sie ihre Arbeit aufnehmen und, gemeinsam mit der Regierungskonferenz für die WWU, so rechtzeitig abschließen, dass der entsprechende Vertrag vor Ende 1992, dem Datum der Vollendung des Binnenmarktes, in Kraft treten konnte.

Damit war Eile geboten. Aus den einzelnen Mitgliedstaaten wurde in den folgenden Wochen und Monaten eine Vielzahl von Vorschlägen für die Themenbereiche unterbreitet, mit denen sich die Regierungskonferenz befassen sollte: Schaffung einer Unionsbürgerschaft, Verankerung des Subsidiaritätsprinzips, Verstärkung der wirtschaftlichen und sozialen Kohäsion und Sicherstellung eines einheitlichen institutionellen Rahmens für die verschiedenen Tätigkeitsbereiche der Union. Wieder machten François Mitterrand und Helmut Kohl den entscheidenden Vorstoß. Am 6. Dezember 1990 schlugen sie dem amtierenden Ratspräsidenten Andreotti einen Fünf-Punkte-Katalog vor, der die verschiedenen Themenfelder für die Regierungskonferenz enthielt. Erstens empfahlen sie, die Erweiterung der gemeinschaftlichen Befugnisse in verschiedenen Politikbereichen, wie zum Beispiel Umweltschutz, Gesundheit, Verbraucherschutz, zu diskutieren. Zweitens sollte über die Schaffung gemeinschaftlicher Kompetenzen hinsichtlich der

Asyl- und Einwanderungspolitik sowie der Bekämpfung des organisierten Verbrechens nachgedacht werden. Ein dritter Themenbereich bezog sich auf die Stärkung der Rolle des Europäischen Parlaments sowie der Frage der Beteiligung der nationalen Parlamente und der Regionen. Die Stärkung des Europäischen Rates insbesondere auf dem Gebiet der Außenpolitik wurde an vierter Stelle genannt, und an fünfter Stelle ging es um den Aufbau einer gemeinsamen Sicherheitspolitik in Zusammenarbeit mit der Westeuropäischen Union (WEU).

Der Europäische Rat befasste sich am 14. und 15. Dezember 1990 mit der deutsch-französischen Vorschlagsliste und übernahm die meisten Empfehlungen, lediglich hinsichtlich der Rolle des Europäischen Rates, der Ausweitung des Mehrheitsverfahrens im Ministerrat, der Sicherheitspolitik und des Verhältnisses zur WEU gab es Vorbehalte, die allerdings auf der Regierungskonferenz diskutiert werden sollten. Damit stand ihrer Arbeit nichts mehr im Wege, sie hatten ihre Ergebnisse binnen Jahresfrist vorzulegen, damit auf der für Dezember 1991 geplanten Ratskonferenz in Maastricht bereits über die Ergebnisse ihrer Arbeit beraten und entsprechende Verträge geschlossen werden konnten. Nur so ließ sich ein ordnungsgemäßer Abschluss des Ratifikationsverfahrens bis zum Jahresende 1992 sicherstellen.

Erwartungsgemäß verlief insbesondere die Arbeit der Regierungskonferenz zur Politischen Union schwierig. Während sich die „Schwesterkonferenz" zur WWU primär mit technisch-institutionellen Fragen zu befassen hatte, erwiesen sich in Bezug auf die Politische Union insbesondere die Frage nach der Ausgestaltung der GASP, ihr Verhältnis zur Gemeinschaft, parlamentarische Entscheidungsverfahren und die Ausdehnung des Beschlussfassungsverfahrens mit qualifizierter Mehrheit als problematisch. Ein erster Vertragsentwurf wurde im April 1991 von der luxemburgischen Präsidentschaft vorgelegt. Er sah ein Drei-Säulen-Modell vor, in dem die GASP rein intergouvernemental auf der Basis der bisherigen EPZ weiterentwickelt wurde. Vorgesehen war bereits hier eine weitere Vertragsrevision, die eine größere Annäherung an eine gemeinsame Verteidigungspolitik bringen sollte. Der Bereich der inneren Sicherheit war in diesem Entwurf ebenfalls intergouvernemental geregelt. Hieran wurde aus dem Kreis der Außenminister Kritik geübt. Seine Mitglieder beauftragten die niederländische Ratspräsidentschaft in der zweiten Jahreshälfte 1991 damit, über eine einheitlichere Vertragsstruktur nachzudenken. Das – stark vereinheitlichte, aber auch deutlich föderaler und zentralistischer ausgefallene – Ergebnis wurde im September präsentiert, stieß allerdings ebenfalls auf Ablehnung. Anstelle eines ausgeprägt föderalen Charakters mit starken supranationalen Elementen entschlossen sich die Außenminister nun, auf das zuvor eingereichte Drei-Säulen-Modell zurückzugreifen und es zur Grundlage für die weiteren Verhandlungen zu machen. Das daraus erwachsene Vertragswerk wurde am 10. Dezember 1991 von den in Maastricht versammelten Staats- und Regierungschefs paraphiert. Da jedoch noch juristische Detailfragen zu klären waren und Übersetzungen in die Amtsprachen der EG vorgenommen werden mussten, konnte die endgültige Unterzeichnung des Textes erst am 7. Februar 1992, ebenfalls in Maastricht, erfolgen.

Das Maastrichter „Drei-Säulen-" oder „Tempel-"Modell, so wie es im „Vertrag über die Europäische Union" (EUV) in etwa 300 Artikeln, 17 Pro-

Der Vertrag von Maastricht

Das Drei-Säulen-Modell

tokollen und 33 Erklärungen niedergelegt wurde, änderte und ergänzte die drei Gründungsverträge und die EEA.

Die Europäische Union

Gemeinsame Außen- und Sicherheitspolitik	Europäische Gemeinschaften	Zusammenarbeit in der Innen- und Rechtspolitik
• Friedenserhaltung • Menschenrechte • Demokratie • Hilfe für Drittstaaten • Gestützt auf die WEU die Sicherheit der Union betreffende Fragen • Abrüstung • Wirtschaftliche Aspekte der Rüstung • Langfristig: Europäische Sicherheitsordnung	• Zollunion und Binnenmarkt • Agrarpolitik • Strukturpolitik • Handelspolitik • Wirtschafts- und Währungsunion • Unionsbürgerschaft • Bildung und Kultur • Transeuropäische Netze • Verbraucherschutz • Gesundheitswesen • Forschung und Umwelt • Sozialpolitik	• Asylpolitik • Außengrenzen • Einwanderungspolitik • Kampf gegen Drogenabhängigkeit • Bekämpfung des organisierten Verbrechens • Justitielle Zusammenarbeit in Zivil- und Strafsachen • Polizeiliche Zusammenarbeit • Wegfall von Grenzkontrollen
Entscheidungsebene: Regierungszusammenarbeit	**Entscheidungsebene: Gemeinschaftspolitik**	**Entscheidungsebene: Regierungszusammenarbeit**

Die Struktur der EU   Gemäß EUV bestand die Europäische Union (EU) aus drei Teilen: den Europäischen Gemeinschaften, der Gemeinsamen Außen- und Sicherheitspolitik als Nachfolgerin der EPZ und der Zusammenarbeit in der Justiz- und Innenpolitik. Den Kern der EU bildeten die Europäischen Gemeinschaften (EG). Hier dominiert das vom supranationalen Prinzip geprägte Gemeinschaftsverhalten vor allem in der Wirtschafts- und Währungspolitik, dagegen sind die beiden anderen Teile bestimmt vom Prinzip des Intergouvernementalismus. Somit spiegelt auch der EUV die unterschiedlichen Standpunkte hinsichtlich der *finalité politique* des Integrationsprozesses – er gibt keine klare Antwort darauf, ob sich das supranationale oder das intergouvernementale Prinzip durchsetzen soll oder es sich eines Tages um ein föderal oder konföderal organisiertes Europa handeln wird. Stattdessen stellt der Vertrag einen Kompromiss dar – der ökonomische Bereich, der seit der Gründung der EGKS stets im Zentrum aller Überlegungen gestanden hatte, wurde nach dem Prinzip der Supranationalität organisiert, während die seit der EVG-Krise heftig umstrittenen Bereiche der EPZ, also die Verteidigungs-, Außen- und Innenpolitik, weiterhin in nationalstaatlicher Hoheit verblieben. Allerdings wurde im EUV der Bereich der Sicherheitspolitik über die GASP erstmals in den Aufgabenkatalog des europäischen Einigungswerkes mit einbezogen und die Harmonisierung der Außenpolitiken durch ein Initiativrecht der Kommission im Sinne einer gemeinsamen Entscheidungsfindung spürbar vorangetrieben. Ähnliches gilt für den ganzen Bereich der justitiellen Zusammenarbeit einschließlich polizeilicher Kooperationsmaßnahmen, die nunmehr als im gemeinschaftlichen Interesse liegend vertraglich festgeschrieben wurde.

Die traditionellen Institutionen repräsentierten im EUV die supranationale Ebene der EU: die Europäische Kommission, der Europäische Rat, der Ministerrat, das Europäische Parlament und der Europäische Gerichtshof. Allerdings justierte der EUV die Gewichtung des Verhältnisses der Institutionen zueinander dadurch neu, dass die genuinen Gemeinschaftsinstitutionen Kommission, Parlament und Gerichtshof weitere Kompetenzen erhielten. So wurde dem Parlament ein Mitspracherecht bei der Bestellung künftiger Kommissionen eingeräumt. Darüber hinaus erhielt das Parlament das Recht, in bestimmten EU-relevanten Verfahren gemeinsam mit dem Europäischen Rat zu entscheiden. Die Amtszeit der Kommission wurde zudem an die Wahlperioden des Parlaments gekoppelt. Ferner sah der EUV die Einrichtung eines Ausschusses der Regionen vor, der bei Beschlüssen mit regionalem Bezug ein Anhörungsrecht besaß. Die Unionsbürgerschaft regelte das Recht der Reise- und Niederlassungsfreiheit in der EU. EU-Bürgern wurde darüber hinaus diplomatischer Schutz in Drittländern durch alle diplomatischen Vertretungen von EU-Staaten gewährt, sie erhielten zudem das aktive und passive Wahlrecht bei Kommunal- und Europawahlen an ihrem jeweiligen Wohnort in der EU. Jedem EU-Bürger wurde ein Petitionsrecht beim Europäischen Parlament bzw. das Recht zur Beschwerde an einem vom Parlament ernannten Ombudsmann gewährt. Sofern die Konvergenzkriterien eingehalten würden, wurde die WWU für den 1. Januar 1997 beschlossen, der Währungsverbund sollte dann zum 1. Januar 1999 in Kraft treten. Als Name für die Gemeinschaftswährung hielt man zunächst an der Bezeichnung ECU fest, erst der Madrider Gipfel von 1995 entschied sich für die Bezeichnung „EURO". Die im Rahmen der WWU einzurichtende Europäische Zentralbank (EZB) wurde mit Unabhängigkeit bedacht und die Zusammensetzung ihres Leitungsgremiums geregelt.

Die supranationale Dimension der EU

Anhand der Sozialpolitik lassen sich neue Ansätze in der Gemeinschaftspolitik zeigen. Aufgrund des nur schwer auflösbaren Spannungsfeldes zwischen den verschiedenen Regelungen auf nationaler Ebene und der vom EUV angestrebten künftigen Gemeinschaftspolitik sah der Vertrag zwei Verfahrensweisen vor. Der Europäische Rat sollte fortan mit qualifizierter Mehrheit und in Zusammenarbeit mit dem Europäischen Parlament über Fragen des sozialen Schutzes – primär Gesundheits- und Sicherheitsfragen –, der Arbeitsbedingungen, entsprechende Arbeitnehmerinformation, der Chancengleichheit sowie der beruflichen Wiedereingliederung von Arbeitslosen entscheiden. Einstimmigkeit im Rat war hingegen für die Bereiche soziale Sicherheit und sozialer Arbeitnehmerschutz, Schutz bei Auflösung des Arbeitsvertrages, Mitbestimmungs- und Vertretungsfragen, Beschäftigungsbedingungen für Staatsangehörige von Drittstaaten und finanzielle Förderungsmaßnahmen vorgesehen. Hier hatte die jeweilige nationale Regelungsdichte den Ausschlag gegeben. In all jenen Bereichen, die auf nationaler Ebene nur in geringem Umfang geregelt wurden, beanspruchte der EUV für sich die Regelungskompetenz, während er bei starker nationaler Rege-

Sozialpolitik

lungsdichte auf eigene Maßnahmen verzichtete. Sichergestellt wurde freilich, dass jeder Mitgliedstaat der EU allen EU-Bürgern fortan soziale Leistungen zukommen lassen musste.

Die Rezeption
des EUV

Zweifellos handelt es sich bei dem EUV um ein höchst komplexes Vertragswerk, das nicht nur die unterschiedlichen Vorstellungen der einzelnen EU-Mitgliedstaaten über Wesen und Richtung des europäischen Integrationsprozesses spiegelt, sonder darüber hinaus auch die in den einzelnen Mitgliedstaaten herrschenden Rechtstraditionen. So hatte beispielsweise der ursprüngliche Text von Artikel 1 des Vertrages einen deutlichen Hinweis auf das „föderale Ziel" der Union enthalten, dieser Hinweis wurde auf britisches Drängen aus der Endfassung getilgt. Von den grundsätzlichen britischen Vorbehalten gegenüber einer zu weitgehenden Integration konnten sich die Kritiker an dieser Formulierung allerdings auch auf ein durchaus ambivalentes Begriffsverständnis berufen. Während „föderal" für die einen ein Hinweis auf bundesstaatliche Subsidiarität war, bedeutete er für die anderen die freundliche Umschreibung für Bundesstaatlichkeit. Andere kritische Stimmen wandten sich gegen die Währungsunion, die GASP und die Sozialpolitik als zu weitgehend bzw. vom Ansatz her falsch konzipiert. Mit Ausnahmeregelungen ließen sich solche Vorbehalte im Rahmen der Vertragsverhandlungen noch kompensieren. Diese führten jedoch dazu, dass der Integrationsprozess in verschiedenen Mitgliedstaaten mit verschiedenen Geschwindigkeiten verlief. So entschieden sich beispielsweise Dänemark und Großbritannien hinsichtlich der WWU für ein „Opting-out", wollten sich aber die Option offen halten, im Erfolgsfall doch noch zu partizipieren. Angesichts solcher und anderer Vorbehalte überrascht es nicht, dass der für 1992 angesetzte Ratifikationsprozess zu einem veritablen Hindernislauf wurde. Als erste lehnten die Dänen am 2. Juni 1992 das Vertragswerk mit 50,7 % gegen 49,3 % der abgegebenen Stimmen ab. Erst nachdem dem Land das Recht auf „Opting-out" aus den Bereichen Unionsbürgerschaft, WWU sowie einigen Bereichen der Innen- und Justizpolitik zugestanden wurde, akzeptierten die Dänen den Vertrag in einem zweiten Referendum am 18. Mai 1993. Am 20. September 1992 hatten die Franzosen diesen in einer von Mitterrand angesetzten, jedoch nicht erforderlichen Volksabstimmung mit nur 51,04 % angenommen. In der Bundesrepublik konzentrierte sich die Kritik auf die mit der WWU verbundene Preisgabe der D-Mark. Zwar passierte der EUV Bundestag und Bundesrat problemlos, doch sorgte eine Verfassungsbeschwerde dafür, dass zunächst das Bundesverfassungsgericht die Vereinbarkeit von EUV und Grundgesetz prüfen musste, bevor die Bundesregierung die Ratifikationsurkunde am 12. Oktober 1993 hinterlegen und der EUV am 1. November 1993 in Kraft treten konnte.

IV. Die Europäisierung der Europäischen Union (seit 1989/90)

Juni 1991	Tagung des ER in Göteborg
Juni 1993	Tagung des ER in Kopenhagen
Dezember 1993	Brüsseler Ratstagung
Juni 1994	Ratstagung in Korfu
1. 6. 1995	Beitritt Österreich, Schweden, Finnland
5. 12. 1995	Bericht der Westendorp-Gruppe
Dezember 1995	Tagung des ER in Madrid
29. 3. 1996	Ratstagung in Turin
17. 6. 1997	Tagung des ER in Amsterdam
Juli 1997	Agenda 2000-Kommission
2. 10. 1997	Unterzeichnung des Amsterdamer Vertrags
März 1999	Berliner Sondergipfel
1. 5. 1999	Inkrafttreten des Amsterdamer Vertrags
Dezember 1999	Tagung des ER in Helsinki
14. 2. 2000	Aufnahme von Beitrittsverhandlungen mit den MOE-Staaten
13./14. 10. 2000	Sondergipfel in Biarritz
26. 2. 2001	Unterzeichnung des Vertrags von Nizza
Dezember 2001	Tagung des ER in Laeken
18. 7. 2003	Fertigstellung des EVV-Entwurfs
1. 5. 2004	Osterweiterung, Beitritt von zehn MOE-Staaten
29. 10. 2004	Überarbeiteter EVV unterzeichnet
29. 5. und 1. 6. 2005	Ablehnung des EVV durch Frankreich und die Niederlande
3. 10. 2005	Formelle Eröffnung von Beitrittsverhandlungen mit der Türkei

Das mit dem Begriff „Europäisierung" verbundene Konzept erscheint auf den ersten Blick attraktiv und besonders für solche kultur- und sozialwissenschaftlichen Fragestellungen geeignet zu sein, die sich mit europäischen Inhalten beschäftigen und versuchen, die spezifischen Einflüsse des Europäischen Integrationsprozesses auf die Europäische Union und ihre Mitgliedstaaten zu analysieren. Bei genauerer Betrachtung zeigt sich freilich die erhebliche Breite an Definitionsmöglichkeiten. So reicht die inhaltliche Besetzung des Begriffs von der insbesondere in der Geschichtswissenschaft oft gebrauchten Beschreibung des jahrhundertelangen Exports europäischer kultureller Normen und Werte in andere Teile der Welt bis hin zu Reflexionen über die Annahme europäischer Richtlinien und Politikinhalte durch einzelne Mitgliedstaaten der Europäischen Union. Es existieren mindestens acht verschiedene Kriterien für „Europäisierung", die von der Identifizierung historischer Prozesse bis zum Einfluss von Außenpolitik als eines europäischen Faktors innerhalb der Europäischen Union reichen. Darüber hinaus

Zum Begriff „Europäisierung"

handelt es sich bei „Europäisierung" um einen relativ jungen Fachbegriff, der als solcher erst seit etwa zwei Jahrzehnten intensiver benutzt wird.

Aufgrund dieser Variabilität ist es hier zunächst erforderlich, „Europäisierung" genauer zu bestimmen. Ausgangspunkt dabei ist die Annahme, dass der Europäische Integrationsprozess von einer „Fusion" nationaler und europäischer Politiken gekennzeichnet ist, die den traditionellen Nationalstaat zwar nicht durch eine europäische Föderation ersetzen, jedoch eine Mischung nationaler und europäischer Kompetenzen, Zuständigkeiten und Pflichten in einem Mehrebenen-System wachsender Komplexität und Undurchsichtigkeit errichtet haben. „Europäisierung" meint damit einen graduellen Prozess, der durch die Schaffung supranationaler Strukturen für die ursprünglichen sechs Mitgliedstaaten der Montanunion bzw. der Europäischen Gemeinschaften in den 1950er Jahren eingeleitet wurde und als Folge der anschließenden Erweiterungen im Spannungsfeld einerseits nationalstaatlicher, andererseits europäischer Kompetenzen zu einer Vertiefung der Gemeinschafts- und Unionsstrukturen geführt hat, die ihrerseits weitere Anpassungen der übertragenen Kompetenzen und Verantwortlichkeiten auf supranationaler Ebene erforderlich gemacht haben. Das wiederum hat insbesondere nach Inkrafttreten der EEA und des EUV zu einer weiteren Stabilisierung und auch Ausprägung ihrer genuin supranationalen politischen Struktur geführt.

Wirkungsfelder der Europäisierung

Analog dazu wurde der „Europäisierungseffekt" dieses Prozesses in den 1990er Jahren verstärkt von den Politik- und Gesellschaftswissenschaften entdeckt. Die Gründe für dieses offensichtlich wachsende Interesse an den Potentialen der „Europäisierung" im weitesten Sinne sind vielfältig. Die jeweiligen aktuellen politischen Entwicklungen dienten dabei als Rahmenbedingungen: die EEA- und EUV-Debatten, die WWU-Diskussion, der Zusammenbruch des bipolaren globalen Systems, die dritte Erweiterung und schließlich die Debatte über die Osterweiterung und den Europäischen Verfassungsvertrag. Diese Faktoren haben sämtlich die „Europäisierung" der Europäischen Politik über die Verschmelzung nationaler und europäischer Politiken auf einer Vielzahl von Ebenen vorangetrieben. Damit hat eine auf die Fusion der Politiken reduzierte „Europäisierung" in der Tat die Entstehung eines neuen wissenschaftlichen Schlüsselbegriffs gefördert, der sich als Kennzeichnungsmerkmal für die dritte Phase des europäischen Integrationsprozesses eignet.

Die schwierige Umsetzung der Maastrichter Bestimmungen

Intergouvernementalismus und Gemeinschaftsmethode, Osterweiterung und Stärkung der demokratischen Strukturen der EU

Der EUV sah für das Jahr 1996 eine Regierungskonferenz vor, die sich mit der Wirkung des Vertragswerkes auf die EU und deren Mitgliedstaaten befassen und nötigenfalls einzelne Vertragsbestimmungen revidieren und über mögliche Nachbesserungen beraten sollte. Dabei hatte der Gedanke Pate gestanden, dass es nach einiger Zeit möglich sein könnte, die beiden intergouvernementalen „Säulen" des Maastrichter Vertragswerkes – die GASP und die Zusammenarbeit in der Innen- und Rechtspolitik – näher an die Gemeinschaftsmethode heranzuführen. Als weiterer Beratungspunkt der Regierungskonferenz war von Anfang an die Überprüfung des Verhältnisses von WEU und EU im Lichte des EUV vorgesehen. Auf der Brüsseler Ratstagung vom Dezember 1993 wurde die Frage der Leistungsfähigkeit und möglicherweise des Reformbedarfs der EU-Institutionen angesichts der geplanten „Osterweiterung", also der Erweiterung der EU um die Staaten Mittel- und Osteuropas, die bis zum Zusammenbruch des Warschauer Pakt-Systems östlich des „Eisernen Vorhangs" gelegen hatten, noch mit auf die Tagesordnung gesetzt. Die damit verbundene Vielfalt an Detailaspekten erwies sich rasch als so komplex und unübersichtlich, dass die europäischen Staats- und Regierungschefs auf der Ratstagung in Korfu im Juni 1994 darin übereinkamen, die Vorgaben für die geplante Regierungskonferenz zu lockern und statt dessen weitere Grundsatzüberlegungen über die Zukunft des Integrationsprozesses einzufordern. Angesichts der in vielen Mitgliedstaaten während des EUV-Ratifikationsprozesses geäußerten Kritik an der fehlenden Einbindung der europäischen Bevölkerung in die Entscheidungsfindungsprozesse auf europäischer Ebene hielten es die Gipfelteilnehmer für dringend erforderlich, mehr Demokratie und Bürgernähe zu wagen. Zwar erwies sich der eingeforderte „Dialog mit den Bürgerinnen und Bürgern Europas" auch im weiteren Verlauf der Konferenzvorbereitung als kaum realisierbar, die Initiative stieß aber auf ein ungewöhnlich starkes publizistisches Echo. Zudem war die wissenschaftliche Begleitung dieses Mal deutlich ausgeprägter als sonst.

So gesehen, hatte der öffentliche Diskurs über die Zukunft des europäischen Integrationsprozesses im Vorfeld der Regierungskonferenz über den EUV tatsächlich eine neue Qualität erreicht – freilich um den Preis einer zusätzlichen Erweiterung der Aufgabenstellung und der damit verknüpften Erwartungen an die Konferenz. In Medien- und Wissenschaftskreisen wurde eine Vielzahl einander teilweise ergänzender oder auch ausschließender Konzepte über die Zukunft des Integrationsprozesses entwickelt. Politisch so unterschiedlich positionierte prominente Europapolitiker und -wissenschaftler wie Peter Glotz, Wolfgang Schäuble, Karl Lamers, Valéry Giscard d'Estaing, Alain Lamassoure, Edouard Balladur, Jacques Delors oder auch einzelne Interessengruppen wie der **„Klub von Florenz"** plädierten angesichts einer möglichen Erweiterung auf 25 oder mehr Mitgliedstaaten für eine völlig neue Integrationsphilosophie. Auch wenn sie im Detail unterschiedliche Vorstellungen von der Binnenstruktur der künftigen Union hatten, waren sie sich einig im Befund, dass eine derart große Anzahl von Mitgliedstaaten eine Fortsetzung der bisher verfolgten Kombination von Erweiterung und Vertiefung nicht mehr erlaube, sondern stattdessen verschiedene Integrationsformen unter dem Dach einer primär auf den wirtschaftlichen Bereich beschränkten Union erfordere. Dabei könne es sich um multinationale Großföderationen in Westeuropa oder im Donauraum handeln, um regionale Zweckverbünde oder auch um eine politische Union mit weiter vertieften politischen Strukturen als „Kern" oder „Avantgarde" inmitten einer deutlich lockerer miteinander verknüpften weiteren Union. Stimmen insbesondere aus dem skandinavischen Raum forderten darüber hinaus eine Ausweitung der sozialen Kompetenz der Union, während sich Vertreter der kleineren Staaten gegenüber dem weiteren Ausbau der GASP skeptisch

Die Debatte über die Zukunft des Integrationsprozesses in der Phase der Europäisierung

zeigten und sich um eine Minderung ihres politischen Gewichts in den Gemeinschaftsinstitutionen sorgten.

E | **Der „Klub von Florenz"**
Bei dem „Klub von Florenz" handelt es sich um eine Gruppe namhafter Persönlichkeiten aus Wissenschaft, Verwaltung und Politik. Diese verteidigt das „Schäuble-Lamers-Papier", folglich das Kerneuropa-Konzept, verwendete allerdings den weniger belasteten Begriff der „Avantgarde". Sie argumentiert, dass ein differenziertes Vorgehen angesichts der unterschiedlichen Interessenlagen der Mitgliedsländer der EU unvermeidbar sei. Dem Klub gehören an: Enrique Baron Crespo, Christoph Bertram, Stanley Crossick, Renaud Dehousse, René Foch, Franz Froschmaier, Max Kohnstamm, François Lamoureux, Émile Noël und Tommaso Padoa-Schioppa.

Q **Auszug aus einer Rede von Bundespräsident Roman Herzog vor dem Europäischen Parlament in Straßburg, 1995:**

Wir haben eine Vision, und diese Vision heißt Europa. Aus Erfahrungen gemeinsamer Geschichte sind immer wieder Visionen für die Zukunft entstanden. So ist es auch heute, nach dem Ende des Kalten Krieges und am Beginn des neuen Jahrhunderts […]. Die Integration West- und Nordeuropas wirkt wie ein Magnet auf Osteuropa und den Mittelmeerraum. Die Erweiterungsdiskussion dynamisiert die Vertiefungsdiskussion. So war es schon immer, so ist es auch heute.

Die Westendorp-Arbeitsgruppe

Vor diesem Hintergrund verständigte sich der Europäische Rat in Korfu auf die Einrichtung einer „Reflexionsgruppe" zur Vorbereitung der Regierungskonferenz, in der die Außenministerien der Mitgliedstaaten, die Kommission und das Europäische Parlament vertreten waren. Ferner sollten die Gemeinschaftsorgane Berichte über das Funktionieren des EUV erstellen und den aus ihrer Sicht gegebenen Reformbedarf benennen. Die Arbeitsgruppe nahm am 2. Juni 1995 – und damit symbolträchtig am 40. Jahrestag der Messina-Konferenz – unter der Leitung des Staatssekretärs im spanischen Europaministerium, **Carlos Westendorp**, ihre Arbeit auf. Relativ rasch stellte sie Einvernehmen über die auf der Konferenz zu behandelnden Themenbereiche her – sie würde sich mit dem Ausbau der GASP zu befassen haben, ebenso mit der Reform der Zusammenarbeit in der Innen- und Rechtspolitik, der Frage nach dem Grad der Vergemeinschaftung im Bereich der Beschäftigungspolitik, der Reform der Institutionen und der Entscheidungsverfahren zur Sicherstellung der Funktionsfähigkeit der Union, der Problematik der differenzierten Integration sowie dem künftigen Verhältnis der Bürgerinnen und Bürger zur Union, oder, wie es im Gruppenbericht heißen sollte, der „Aussöhnung der Union mit ihren Bürgern". Hieran wird deutlich, dass die zunehmende Distanz zwischen dem von einer relativ kleinen europapolitischen Elite gesteuerten Integrationsprozess und der Bevölkerung in der EU in den europäischen Gremien als Problem erkannt worden war. Offensichtlich hatten die Menschen mit dem relativ raschen Tempo, das seit Verabschiedung der EEA integrationspolitisch an den Tag gelegt worden war, nicht mehr Schritt halten können, sie „verstanden" das europäische Einigungswerk nicht mehr, sondern nahmen es nur noch als eine abstrakte Größe wahr. Die Repräsentanten der EU hatten eingesehen, dass der Integrationsprozess aufgrund mangelnder Einbindung der Bevölkerung an einem erheblichen Legitimationsdefizit litt. Die damit verbundenen Gefahren waren klar: Die mangelnde Identifikation der europäischen Bevölkerung mit dem Einigungswerk führte dazu, dass noch so absurde europaskeptische Äußerungen, die es seit Beginn des Integrationsprozesses immer gegeben hatte, auf zunehmend größere Resonanz stießen. Der damit verbundene Druck, der sich auf nationaler Ebene im politischen Raum aufbaute, würde sich auf der Gemeinschaftsebene in verstärkter Unnachgiebigkeit der Mitgliedstaaten in Fragen der EU-Reform niederschlagen und damit die Fortsetzung des Integrationsprozesses zusätzlich erschweren.

Carlos Westendorp (*1937)
Jura-Studium in Madrid, diplomatischer Dienst, 1970 Mitglied des Außenministeriums, 1971 Verhandlungen in Brüssel über den Beitritt Spaniens zur EG, Mitglied der Linkssozialistischen Fortschrittspartei (PSP), 1991 Staatssekretär für europäische Angelegenheiten, Vorbereitung des Madrider EU-Gipfels vom 15./16. Dezember 1995, Leiter der EU-Reflexionsgruppe für die Reform des Maastricht-Vertrages November 1993, 1995 bis 1996 Außenminister Spaniens, dann ständiger Botschafter Spaniens bei den Vereinten Nationen, 1997 Nachfolger Carl Bildts als Hoher Beauftragter für den zivilen Wiederaufbau in Bosnien-Herzegowina der Europäischen Union.

In ihrem am 5. Dezember 1995 vorgelegten Bericht empfahl die Westendorp-Gruppe daher zwei Maßnahmenpakete zur Herstellung einer größeren Bürgernähe der EU: zum einen die Verbesserung ihrer rechtsstaatlichen und demokratischen Qualitäten, zum anderen die Erweiterung der Gemeinschaftskompetenzen auf den unmittelbar die EU-Bevölkerung berührenden Gebieten der Arbeitslosigkeit, der Sozialpolitik, der Kriminalitätsbekämpfung sowie der Umweltpolitik. Allerdings blieben die Empfehlungen der Reflexionsgruppe in diesen Punkten genauso wie in Bezug auf die übrigen Themenbereiche vage. Diesen Befund kann auch nicht das Lob übertünchen, das der Europäische Rat auf seiner Madrider Tagung im Dezember 1995 hinsichtlich der Arbeit der Reflexionsgruppe erteilt hatte, als die Staats- und Regierungschefs dem Bericht die Qualität einer guten Grundlage für die Regierungskonferenz attestierten. Die Konferenz, die ihre Arbeit am 29. März 1996 in Turin aufnehmen sollte, sah sich stattdessen schon in ihrer Vorbereitungsphase von den divergierenden nationalen Interessen in Bezug auf die Zukunft des Integrationsprozesses überschattet. So ähnelte der Westendorp-Bericht eher einem Gesprächsprotokoll, das die verschiedenen Positionen der beteiligten Nationen und Institutionen auflistete und in vielen Fällen Nichtübereinstimmungen und Unvereinbarkeiten der unterschiedlichen Standpunkte konstatierte, anstatt grundlegende Konzepte und weitreichende Lösungsvorschläge zu enthalten. Somit hatte es sich bei der Reflexionsgruppe nicht um eine Expertenrunde gehandelt, die frei von politischen Sach- und Handlungszwängen die gegebenen Möglichkeiten zur Ausräumung der bekannten Gemeinschaftsdefizite ausloten konnte, sondern um eine Versammlung von Regierungsvertretern mit klar eingeschränkten Handlungsvollmachten, denen offensichtlich nichts anderes erlaubt war, als die ohnehin schon bekannten Standpunkte ihrer jeweiligen Regierungen zu Protokoll zu geben.

Der Westendorp-Bericht und seine Empfehlungen zu einer größeren Bürgernähe der EU

Alte und neue
Konfliktfelder

Der Turiner Regierungskonferenz blieb somit nicht viel mehr übrig, als das fortzusetzen, was die Westendorp-Gruppe nicht beendet hatte. Entsprechend disparat waren die Themenbereiche und dementsprechend gering waren die Fortschritte, die erzielt werden konnten. Konfliktstoff boten eine Reihe von Punkten. So hatten einige Mitgliedstaaten, die, wie zum Beispiel Deutschland, von einem hohen Migrationsdruck betroffen waren, dafür plädiert, die Kompetenzen in asyl- und ausländerrechtlichen Fragen von der intergouvernementalen auf die Gemeinschaftsebene zu überführen, doch scheiterte dieses Vorhaben am britischen, dänischen und irischen Widerstand. Großbritannien und Irland widersetzten sich darüber hinaus erfolgreich dem Drängen der anderen Mitgliedstaaten, dem Schengener Raum beizutreten und auf Personenkontrollen an den Grenzen zu verzichten. Ein dritter Bereich, in dem offener Dissens herrschte, betraf die Frage der Zuständigkeiten des EuGH. Hinsichtlich der Ausweitung von Mehrheitsentscheidungen wurde schließlich genauso wenig Einvernehmen erzielt wie in der Frage der institutionellen Verankerung des künftig für die GASP verantwortlichen EU-Repräsentanten. In Bezug auf den sicherheitspolitischen Teil der GASP waren mehrere Staaten, unter ihnen Frankreich und Deutschland, für die Integration der WEU in die EU und damit für den Ausbau des europäischen Pfeilers der NATO eingetreten, konnten sich jedoch nicht gegen eine Koalition der Delegierten Dänemarks, Großbritanniens und der neutralen Mitgliedstaaten durchsetzen. Auf dem Gebiet der Beschäftigungspolitik plädierte Frankreich für eine entsprechende Ergänzung der WWU, die anderen Staaten widersetzten sich diesem Vorstoß und trugen dafür Sorge, die beschäftigungspolitische Autonomie der Mitgliedstaaten beizubehalten.

Kontroversen über
die EU-Reform

Im Hinblick auf die Reform der Institutionen und Entscheidungsverfahren wurden die Frage der Stimmengewichtung im Europäischen Rat, die Regelung der Ratspräsidentschaft und die Größe der Kommission besonders kontrovers diskutiert. Insbesondere die kleineren Mitgliedstaaten zeigten sich besorgt über einen möglichen Einflussverlust infolge der geplanten Osterweiterung. Auch an der Ausweitung und Vereinfachung des Mehrheitsentscheidungsverfahrens im Rat schieden sich die Geister, wobei jene Staaten, die dem Prinzip der Supranationalität aufgeschlossen gegenüberstanden, zu entsprechend größeren Zugeständnissen bereit waren. Angesichts der Themenvielfalt und -disparität wenig überraschend, widmete sich die Konferenz intensiv der bereits in Medien und Wissenschaft ausführlich diskutierten Frage der differenzierten Integration. Während die Delegierten mehrheitlich darin übereinstimmten, dass sich die EU in dieser Frage flexibel zeigen müsse, schieden sich die Geister wiederum an der Frage der Reichweite und Ausgestaltung dieses Instruments. Letztlich einigte man sich auf drei verschiedene, einander nicht ausschließende, sondern auch komplementär zu verwendende Ansätze. Dabei ging es um die Frage der Beteiligung oder Nichtbeteiligung von Mitgliedstaaten an bestimmten Gemeinschaftspolitiken. Die erste Variante sah die Einführung von Vertragsprotokollen vor, die es einzelnen Mitgliedern ermöglichen sollte, klar definierten Politikbereichen fernzubleiben (Opting-out) bzw. die verstärkte Kooperation einer Gruppe von Mitgliedstaaten im Rahmen des Vertrages zuzulassen. Dieses Verfahren schien besonders für die Bereiche GASP und Zusammenarbeit in der Innen- und Rechtspolitik zu taugen. Die zweite Variante sah die „einzelfallbezogene Flexibilität" vor und bezog sich auf die Nicht-Teilhabe einzelner Mitgliedstaaten an einer bestimmten Gemeinschaftsaktivität. Von ungleich größerer Bedeutung war jedoch die dritte, von Deutschland und Frankreich in die Debatte eingebrachte Variante, die es vertraglich regeln sollte, einer Gruppe von Mitgliedstaaten eine verstärkte Kooperation innerhalb des institutionellen und rechtlichen Gemeinschaftsrahmens zu ermöglichen. Diese Variante war eine klare Reaktion auf die im Vorfeld der Regierungskonferenz besonders in den Medien und der Wissenschaft geführte Diskussion über Möglichkeiten, wie die EU der bevorstehenden Osterweiterung angemessen begegnen könne. Offenbar maßen gerade Berlin und Paris als Repräsentanten des „deutsch-französischen Integrationsmotors" dieser dritten Variante eine besondere Bedeutung bei.

Die Arbeit der Regierungskonferenz wurde offiziell zur Tagung des Europäischen Rats am 17. Juni 1997 in Amsterdam beendet. Allerdings bedurfte es noch mehrerer Wochen intensiver Diskussionen auf verschiedenen Ebenen über den Bericht der Regierungskonferenz und der sich darauf beziehenden Beschlüsse des Europäischen Rates, bevor die daraus gewonnenen Erkenntnisse in den Text des Vertrages von Amsterdam einfließen konnten, der am 2. Oktober 1997 unterzeichnet wurde. Wiederum handelte es sich um einen Mantelvertrag, der neben dem eigentlichen Vertragstext noch 13 Protokolle und 59 Erklärungen enthielt. In der Öffentlichkeit wie in der Wissenschaft wurde das Vertragswerk überwiegend kritisch aufgenommen, doch spiegelt sein Inhalt letztlich nur die disparate Ausgangslage und die Interessenvielfalt. So wenig er dazu taugte, das Integrationswerk weiterzuführen, spiegelt sich in ihm die Problematik, mit der sich der Integrationsprozess seit Beginn der Europäisierungsphase konfrontiert gesehen hatte. Mit der Zahl der Mitglieder war die Zahl der Einzelinteressen gestiegen und damit die Gefahr der Überdehnung der Union, die letztlich zu ihrem Auseinanderbrechen führen könnte, wenn es nicht gelingt, die Gemeinschaftsstrukturen den veränderten Verhältnissen anzupassen. Der Europäische Rat hatte versucht, diese Anpassungsarbeit mit dem Amsterdamer Vertrag zu leisten, doch aufgrund der Vielfältigkeit der Ansprüche an den und Disparität der Vorstellungen vom Integrationsprozess diesen selbsterhobenen Anspruch nicht einlösen können. Weder gelang es, eine sinnvolle Reform der EU-Institutionen zu regeln – nur die vom Parlament selbst empfohlene Festlegung der Obergrenze des Europäischen Parlaments auf 700 Sitze war beschlussfähig –, noch wurden signifikante Fortschritte bei der Herstellung einer größeren Bürgernähe erreicht.

Auch gelang es nicht, den Beitritt der EU zur Europäischen Menschenrechtskonvention zu regeln oder einen Grundrechtskatalog zu formulieren. Ähnlich gering waren die Fortschritte im Bereich der Sicherheitspolitik, eine schrittweise Integration der WEU in die EU scheiterte am hartnäckigen britischen Widerstand. Im weiteren Bereich der GASP wurde immerhin das Amt des „Hohen Vertreters" der EU eingerichtet, was allerdings mangels klar definierter Kompetenzen eher als ein symbolischer Akt verstanden werden sollte. Denn das Prinzip der Einstimmigkeit bei allen grundlegenden politischen Entscheidungen wurde beibehalten. Zwar regelte der Amsterdamer Vertrag die Umsetzung von „gemeinsamen Strategien" in der GASP per qualifiziertem Mehrheitsbeschluss, doch wurde den einzelnen Mitgliedstaaten

Der Vertrag von Amsterdam

auch hier ein Vetorecht eingeräumt und damit das Gesamtverfahren erheblich erschwert. Auf dem Gebiet der Innen- und Rechtspolitik konnte immerhin das Schengener System in den Unionsrahmen integriert und damit auf das Gebiet der EU – ausgenommen Großbritannien und Irland – übertragen werden. Während der EUV für diesen Bereich das intergouvernementale Entscheidungsverfahren vorgesehen hatte, wurde im Amsterdamer Vertrag ein Großteil der Politikfelder vergemeinschaftet, wobei allerdings mehrere Mitgliedstaaten sogleich von der Möglichkeit des „Opting-out" Gebrauch machten und sich damit der Kooperation im Unionsrahmen entzogen. In Bezug auf die soziale Dimension der EU wurden mit einem Beschäftigungskapitel über Maßnahmen zur Bekämpfung der Arbeitslosigkeit und die Übernahme der Bestimmungen des Sozialabkommens in den Gemeinschaftsvertrag zwei Neuerungen eingeführt. Enttäuschender waren die Vertragsbestimmungen zur differenzierten Integration, die auf ausdrückliches britisches Betreiben nicht auf dem Gebiet der GASP gelten durften. Zudem wurden die entsprechenden Regelungen an strenge Voraussetzungen und an das Veto-Recht jedes einzelnen Mitgliedstaates geknüpft, so dass sie allenfalls in besonderen Ausnahmefällen realisiert werden konnten. Der Vertrag von Amsterdam trat nach ordnungsgemäßem Abschluss des Ratifikationsverfahrens am 1. Mai 1999 in Kraft.

Die dritte Erweiterungsrunde

Beitrittsverhandlungen mit den EFTA-Staaten

Parallel zur Diskussion über die Wirkung des EUV führte die EU Verhandlungen mit Finnland, Norwegen, Österreich und Schweden über die Modalitäten ihres Beitritts zur Gemeinschaft. Die Verhandlungen wurden im April 1994 erfolgreich abgeschlossen, der Beitritt zum 1. Januar 1995 vollzogen, nachdem in jedem der beitrittswilligen Staaten eine Volksabstimmung stattgefunden hatte. Wie 1972 votierte auch diesmal eine Mehrheit der norwegischen Bevölkerung gegen die EU-Zugehörigkeit und verhinderte so den Beitritt Norwegens ein zweites Mal. Der Weg der ehemaligen EFTA-Staaten in die EU war durch den Zusammenbruch des Sowjetblocks und der damit notwendig gewordenen Neuordnung der gesamteuropäischen Sicherheitsstruktur geebnet worden. Vor dem Ende des systemischen Konflikts hatten Schweden, Finnland und Österreich einen EG-Beitritt stets mit dem Verweis auf die herausragende Bedeutung der Neutralität für ihre Außen- und Sicherheitspolitik abgelehnt. Manch führender Entscheidungsträger – besonders auf Seiten der politischen Linken – betrachtete die EG überdies als eine europäische politische Einrichtung zur Unterstützung der NATO. Das schien ein hinreichendes Argument gegen die Mitgliedschaft zu sein, obwohl sich konservative Kräfte und Wirtschaftskreise in allen drei Staaten seit den 1960er Jahren zumindest für eine engere Zusammenarbeit mit der EG ausgesprochen hatten, um so die außenpolitischen Interessen ihres jeweiligen Heimatlandes gegenüber dem integrierten Europa angemessen wahrnehmen zu können. Seit Mitte der 1980er Jahre aber setzte eine neue öffentlich geführte „Europa"-Diskussion in den nicht zur Gemeinschaft gehörenden Staaten Westeuropas ein. Zum Teil war das neu erwachte Interesse zurückzuführen auf den EG-Beitritt Griechenlands, Spaniens und Portugals einschließlich der sich daran anschließenden strukturellen Reformen der EG, besonders hinsichtlich der EEA und der darin festgeschrieben Schaffung des Binnenmarktes bis 1992. Angesichts der erweiterten EG verlor die EFTA als mögliche Alternativgemeinschaft zudem weiter an Bedeutung, der Welthandel wurde stattdessen von den USA, der EG und Japan kontrolliert. Unter diesen sich verändernden Bedingungen gewannen die ökonomischen Argumente für eine volle EG-Mitgliedschaft mehr und mehr an Gewicht, zumal die EG einen großen Teil der Exporte der betroffenen Staaten aufnahm.

Die in der zweiten Hälfte der 1980er Jahre einsetzende Entspannung im Ost-West-Verhältnis infolge des neuen Politikstils, den Michail Gorbatschow als Generalsekretär des ZK der KPdSU eingeführt hatte, entkräftete zunehmend die gegen die EG-Mitgliedschaft angeführten sicherheitspolitischen Argumente. So wuchs in Schweden der von Konservativen und Liberalen zusammen mit starken Wirtschaftskräften ausgeübte Druck auf die von den Sozialdemokraten (SAP) geführte Regierung, sich um bessere Beziehungen zur EG zu bemühen und dabei auch eine Vollmitgliedschaft in Erwägung zu ziehen. Während die Parteispitze unter dem Eindruck des wachsenden proeuropäischen Drucks im Land ihre eigene Position gegenüber der EG zu überdenken begann, blieb die Parteibasis in der Frage einer vollen EG-Mitgliedschaft bis in die frühen 1990er Jahre skeptisch bis ablehnend.

Schweden

Q

Michail Gorbatschow zum „gemeinsamen Haus Europa" (1987):

[…] das Haus ist zwar ein gemeinsames Haus, aber jede Familie hat ihre eigene Wohnung, und es gibt mehrere Eingänge. Nur gemeinsam allerdings sind die Europäer stark und können ihr Haus vor einem Brand oder ähnlichen Katastrophen schützen. Nur gemeinsam können sie ihr Haus besser und sicherer gestalten und die Ordnung aufrechterhalten […] Das Konzept eines „gemeinsamen europäischen Hauses" ist notwendig und bietet Chancen […].

Unter dem Eindruck der EEA appellierten die schwedischen Industrieverbände nahezu einhellig an die Regierung, sich für die EG-Vollmitgliedschaft zu entscheiden. Im politischen Spektrum war man etwas zurückhaltender, gleichwohl gab es einen breiten Konsens darüber, dass die EEA eine schwedische Reaktion verlange. Zunächst versuchte die Regierung, den Zugang zum werdenden Binnenmarkt „durch die Hintertür" zu erreichen, indem sie einen gemeinsamen Markt aus EFTA und EG vorschlug. Die Antwort der EG auf diesen Vorschlag fiel freilich genauso kühl aus, wie sie es in Bezug auf das britische Freihandelsprojekt in den späten 1950er Jahren gewesen war. Stattdessen gewannen in der EG jene Pläne an Konturen, in denen es um die Wirtschafts- und Währungsunion ging. Vor dem Hintergrund der darüber geführten europaweiten Diskussion schlossen sich die schwedischen Konservativen und Liberalen dem Standpunkt der Industrieverbände an und verlangten von der Regierung die Beantragung der EG-Vollmitgliedschaft. Zu diesem Zeitpunkt konnten sie sich dabei nicht mehr nur auf die Unterstützung der Industrie, sondern auch auf die der Angestelltengewerkschaft TCO und der meisten führenden SAP-Politiker berufen. Letztere zeigten, dass die vormals geschlossene euroskeptische Front der SAP und Gewerkschaften deutliche Risse bekommen hatte. Diese größere Offenheit gegenüber der EG spiegelte sich auch in Meinungsumfragen. Ende der 1980er Jahre befürworteten bereits 67 % der schwedischen Bevölkerung einen Beitritt zur EG.

Vor diesem Hintergrund schmolz der Widerstand gegen eine schwedische Vollmitgliedschaft weiter. Dazu trugen auch intensive Kontakte im Rahmen der Sozialistischen Internationale bei. Im Verlauf mehrerer Treffen mit drei führenden kontinentalen Sozialdemokraten, Jacques Delors, Felipe González und Franz Vranitzky, modifizierte Schwedens Premierminister Ingvar Carlsson seine ursprünglich skeptische Haltung gegenüber einer Vollmitgliedschaft und veranlasste seine Regierung im Sommer 1991, den entsprechenden Antrag in Brüssel einzureichen. Sein eigenmächtiger Vorstoß überraschte die finnische wie die norwegische Regierung, die beide gehofft hatten, ihre jeweiligen Beitrittsersuche in einer konzertierten Aktion mit Schweden einzureichen, um einerseits ihren Anliegen größeren Nachdruck verleihen zu können, andererseits aber auch die eigene Bevölkerung durch den dann getätigten demonstrativen gesamtskandinavischen Schritt in Richtung des unbekannten Europa in Sicherheit zu wiegen. Diese Möglichkeit bot sich nun nicht mehr, unabhängig davon wollte eine Mehrheit der schwedischen Bevölkerung die Vollmitgliedschaft, wenngleich die ursprünglich 67-prozentige Unterstützung im Referendum über die schwedische EU-Mitgliedschaft von 1994 auf 52,3 % schrumpfen sollte.

Finnland   Der finnische Fall ist in vielerlei Hinsicht mit dem schwedischen vergleichbar. Nach Abschluss des Freihandelsabkommens mit der EG Anfang der 1970er Jahre hatte die Regierung in Helsinki keine Veranlassung mehr gesehen, die europäische Frage weiter zu erörtern. Erst 1988 wurden die Beziehungen zur EG wiederbelebt, als auf finnischen Wunsch ein „politischer Dialog" begann, der zunächst auf unterer, dann auf ministerieller Ebene geführt wurde. Dennoch rückte eine EG-Vollmitgliedschaft erst im Oktober 1989 in das Blickfeld finnischer Politik, nachdem Österreich sein Beitrittsgesuch eingereicht hatte. Seinerzeit hatte in finnischen Regierungskreisen ein Reflexionsprozess eingesetzt, in dem auch die Vollmitgliedschaft eine Rolle spielte. Allerdings mussten die entsprechenden Diskussionen mit der gebotenen Diskretion geführt werden, weil die politischen Parteien in dieser Frage uneins waren. Die öffentliche Meinung war in dieser Hinsicht den politischen Eliten weit voraus. In einer Meinungsumfrage aus dem Mai 1990 sprachen sich bereits 60 % aller Finnen uneingeschränkt für eine EG-Vollmitgliedschaft aus. Dennoch konnte sich die Regierung nicht zu einem entschlossenen Handeln durchringen, sondern hoffte immer noch auf einen gemeinsamen skandinavischen Schritt. Umso unerwarteter kam daher der schwedische Vorstoß im Sommer 1991. Nun war Helsinki im Zugzwang, doch waren die innerfinnischen Widerstände gegen einen eigenen Beitrittsantrag gering. So konnte dieser bereits im Dezember 1991 eingereicht werden, breit unterstützt von den wichtigsten gesellschaftlichen Interessengruppen, Verbänden und Parteien. Das Referendum von 1994 mit 56,9 % Zustimmung für den Beitritt unterstrich noch einmal den raschen Schwenk in der finnischen Außen- und Europapolitik.

Österreich   Der Zusammenbruch der Sowjetunion und die schwierigen ökonomischen Verhältnisse in Russland Anfang der 1990er Jahre ließen die Vorteile der EU-Vollmitgliedschaft in besonders hellem Licht erscheinen. Zudem bestand die Hoffnung auf zusätzliche Sicherheit unter dem Dach der EU angesichts der ungewissen Entwicklung im östlichen Nachbarland. Ähnliche Überlegungen spielten auch in Österreich eine Rolle, wo man sich schon im Kalten Krieg stets auf den Schutz durch die NATO verlassen hatte. Wie Schweden und Finnland interessierte sich auch Österreich aufgrund der EEA-Initiative und der damit einhergehenden Gefahr einer möglichen Exklusion von einem europäischen Binnenmarkt wieder stärker für die EG – auch deshalb, weil Österreich von allen Beitrittskandidaten am stärksten vom Handel mit der EG abhing. Vor diesem Hintergrund hatte die österreichische Regierung bereits 1989 die EG-Vollmitgliedschaft beantragt. Die österreichische Wirtschaft und Landwirtschaft unterstützten beinahe einstimmig den Beitritt, fast alle Medien ebenfalls, genauso wie die ÖVP und, nach anfänglichem Zögern, die SPÖ. Eine breite Mehrheit der österreichischen Bevölkerung empfand den Beitritt zur EU als eine Rückkehr zu europäischen Normalität, was sich 1994 in einer zustimmenden Zwei-Drittel Mehrheit in der entsprechenden Volksabstimmung spiegeln sollte. Damit war die dritte Erweiterungsrunde aufgrund des ablehnenden norwegischen Referendums komplett. Mit der „EFTA-Erweiterung" stieg die Zahl der EU-Mitgliedstaaten am 1. Januar 1995 von 12 auf 15.

Von 15 auf 25: Der Vertrag von Nizza, die Osterweiterung und der Vertrag über eine Verfassung für Europa

Im Juni 1999, nur einen Monat nach Inkrafttreten des Vertrages von Amsterdam, beschloss der Europäische Rat auf seiner Sitzung in Köln die Einberufung einer weiteren Regierungskonferenz für Anfang 2000. Dabei handelte es sich um die fünfte Regierungskonferenz zur Änderung des EUV. Sie sollte sich mit den im Amsterdamer Vertrag offen gelassenen Punkten befassen, die angesichts der zügig verlaufenden Beitrittsverhandlungen zwischen der Union und zwölf Beitrittskandidaten (Bulgarien, Estland, Lettland, Litauen, Malta, Polen, Rumänien, Slowakei, Slowenien, Tschechische Republik, Ungarn, Zypern) vor dem Vollzug des Beitritts zumindest einiger Staaten, mit dem ab etwa 2002 gerechnet wurde, der dringenden Klärung bedurften. Das betraf die Frage nach der Größe und Zusammensetzung der Kommission sowie die künftige Stimmenwägung und Ausweitung des Mehrheitsentscheidungsverfahrens im Ministerrat. Die nachträglich noch um das Kapitel „Überprüfung der Amsterdamer Bestimmungen über die verstärkte Zusammenarbeit" ergänzte Konferenz nahm ihre Arbeit am 14. Februar 2000 in Brüssel auf, trat 30 Mal zusammen, sorgte für einen Sondergipfel (am 13. und 14. Oktober 2000 in Biarritz) und schließlich im Ergebnis für die Erkenntnis, dass es nicht möglich war, auf Konferenzebene zu einvernehmlichen Regelungen in wesentlichen Fragen zu kommen – diese mussten von den Staats- und Regierungschefs selbst getroffen werden, wenn sie es denn konnten. Der Zeitpunkt dazu war am 7. Dezember 2000 gekommen, als

Der Vertrag von Nizza

sich der Europäische Rat mit dem Bericht der Regierungskonferenz zu befassen hatte und dabei feststellen musste, dass in einigen zentralen Punkten weiterhin Entscheidungsbedarf bestand. Schließlich ging es in der Tat darum, wie die künftige Stellung jedes einzelnen der 15 EU-Mitgliedstaaten in der erweiterten Union sein würde. Entsprechend kontrovers verliefen die Verhandlungen und entsprechend schwierig zeigte sich die Formulierung der Ergebnisse des Gipfels. Erst am 26. Februar 2001 konnte der Vertrag von Nizza offiziell von den Außenministern der EU-Staaten unterzeichnet werden. Das ablehnende erste Referendum in Irland vom 7. Juni 2001 erschwerte und verlängerte den Ratifikationsprozess, so dass das Vertragswerk selbst nach einem zustimmenden Votum der irischen Bevölkerung vom Oktober 2002 am 1. Februar 2003 in Kraft treten konnte.

Vorbereitungsmaßnahmen für die Osterweiterung
Der Vertrag versuchte auf fünf Ebenen, eine Anpassung der Gemeinschaftsstrukturen an die mit der Osterweiterung verbundenen neuen Herausforderungen zu erreichen. Erstens verknüpfte er die künftige Zahl der Kommissionsmitglieder eng mit der Rolle des Kommissionspräsidenten und der Kommission selber. Ab dem 1. Januar 2005, also zum Zeitpunkt der Zusammensetzung der nächsten neuen Kommission, sollten alle Mitgliedstaaten nur noch ein Kommissionsmitglied benennen dürfen. Das allein bedeutete jedoch ein Anwachsen der Kommission auf bis zu 26 Mitglieder. Erst ab dem 27. Mitglied würde eine Änderung des EG-Vertrages die Zahl der Kommissionsmitglieder unter die Zahl der Mitgliedstaaten sinken lassen. Ein ausgeklügeltes Rotationsverfahren hatte stattdessen dafür Sorge zu tragen, dass alle Mitgliedstaaten in berechenbaren Abständen in der Kommission vertreten sein würden. Künftige Kommissionspräsidenten sollten vom Europäischen Rat mit qualifizierter Mehrheit ernannt werden, das Europäische Parlament hatte dazu seine Zustimmung zu erteilen. Die übrigen Mitglieder der Kommission sollten dann gemeinsam vom Rat und dem Kommissionspräsidenten benannt werden, die Vorschlagsliste musste wiederum vom Parlament bestätigt werden. Erst nach der Zustimmung durch das Europäische Parlament würde der Rat dann die Kommission als Ganzes mit qualifizierter Mehrheit ernennen können.

Veränderte Stimmengewichte
Was die Reform der Stimmengewichtung im Europäischen Rat betraf, so sahen die Vertragsbestimmungen ab dem 1. Januar 2005 ein erheblich schwierigeres Verfahren als bisher vor, womit die Fähigkeit der EU zu einer effektiven Politikgestaltung erheblich reduziert wurde. Für die vertraglich ebenfalls geregelte neue Sitzverteilung im Europäischen Parlament mussten Frankreich, Großbritannien und Italien den Verlust von jeweils 15 Sitzen akzeptieren, während Deutschland auch nach den Parlamentswahlen vom Juni 2004 weiterhin über 99 Mandate verfügen durfte. Die Gesamtzahl der Parlamentssitze einer auf 27 Mitglieder erweiterten EU wurde auf maximal 732 erhöht. Freilich handelte es sich bei der Stimmen- und Sitzverteilung für eine EU-27 nicht um eine verbindliche Regelung, sondern lediglich um eine Absichtserklärung, deren Inhalt in den Beitrittsverträgen revidiert werden konnte. Trotzdem ist festzuhalten, dass die Rechte des gemäß den Vertragsbestimmungen von Nizza deutlich repräsentativer zusammengesetzten Parlaments erneut erweitert wurden und es fortan in über einem Fünftel aller EG-Vertragsgrundlagen ein Mitentscheidungsrecht besaß. Reformiert wurde auch das gemeinschaftliche Gerichtssystem durch eine Erhöhung der

Richterzahl des EuGH und die Einrichtung von speziellen Kammern für die Zusammenarbeit in der Rechts- und Sozialpolitik.

Angesichts der offen gebliebenen Fragen konnte die vielstimmige Kritik an dem Vertragswerk nicht überraschen. Die Kritik bezog sich hauptsächlich darauf, dass es nur gelungen war, Minimallösungen zu erreichen, und dass die Handlungsfähigkeit der Gemeinschaft durch zahlreiche Ausnahmebestimmungen zum Mehrheitsverfahren begrenzt wurde. Wieder einmal hätten, so der einhellige Tenor der Kritik, nationale Interessen über die europäischen gesiegt. Andererseits war es trotz der zweifellos schwierigen Begleitumstände gelungen, die formalen Voraussetzungen für die Aufnahme einer größeren Zahl neuer Mitglieder zu schaffen und damit für die Weiterführung des Integrationsprozesses eine Richtung anzudeuten. Damit hatte die EU eine der Bedingungen erfüllt, die der Europäische Rat auf seiner Kopenhagener Tagung im Juni 1993 formuliert hatte, als es darum gegangen war, die endgültigen Weichen für die Osterweiterung zu stellen.

Kritik am Vertrag von Nizza

Dass es zu einer solchen Erweiterung kommen könnte, hatte sich bereits in den dramatischen Umbruchjahren 1989 bis 1991 angedeutet, als vor dem Hintergrund der Implosion des Ostblocks die Notwendigkeit einer Neuordnung der politischen, ökonomischen und gesellschaftlichen Verhältnisse der Staatenwelt Mittel- und Osteuropas (MOE-Staaten) immer deutlicher wurde. Dabei hatten sich die neuen politischen Eliten schon früh und dann mit zunehmender Intensität für eine Integration in die westlichen europäischen Gemeinschaften, also in die EG und die NATO, ausgesprochen. Ohne dass bereits Klarheit über die weitere Entwicklung der Verhältnisse bestanden hätte, war von den Staats- und Regierungschefs der sieben wichtigsten Industrieländer (G 7) im Sommer 1989 ein wirtschaftliches Hilfsprogramm beschlossen worden, um die Demokratisierung und Modernisierung in Polen und Ungarn zu unterstützen. Das ca. neun Milliarden ECU schwere PHARE (= Poland Hungary Aid for the Reconstruction of the Economy)-Programm wurde in den 1990er Jahren auf die anderen MOE-Staaten ausgedehnt und entwickelte sich bis zum Ende des Jahrzehnts zum wichtigsten Programm für die Heranführung dieser Staaten an die EU. Nachdem die Richtung des Umbruchs in Mittel- und Osteuropa immer deutlicher wurde, hatte sich François Mitterrand Ende 1989 für die Schaffung einer europäischen Konföderation bei gleichzeitiger Vertiefung der EG-Strukturen ausgesprochen. Weil eine solche Konföderation die Integration der MOE-Staaten in die westeuropäischen Gemeinschaften aber für längere Zeit ausgeschlossen hätte, war die Initiative Mitterrands auf nur begrenztes Interesse gestoßen. Stattdessen schlossen Polen, die Tschechoslowakei und Ungarn bereits im Dezember 1991 erste Abkommen mit der EG, die konkrete Beitrittsperspektiven enthielten. Vor dem Hintergrund dieser unerwartet raschen Annäherung waren dann im Juni 1993 die Kopenhagener Beitrittskriterien entwickelt worden, die neben der Anpassung der Gemeinschaftsstrukturen den Beitritt der MOE-Staaten an die Erfüllung konkreter politischer, wirtschaftlicher und rechtlicher Voraussetzungen knüpfte. So mussten diese erstens eine institutionelle Stabilität als Garantie einer demokratischen und rechtlichen Ordnung sowie als Beleg für die Fähigkeit zur Wahrung der Menschenrechte und zum Schutz von Minderheiten nachweisen können. Zweitens hatten sie eine funktionsfähige Marktwirtschaft

Die Reaktion der EU auf den Umbruch von 1989–1991

aufzubauen, um dem Wettbewerbsdruck und den Marktkräften in der Gemeinschaft standhalten zu können. Drittens mussten auch sie vor dem Beitritt den *Acquis communautaire* in seiner Gesamtheit übernehmen. Damit hatten die Staats- und Regierungschefs zwar recht hohe Hürden formuliert, glaubten jedoch, auf diese Weise die weitere Entwicklung unter Kontrolle halten zu können, zumal die Reform der Gemeinschaftsstrukturen zu einer weiteren Voraussetzung für den Vollzug des Beitritts gemacht worden war. Die Beitrittsanträge der MOE-Staaten wurden bis Ende 1995 gestellt.

Land	Unterzeichnung des Assoziationsabkommens	Datum des Beitrittsantrages
Bulgarien	1. 3. 1993	14. 12. 1995
Estland	12. 6. 1995	24. 11. 1995
Lettland	12. 6. 1995	13. 10. 1995
Litauen	12. 6. 1995	8. 12. 1995
Polen	16. 12. 1991	5. 4. 1994
Rumänien	8. 2. 1993	22. 6. 1995
Slowakei	6. 10. 1993	27. 6. 1995
Slowenien	10. 6. 1996	10. 6. 1996
Tschech.	6. 10. 1993	17. 1. 1996
Rep.	16. 12. 1991	31. 3. 1994
Ungarn		
Malta	1. 4. 1971	3. 7. 1990
Türkei	12. 9. 1963	14. 4. 1987
Zypern	19. 12. 1972	3. 7. 1990

Die Assoziationsabkommen, die etwa ein Drittel der Bestimmungen des *Acquis communautaire* vorwegnahmen, zielten auf die Schaffung einer Freihandelszone zwischen der Gemeinschaft und den assoziierten Staaten, wobei erstere ihre Handelsschranken früher und umfassender abbaute als der jeweilige Vertragspartner. Es ging dabei um die Intensivierung der wirtschaftlichen, finanziellen und kulturellen Zusammenarbeit, womit die Gemeinschaft den assoziierten MOE-Partnern Unterstützung beim Übergang zur Marktwirtschaft leisten wollte. Zugleich sollten die Rahmenbedingungen für politische Stabilität und wirtschaftliches Wachstum geschaffen und die Grundsteine für die Erweiterung gelegt werden. Im Dezember 1994, auf der Essener Ratstagung, wurde die Heranführungsstrategie für die MOE-Staaten weiter entwickelt, die die im Juli 1997 von der Kommission vorgelegte Agenda 2000 nochmals präzisierte. In diesem Papier sollten umfassende Reformvorschläge den Weg zu einer „stärkeren und erweiterten Union" abstecken. In erster Linie ging es dabei um Vorschläge für eine umfassende Reform der Gemeinschaftspolitiken und um Überlegungen zur Finanzierung der Erweiterung. Zudem wurde über den Stand der Umsetzung der Kopenhagener Kriterien berichtet.

Die Agenda 2000   Im März 1999 befassten sich die Staats- und Regierungschefs der EU auf dem Berliner Sondergipfel mit den Vorschlägen der Kommission. Die Reform der GAP war wieder einmal ein zentraler Gesprächspunkt, da sie etwa 50% des Gemeinschaftshaushaltes in Anspruch nahm. Man verständigte sich auf ein Einfrieren der Agrarausgaben für den Zeitraum bis 2006 auf 40,5 Milliarden Euro pro Jahr. Das sollte durch eine stufenweise Senkung der Subventionen für Getreideprodukte, Rindfleisch und Milchprodukte erreicht werden. Damit verbundene Einkommensverluste der Landwirtschaft wollte man durch direkte Einkommensbeihilfen ausgleichen. Ebenfalls auf dem Prüfstand war die Regional-, Struktur- und Kohäsionspolitik der Gemeinschaft, die mit 30 % den zweitgrößten Anteil am EU-Haushalt hatte. Bislang waren die entsprechenden Mittel recht großzügig verteilt worden, so dass über 50 % der EU-Bevölkerung bereits Zahlungen aus den Strukturfonds erhalten hatten. Dieses ohnehin wenig effektive „Gießkannenprinzip" konnte, darüber bestand Einvernehmen, nach der Osterweiterung nicht länger aufrechterhalten werden, da nach dem Beitritt voraussichtlich in großem Umfang Förderungsmaßnahmen für alle MOE-Staaten finanziert werden mussten. Auch hierfür enthielt die Agenda 2000 Vorschläge, denen sich die Ratsteilnehmer in Berlin weitgehend anschlossen. Die Zielgebiete der Förderung wurden von sieben auf drei reduziert, der Anteil der Bevölkerung mit Anspruch auf Mittelzahlungen aus den Fonds sollte mittelfristig auf 35 bis 40 % der EU-Bevölkerung reduziert werden. Dabei zeichnete sich ab, dass insbesondere jene Staaten, die wie Irland, Portugal und Spanien bislang besonders stark von den Ausgleichszahlungen profitiert hatten, entsprechende Überlegungen kritisch betrachteten, weil sie eine Umlenkung der Mittelflüsse erwartungsgemäß besonders stark treffen würde.

In der Agenda 2000 hatte die Kommission auch ein Gruppenmodell vorgeschlagen, demgemäß die konkreten Verhandlungen zunächst mit Estland, Polen, Ungarn, der Tschechischen Republik und Slowenien aufgenommen werden sollten. Sie ging davon aus, dass diese Staaten zusammen mit Zypern, das bereits 1990 einen Beitrittsantrag gestellt hatte, auf mittlere Sicht am ehesten in der Lage sein würden, alle Voraussetzungen für die Mitgliedschaft zu erfüllen. Zypern stellte aufgrund seiner Teilung einen Sonderfall dar, weil der nördliche türkisch-zyprische Teil völkerrechtlich nicht anerkannt war (bis heute nicht ist) und die wirtschaftlichen und politischen Unterschiede zum Süden nach wie vor erheblich sind. Die Vereinigung der geteilten Insel wird weiterhin durch die unterschiedlichen Interessen Griechenlands und der Türkei erheblich erschwert. In Bezug auf die anderen MOE-Staaten (Bulgarien, Lettland, Litauen, Rumänien und die Slowakei) empfahl die Agenda 2000 die Aufnahme von Verhandlungen zu einem späteren Zeitpunkt. Im Dezember 1997 bestätigte der Europäische Rat in Luxemburg die Kommissionsvorschläge, so dass Anfang April 1998 die Verhandlungen mit den Staaten der ersten Gruppe aufgenommen werden konnten, ohne deren erfolgreichen Abschluss zur Vorbedingung für die Aufnahme von Verhandlungen mit der zweiten Gruppe zu machen.

Im Gegenteil beschloss der Rat im Dezember 1999 auf seiner Tagung in Helsinki auf der Grundlage einer neuen Kommissionsempfehlung die Aufnahme von Beitrittsverhandlungen auch mit den Staaten der zweiten Gruppe. Darüber hinaus erkannten die Staats- und Regierungschefs der EU der Türkei den Status eines Beitrittskandidaten zu, ohne sich schon auf einen Termin für die Aufnahme von Beitrittsverhandlungen festzulegen. In Bezug auf die Türkei hatte die Kommission ausdrücklich auf die problematische Menschenrechtssituation und die demokratischen Defizite im politischen

System hingewiesen, die mit den Kopenhagener Kriterien nicht zu vereinbaren waren. Über die Frage, ob eine türkische EU-Mitgliedschaft mit den europäischen Grundwerten und -überzeugungen vereinbar sei, ist spätestens seit dem Gipfel von Helsinki auf der EU-Ebene intensiv und kontrovers diskutiert worden. Ohne hier näher auf den Diskussionsverlauf und die kontroversen Standpunkte eingehen zu können, bleibt festzuhalten, dass die Verleihung des Status eines Beitrittskandidaten an die Türkei einen für den europäischen Integrationsprozess typischen Automatismus eingeleitet hat, der sich seither in regelmäßigen Fortschrittsberichten und der 2001 vereinbarten Beitrittspartnerschaft bis hin zur 2004 verkündeten Aufnahme von Beitrittsverhandlungen im Oktober 2005 niedergeschlagen hat.

Die Beitritts-verhandlungen

Für die MOE-Beitrittsverhandlungen wurden 31 Politikfelder als Kapitel definiert, die so unterschiedliche Themen wie den freien Personen-, Waren- und Dienstleistungsverkehr, WWU, GASP, Finanzkontrolle oder Haushalt betrafen. Über den Stand der Verhandlungen zu den einzelnen Kapiteln und in Bezug auf die jeweiligen Verhandlungspartner berichtete die Kommission regelmäßig in ihren Fortschrittsberichten. Auf Grundlage der Berichte bekräftigte der Europäische Rat auf seiner Göteburger Tagung im Juni 1991 seine Überzeugung, dass der Erweiterungsprozess unumkehrbar sei. Im November desselben Jahres legte die Kommission einen weiteren Bericht vor, aus dem hervorging, dass zumindest zehn MOE-Staaten – mit Ausnahme Rumäniens und Bulgariens – die Chance hatten, im Jahre 2004 der EU beizutreten. Dieser Bericht wurde vom Europäischen Parlament bestätigt, so dass der Erweiterung der EU um zehn MOE-Staaten zum 1. Mai 2004 keine nennenswerten Hürden mehr im Wege standen. Die Aufnahme Rumäniens und Bulgariens ist für das Jahr 2007 vorgesehen.

Der Weg zum Vertrag für eine Verfassung für Europa wird abgesteckt

Gekrönt werden sollte die bislang größte Erweiterung des europäischen Integrationsraums mit einem „Vertrag über eine Verfassung für Europa" (EVV). Dazu hatte der Europäische Rat im Dezember 2001 auf seiner Tagung in Laeken einen Verfassungskonvent eingesetzt, der aus insgesamt 105 Mitgliedern bestand. In diesem war jeder der seinerzeit 15 Mitgliedstaaten durch einen Regierungsvertreter und zwei Parlamentarier vertreten, darüber hinaus durften die 13 Beitrittskandidaten Mitglieder mit eingeschränktem Stimmrecht entsenden, hinzu kamen 16 Mitglieder des Europäischen Parlaments und zwei Mitglieder der Kommission. Das zwölfköpfige Präsidium des Konvents war vom Europäischen Rat benannt worden, es stand unter der Leitung des ehemaligen französischen Staatspräsidenten Valéry Giscard d'Estaing und seinen beiden Stellvertretern Giuliano Amato und Jean-Luc Dehaene. Der Konvent nahm seine Arbeit im Februar 2002 auf, am 18. Juli 2003 konnte das Präsidium dem Präsidenten des Europäischen Rates einen vollständigen Verfassungsentwurf überreichen.

Darüber, ob die EU aufgrund ihres besonderen völkerrechtlichen Status verfassungsfähig ist, gibt es in der einschlägigen rechtswissenschaftlichen Forschung keinen Konsens, sondern lediglich eine Mehrheitsmeinung, die ihr die Verfassungsfähigkeit zugesteht. Das hängt nicht zuletzt auch damit zusammen, dass der Verfassungsbegriff in der traditionellen Staatslehre eng mit dem des souveränen Nationalstaats verbunden ist. Die Vertreter der Mehrheitsmeinung nutzen somit für die Begründung ihres Standpunktes die „staatsähnliche Qualität", die die EU im Verlauf des Integrationsprozesses gewonnen habe. Die Kritiker der vorbehaltlosen Verfassungsfähigkeit der EU verweisen auf denselben Ausgangspunkt und betonen, dass jede „echte" Verfassung einen ebenso „echten" Staat voraussetze, während die EU kein Staat bzw. Bundesstaat sei und auch in absehbarer Zeit nur eine überstaatliche Föderation eigener Art bleiben werde. Darüber hinaus betonen die Kritiker, dass es kein „europäisches Volk", sondern nur die in der Union zusammengeschlossenen Völker und Staaten gebe. Zudem sei der Verfassungskonvent nicht vom (ohnehin nicht existenten) „europäischen Volk", sondern von den Staats- und Regierungschefs der Mitgliedstaaten eingesetzt worden. Damit sei er nicht befugt, verbindliches Recht zu setzen, auch seien seine Vorschläge nicht für die Staats- und Regierungschefs, ebenso wenig für die Mitgliedstaaten bindend. Ferner fehle es an einem europaweiten Referendum oder einem sonstigen Akt europäischer, also nicht-mitgliedstaatlicher Inkraftsetzung, stattdessen sei die Zustimmung zum EVV abhängig von den jeweiligen verfassungsrechtlichen Bestimmungen auf mitgliedstaatlicher Ebene.

Dennoch konnten diese Einwände weder die Staats- und Regierungschefs noch den Verfassungskonvent davon abhalten, dem angestrebten Grundgesetz der EU die Bezeichnung „Verfassung" zu geben, auf die man sich freilich in Form eines Vertrages der Mitgliedstaaten unter dem EU-Dach verständigen wollte. Damit stellten sie sich ganz bewusst in eine Kette, deren Anfang bis zur Gründung der EGKS zurückreicht. Seither hatte es viele Versuche gegeben, den europäischen Integrationsprozess durch verfassungsähnliche Rechtskonstruktionen zu flankieren und zu stützen. Auf diese griffen Konvent und Rat gezielt zurück und sorgten so dafür, dass der Verfassungsvertrag keine vollständige Neuschöpfung darstellte, sondern die schon vorher aus verschiedenen Dokumenten bestehende faktische Verfassung der EU in einem Dokument zusammenfasste und das gewachsene Verfassungsrecht der Gemeinschaft zu einem einheitlichen Textkorpus verstetigte.

Das war zum Zeitpunkt der Übergabe des Konvententwurfes am 18. Juli 2003 keineswegs klar. Im Gegenteil war offen, ob der Europäische Rat den Entwurf als Ganzes akzeptieren, in Teilen neu verhandeln oder ganz scheitern lassen würde. Angesichts der jahrzehntelangen Erfahrungen, die es hinsichtlich des Umgangs des Rates mit Sachverständigenentwürfen gab, war unwahrscheinlich, dass der Entwurf den Europäischen Rat ohne Änderungen passieren würde. In der Tat waren manche Passagen, besonders zu den zentralen Machtfragen wie der qualifizierten Ratsmehrheit oder der Zusammensetzung der Kommission, zu strittig, als dass von vornherein Einvernehmen hergestellt werden konnte. Erst unter der irischen Präsidentschaft in der ersten Jahreshälfte 2004 erfolgte die Verständigung auf einen Kompromiss. Die Änderungen waren erheblich und betrafen keineswegs nur Marginalien, andererseits beschränkten sie sich auf Einzelfragen, so dass der Konventsentwurf in seiner Struktur und wesentlichen Substanz erhalten blieb. Der überarbeitete Verfassungsvertrag wurde am 29. Oktober 2004 an geschichtsträchtiger Stätte am selben Ort in Rom unterzeichnet, wo am 25. März 1957 die Römischen Verträge zur Einigung Europas unterzeichnet worden waren. Der EVV sah eine Neugründung der EU vor. Diese sollte die Rechtsnachfolge der alten EU und der EG antreten. Der Besitzstand des existierenden Unionsrechts und der bisherigen Rechtsprechung des EuGH blieben in Kraft. Damit sollte die durch den EVV geschaffene Grundordnung der neuen EU der Sache nach eine insgesamt behutsame Fortentwicklung dessen darstellen, was zuvor aufgrund der Gründungsverträge von EU und EG gegolten hatte. Neu waren die Aufhebung des Nebeneinanders von mehreren Gründungsverträgen und die Regelung der Integration durch eine Verfassungsurkunde. Damit wurde auch das Nebeneinander der supranational organisierten und mit eigener Rechtspersönlichkeit ausgestatteten EG einerseits und der intergouvernemental angelegten und ohne Rechtspersönlichkeit agierenden EU dadurch aufgegeben, dass die neue EU Rechtsnachfolgerin von EU und EG (alt) und als solche mit Rechtspersönlichkeit ausgestattet wurde.

EVV, Präambel (Auszug):

Schöpfend aus den kulturellen, religiösen und humanistischen Überlieferungen Europas, deren Werte in seinem Erbe weiter lebendig sind und die zentrale Stellung des Menschen und die Unverletzlichkeit und Unveräußerlichkeit seiner Rechte sowie den Vorrang des Rechts in der Gesellschaft verankert haben […].

Der Verfassungs-
vertrag

Der Verfassungstext ist bei durchlaufend nummerierter Artikelzählung in vier römisch nummerierte selbständige Teile gegliedert. Teil I umfasst 60 Artikel und stellt das Herzstück des EVV dar. Er gilt als die eigentlich innovative Leistung des Konvents, da er alle wichtigen Grundfragen der Union systematisch ordnet und verständlich zum Ausdruck bringt. Teil II mit 54 Artikeln gehört ebenfalls zum engeren Verfassungskern, da er die Grundrechte und damit einen für das Selbstverständnis der Mitgliedstaaten wie der Union höchst bedeutsamen Bereich behandelt. Dieser Teil wurde allerdings nicht vom Verfassungskonvent erarbeitet, sondern von einem auf der Konferenz von Nizza eingerichteten Grundrechtekonvent, der unter der Leitung von Alt-Bundespräsident Roman Herzog eine europäische Grundrechtecharta erarbeitet hatte. Diese Charta sollte durch die Aufnahme in den EVV geltendes Verfassungsrecht werden. Mit 322 Artikeln ist Teil III nicht nur der längste, sondern auch der am schwierigsten verständliche Teil. Er regelt die Übernahme und die Fortführung von Bestimmungen, die zuvor bereits im EUV und EGV enthalten waren. In der Sache geht es hier um die Regelung der Fachpolitiken der EU wie Binnenmarkt, WWU, GAP und andere mehr sowie um Detailregelungen der Arbeitsweise der EU-Organe. So gesehen, handelt es sich bei Teil III um den operationellen Teil des EVV, in dem beispielsweise auch die Grundfreiheiten im Binnenmarkt geregelt werden. Teil IV mit seinen 12 Artikeln enthält die verfassungsüblichen Schlussbestimmungen zu Geltung, Inkrafttreten und Änderung des EVV. Die vier Hauptteile des EVV werden ergänzt durch insgesamt 36 Protokolle und zwei Anhänge, die teils wichtige verfassungsrechtliche Konkretisierungen, teils Satzungen von Unionsorganen, Übergangsbestimmungen und Sonderregelungen enthalten.

Ratifikations-
probleme

Die Einigung der Staats- und Regierungschefs auf den EVV bedeutete nicht dessen unverzügliches Inkrafttreten. Wie alle anderen Verträge muss auch der EVV einen Ratifikationsprozess durchlaufen, in dem alle Mitglied-

staaten der EU dem Vertrag gemäß den jeweils geltenden verfassungsrechtlichen Bestimmungen zustimmen. Aufgrund der ablehnenden Volksent-
scheide in Frankreich und in den Niederlanden am 29. Mai bzw. 1. Juni
2005 ist unklar, ob und ggf. wann der EVV überhaupt in Kraft treten kann.
Im September 2005 äußerte sich Kommissionspräsident Barroso bereits
skeptisch, ob das jemals der Fall sein werde. Damit wird immer wahrscheinlicher, dass sich der Europäische Rat im Jahre 2007 mit dem Verfas-
sungsproblem wird beschäftigen müssen, hatte er doch bei der Unterzeichnung des EVV verlauten lassen, dass er sich dieses Themas dann annehmen
werde, wenn bis dahin nicht alle Staaten den EVV ratifiziert hätten.

Und was nun?

Die Ablehnung des EVV durch die französische und die niederländische
Bevölkerung waren auch als Kritik am innenpolitischen Kurs der amtierenden Regierungen zu verstehen. Schon im Vorfeld der Referenden hatten
Analysen darauf hingewiesen. Ohne dass hier eine weitergehende Bewertung der Motive für die Ablehnung erfolgen könnte, dürfte sich in dem
Abstimmungsergebnis neben offensichtlicher allgemeiner Unzufriedenheit
mit den Regierungen auch der Verdruss einer Mehrheit der französischen
und niederländischen Bevölkerung über den gegenwärtigen Zustand der
Europäischen Union niedergeschlagen haben. Die Argumente, die die Gegner des EVV in der öffentlichen Debatte vor dem Referendum vorgetragen
haben, zeigen überdies, dass es sich um eine keineswegs kohärente und
fundamentale Anti-EU-Front handelt, sondern dass neben grundsätzlicher
EU-Gegnerschaft, wie sie etwa an den rechten und linken Rändern des politischen Spektrums artikuliert wird, ein signifikant größerer Teil der befragten
EVV-Gegner mit dem Votum ihr Unbehagen über den gegenwärtigen
Zustand der Europäischen Union und über die Zukunftsplanung der europäischen politischen Elite zum Ausdruck bringen wollte. Kritisiert wurde
unter anderem die EU-Erweiterungspolitik, weil sie ohne gleichzeitige über-
zeugende Sicherungsmaßnahmen zur Bewahrung des bis dahin Erreichten
einschließlich einer deutlicheren Transparenz der Entscheidungsprozesse
stattfinde. Mithin haben auch grundsätzlich pro-europäisch gesinnte Bürgerinnen und Bürger gegen den EVV gestimmt. In diesem Zusammenhang sei
daran erinnert, dass sich in beiden Staaten die Bevölkerung bereits vor der
Abstimmung mehrheitlich gegen eine EU-Mitgliedschaft der Türkei ausgesprochen hatte – womit sie der öffentlichen Meinung in vielen anderen Mitgliedstaaten entsprochen haben dürfte – und dass die im Frühjahr 2005 von
der Regierung der Ukraine geäußerten Wünsche hinsichtlich einer eigenen
EU-Mitgliedschaft den damit verbundenen Befürchtungen noch zusätzliche
Nahrung gegeben haben. So gesehen, wurde in beiden Fällen die Gelegenheit des Referendums auch dazu genutzt, um die europäische Elite nachhaltig daran zu erinnern, dass sie nicht länger ohne angemessene Konsultation
und Einbindung des eigentlichen Souveräns der Europäischen Union – ihrer
Bürgerinnen und Bürger also – agieren kann.

> Die Ablehnung des
> EVV als Ausdruck
> eines verbreiteten
> Euroskeptizismus

Paradoxerweise ist dieses Misstrauensvotum gegen den gegenwärtigen Zustand der Europäischen Union und der dafür verantwortlichen politischen Entscheidungsträger an einem Projekt ausgedrückt worden, das der EU erklärtermaßen mehr Transparenz, mehr Demokratie, klarere politische Strukturen und Kompetenzverteilungen sowie größere soziale Gerechtigkeit bringen wollte. Doch war die Informationspolitik der französischen und niederländischen Regierungen im Vorfeld der Abstimmung viel zu kurzfristig angelegt und zudem so schlecht koordiniert, dass sie mehr verwirrte denn aufklärte. Letztendlich fiel es den Abstimmungsberechtigten leicht zu erkennen, dass es sich bei den Informationskampagnen beider Regierungen um verzweifelte Manöver des letzten Augenblicks handelte, die den Meinungsbildungstrend noch umkehren sollten, als sich eine Ablehnung des EVV abzeichnete. Auch wenn sich die politischen Entscheidungsträger auf nationaler und europäischer Ebene derzeit um Schadensbegrenzung bemühen, ist davon auszugehen, dass das ehrgeizige Projekt eines „Vertrages über eine Verfassung für Europa" in der vorliegenden Form als gescheitert zu betrachten ist. Es erscheint ausgeschlossen, dass sich die Europäische Union ohne die Beteiligung Frankreichs und der Niederlande als Gründungsmitglieder der Europäischen Gemeinschaften eine Verfassung geben kann.

Q   **Jean-Claude Juncker, Premierminister von Luxemburg, zum Demokratiedefizit der Europäischen Union (1999):**

Wir beschließen etwas, stellen das dann in den Raum und warten einige Zeit ab, was passiert. Wenn es dann kein großes Geschrei gibt und keine Aufstände, weil die meisten gar nicht begreifen, was da beschlossen wurde, dann machen wir weiter – Schritt für Schritt, bis es kein Zurück mehr gibt.

Q   **Die Zeit, 7. 9. 2000:**

Gewiss, die EU leidet unter einer Art Demokratiedefizit. Das gilt aber nur, wenn man mehr verlangt als einen Staatenbund aus Staaten, die ja durchaus von demokratischen Regierungen vertreten werden. Dann aber ist das Problem nicht das „Demokratiedefizit", sondern der fehlende Konsens darüber, dass man mehr will als einen Staatenbund. Solange aber fast alle Staaten und Regierungen auf ihrer ultimativen Souveränität beharren, gibt es keine übernationale Demokratie namens Europa.

Die EU in der Krise   Die EU steckt also wieder einmal in einer ernsten und selbstverschuldeten Krise, auch weil ihre politischen Entscheidungsträger es versäumt haben, die Bevölkerung angemessen an der Suche nach Antworten auf die Frage nach der weiteren Ausgestaltung des europäischen Hauses zu beteiligen. Im Gegenteil haben zweifelhafte Beschlüsse in jüngerer Zeit dazu beigetragen, die ohnehin seit längerem bestehende Kluft zwischen der – keineswegs kohärenten – öffentlichen Meinung auf der nationalen Ebene der Mitgliedstaaten und den in den europäischen Institutionen gefällten Beschlüssen zu vertiefen. Die Politik des Kompromisses, die in der Vergangenheit manchen durchaus beachtenswerten Erfolg bei der europäischen Integration generieren konnte, ist offensichtlich an ihre Grenzen gestoßen – auch deshalb, weil die Bandbreite der Meinungen, die es unter einen Hut zu bringen gilt, einfach zu groß geworden ist. Die Diskussion über die Frage der türkischen und weiterer EU-Neumitgliedschaften ist dafür symptomatisch, freilich als Anlass, nicht als Ursache der gegenwärtigen Verfassung der Europäischen Union. Für oder wider eine türkische Mitgliedschaft lassen sich gute Argumente anführen, deren Analyse jedoch kaum zu mehr Klarheit, sondern eher zu weiterer Verwirrung beiträgt. Die offensichtliche Verunsicherung nicht nur auf Seiten der EU-Bevölkerung, sondern auch in den Reihen der europäischen politischen Elite hängt damit zusammen, dass die Europäische Union spätestens nach der Osterweiterung zur EU-25 den durch den Gründungskonsens der Europäischen Gemeinschaften gesteckten Rahmen überschritten hat. Heute ist die EU dazu gezwungen, sich selbst neu zu erfinden, um sich in der Weltgesellschaft des 21. Jahrhunderts behaupten zu können.

In dieser Situation erweist es sich als problematisch, dass die Frage nach der Architektur des „europäischen Hauses" allzu lange ausgeklammert worden ist, weil die politischen Entscheidungsträger zumindest seit Inkrafttreten des Maastrichter Vertrages darauf gehofft hatten, dass die Gesamtsumme der europäischen Kompromisslösungen eines Tages eine Situation herbeiführen würde, die aus sich selbst heraus nur noch einen gangbaren Weg aufzeigen würde. Während das Maastrichter Drei-Säulen-Modell für die breitere Öffentlichkeit nachvollziehbar war und eine klare Richtung anzudeuten schien, in die sich der Integrationsprozess weiterentwickeln würde, spiegelten die nachfolgenden Verträge von Amsterdam und Nizza sowie die konkreten Folgen des in der Euphorie über das Ende des systemischen Konflikts gefällten Entschlusses zugunsten eines raschen Vollzugs der Osterweiterung in zunehmendem Maße Rat- und Hilflosigkeit der europäischen politischen Elite, die ihr Heil in der Fortsetzung der Erweiterungsdebatte zu finden können glaubte. In diesem Zusammenhang sei daran erinnert, dass die Osterweiterung insbesondere in jenen EU-Mitgliedstaaten, die wie Großbritannien dem Gedanken an eine weitere Vertiefung der Unionsstrukturen ohnehin kritisch gegenüberstehen, begrüßt wurde, weil man sich davon eine Verlangsamung der Integrationsdynamik erhoffte. Dass diese Hoffnung durchaus begründet war, zeigte sich in der seither wachsenden Distanz auch pro-europäischer Teile der Bevölkerung gegenüber der Erweiterungspolitik. Aus der Rückschau betrachtet, kann die Ablehnung des Vertrages von Nizza im ersten irischen Referendum als eine frühe Warnung vor einer vorbehaltlosen Fortsetzung dieses politischen Kurses betrachtet werden, hatten doch die Iren bis dahin als treue Anhänger der europäischen Integration gegolten.

Es ist somit an der Zeit, dass die europäischen politischen Entscheidungsträger sich darüber klar werden, in welche Richtung sich die EU weiterentwickeln soll und dann der EU-Bevölkerung das Ergebnis ihres Nachdenkens mitteilen, gegebenenfalls auch zur Abstimmung vorlegen. So gesehen, birgt die französische Ablehnung des EVV eine Chance. Schließlich muss die Neubestimmung der künftigen europäischen Politik in einer Form erfolgen, die auch die europäische Bevölkerung nachvollziehen kann. Es wird also darum gehen müssen, die Europäische Union in möglichst große Übereinstimmung zu einer von der europäischen politischen Elite wie der Bevölkerung gleichermaßen gewollten Form zu bringen.

Auswege aus der Krise

Abkürzungsverzeichnis

BeNeLux	Belgien, Niederlande, Luxemburg
CDU	Christliche Demokratische Union Deutschlands
CSU	Christlich Soziale Union
DAC	Development Aid Committee
EAG, Euratom	Europäische Atomgemeinschaft
ECU	European Currency Unit (Europäische Währungseinheit)
EEA	Einheitliche Europäische Akte
EFTA	European Free Trade Association
EFWZ	Europäischer Fonds für währungspolitische Zusammenarbeit (Währungsfonds)
EG, EGV	Europäische Gemeinschaft, EG-Vertrag
EGKS	Europäische Gemeinschaft für Kohle und Stahl
EIB	Europäische Investitionsbank
EP	Europäisches Parlament
EPG	Europäische Politische Gemeinschaft
EPU	Europäische Parlamentarische Union
EPZ	Europäische Politische Zusammenarbeit
ER	Europäischer Rat
ERP	European Recovery Programme
EU, EUV	Europäische Union, EU-Vertrag
EuGH	Europäischer Gerichtshof
EVG	Europäische Verteidigungsgemeinschaft
EVV	Vertrag über eine Verfassung für Europa
EWG	Europäische Wirtschaftsgemeinschaft
EWR	Europäischer Wirtschaftsraum
EWS	Europäisches Währungssystem
EZB	Europäische Zentralbank
GAP	Gemeinsame Agrarpolitik
GASP	Gemeinsame Außen- und Sicherheitspolitik

GATT	General Agreement on Tariffs and Trade (Allgemeines Zoll- und Handelsabkommen 1947–1994)
GAZ	Gemeinsamer Außenzoll
GESVP	Gemeinsame Europäische Sicherheits- und Verteidigungspolitik
IWF	Internationaler Währungsfonds
KSZE	Konferenz für Sicherheit und Zusammenarbeit in Europa
MOE-Staaten	Mittel- und Osteuropäische Staaten
NATO	North Atlantic Treaty Organisation
OECD	Organisation for Economic Cooperation and Development
OEEC	Organisation for European Economic Cooperation
ÖVP	Österreichische Volkspartei
PHARE	Poland/Hungary Aid for the Reconstruction of the Economy
PJZS	Polizeiliche und justitielle Zusammenarbeit in Strafsachen
SACEUR	Supreme Allied Commander Europe
SAP	Socialdemokratiska Arbetarepartiet (Sozialdemokratische Arbeiterpartei Schwedens)
SPD	Sozialdemokratische Partei Deutschlands
SPÖ	Sozialdemokratische Partei Österreichs
TCO	schwedische Gewerkschaften
UEF	Union Européenne des Fédéralistes
UNO	United Nations Organisation
WEU	Westeuropäische Union
WTO	World Trade Organisation
WWU	Wirtschafts- und Währungsunion
ZJI	Zusammenarbeit in der Justiz- und Innenpolitik

Auswahlbibliographie

Handbücher, Lexika und Nachschlagewerke

Dinan, Desmond: Ever closer Union? An Introduction to the European Union, 2. Auflage, London 2001.

Dumoulin, Michel/Duchenne, Geneviève: Répertoire des Chercheurs et de la Recherche en Histoire de la Construction Europèenne (Groupe de Liaison des Historiens près la Commission Europèenne, Louvain-la-Neuve – Luxembourg, 2. Auflage, 1999.

Gruner, Wolf D./Woyke, Wichard: Europa-Lexikon. Länder–Politik–Institutionen, München 2004.

Kohler-Koch, Beate/Woyke, Wichard (Hrsg.): Die Europäische Union, Bd. 5, Lexikon der Politik, München 1996.

Köpke Wulf/Schmelz, Bernd (Hrsg.): Das gemeinsame Haus Europa. Handbuch der europäischen Kulturgeschichte, München 1999.

Mickel, Wolfgang W. (Hrsg.): Europäische Union: Handlexikon der Europäischen Union, 2. überarbeitete und erweiterte Auflage, Köln 1998.

Schley, Nicole/Busse, Sabine/Brökelmann, Sebastian J.: Knaurs Handbuch Europa. Daten–Länder–Perspektiven, Aktuell: Die neuen Länder, München 2004.

Weidenfeld, Werner/Wessels, Wolfgang (Hrsg.): Europa von A bis Z. Taschenbuch der europäischen Integration, Institut für Europäische Politik, 8. Auflage, Bonn 2002.

Weidenfeld, Werner/Wessels, Wolfgang (Hrsg.): Jahrbuch der Europäischen Integration 2002/2003, Institut für Europäische Politik, Bonn 2003.

Weidenfeld, Werner (Hrsg.): Europa-Handbuch, 3., aktualisierte und überarbeitete Auflage, Gütersloh 2004.

Monographien, Sammelwerke und Aufsätze

Albonetti, Achille: Vorgeschichte der Vereinigten Staaten von Europa, Baden-Baden 1961.

Arnold, Hans: Wie viel Einigung braucht Europa?, Düsseldorf 2004.

Avery, Graham/Cameron, Fraser: The Enlargement of the European Union, Sheffield 1998.

Baumgart, Winfried: Vom Europäischen Konzert zum Völkerbund. Friedensschlüsse und Friedenssicherung von Wien bis Versailles, 2. Auflage, Darmstadt 1987.

Becker-Döring, Claudia: Die Außenbeziehungen der Europäischen Gemeinschaft für Kohle und Stahl von 1952–1960. Die Anfänge einer europäischen Außenpolitik?, Stuttgart 2003.

Behringen, Wolfgang (Hrsg.): Europa. Ein historisches Lesebuch, München 1999.

Berthold, Christof: Die Europäische Politische Gemeinschaft (EPG) 1953 und die Europäische Union (EU) 2001. Eine rechtsvergleichende Betrachtung, Frankfurt am Main 2003.

Berthold, Norbert: Europa nach Maastricht. Die Skepsis bleibt, in: Aus Politik und Zeitgeschichte (APuZ) B28/93, S. 29–38.

Bellof, Nora: The General Says No. Britain's Exclusion from Europe, London 1963.

Binswanger, Hans/Mayrzedt, Hans-Manfred: Europapolitik der Rest EFTA-Staaten. Österreich, Schweden, Schweiz, Finnland, Portugal (Schriftenreihe der Akademischen Vereinigung für Außenpolitik 4), Zürich/Wien 1972.

Bredow, Wilfried von: Der KSZE-Prozess. Von der Zähmung zur Auflösung des Ost-West-Konflikts, Darmstadt 1992.

Brenke, Gabriele: Europakonzeptionen im Widerstreit. Die Freihandelszonen-Verhandlungen 1956–1958, in: VfZ 42 (1994), 4, S. 595–633.

Bideleux, Robert/Taylor Richard (Hrsg.): European Integration and Disintegration, London/New York 1996.

Bossuat, Gérard (Hrsg.): Inventer l'Europe. Histoire nouvelle des groupes d'influence et des acteurs de l'unité européenne, Bruxelles 2003.

Breuss, Fritz/Griller, Stefan (Hrsg.): Flexible Integration in Europa – Einheit oder „Europa à la carte?", Wien/New York 1998.

Brown, Peter: Die Entstehung des christlichen Europa, München 1999.

Brunn, Gerhard: Die Europäische Einigung von 1945 bis heute, Stuttgart 2002.

Buck, August (Hrsg.): Der Europa-Gedanke (Deutsch-italienische Studien, Reihe der Villa Vigoni 7), Tübingen 1992.

Craig, Gordon A.: Geschichte Europas 1815–1980. Vom Wiener Kongreß bis zur Gegenwart, 3. Auflage, München 1989.

Davis, Norman: Europe. A History, Oxford 1996.

Du Bois, Pierre/Hurni, Bettina: L'AELE d'hier à demain, Genève 1988.

Duchhardt, Heinz/Kunz, Andreas (Hrsg.): „Europäische Geschichte" als historiographisches Problem, Mainz 1997.

Dülffer, Jost: Europa im Ost-West-Konflikt 1945–1991 (Oldenbourg Grundriss der Geschichte 18), München 2004.

Elvert, Jürgen: Mitteleuropa! Deutsche Pläne zur europäischen Neuordnung (1918–1945) (Historische Mitteilungen der Ranke-Gesellschaft 35), Stuttgart 1999.

Elvert, Jürgen: The European Question and its Impact on Britain's View of Germany since Reunification, in: Außenpolitik 4 (1997), S. 346–357.

Elvert, Jürgen: Zur gegenwärtigen Verfassung der Europäischen Union (ZEI Discussion Papers, C 148), Bonn 2005.

Fischer, Jürgen: Oriens-Occidens-Europa. Begriff und Gedanke „Europa" in der späten Antike und im frühen Mittelalter, Wiesbaden 1957.

Foerster, Helmut (Hrsg.): Die Idee Europa 1300–1946, München 1963.

Fuhrmann, Manfred: Europa. Zur Geschichte einer kulturellen und politischen Idee, Konstanz 1986.

Fursdon, Edward: The European Defence Community. A History, London 1980.

Gaillard, Jean-Michel/Rowley, Anthony: Histoire du continent européen, 1850–2000. 2. Auflage, Paris 2001.

Gall, Lothar: Europa auf dem Weg in die Moderne 1850–1990, 2. Auflage, München 1989

Garton Ash, Timothy: In Europe's Name. Germany and the Divided Continent, London 1993.

Garton Ash, Timothy: History of the Present. Essays, Sketches and Despatches from Europe in the 1990s, London 1999.

Gasteyger, Curt: Europa von der Spaltung bis zur Einigung. 1945–2000, vollständig überarbeitete Neuauflage, Bonn 2001.

Gehler, Michael: Der lange Weg nach Europa. Österreich vom Ende der Monarchie bis zur EU 1918–1995 mit einem Ausblick auf die jüngste Zeit, Bd. 1: Darstellung, Innsbruck/Wien/München/Bozen 2002.

Gehler, Michael/Steiniger, Rolf (Hrsg.): Die Neutralen und die Europäische Integration 1945–1955, Wien 2000.

Gehler, Michael/Trautmann, Günther (Hrsg.): Towards A European Constitution. A Historical and Political Comparison with the United States, Wien/Köln/Weimar 2004.

Gerbert, Pierre: La construction de l'Europe, 3. Auflage, Paris 1999.

Gillingham, John: European Integration 1950–2003. Superstate or New Market Economy? Cambridge/New York 2003.

Glen Giauque, Jeffrey: Grand Design and Vision of Unity. The Atlantic Powers and the Reorganization of Western Europe 1955–1963, London 2002.

Gollwitzer, Heinz: Europabild und Europagedanke. Beiträge zur deutschen Geistesgeschichte des 18. und 19. Jahrhunderts, München 1964.

Görtemaker, Manfred: Geschichte Europas 1850–1918, Stuttgart 2002.

Grin, Gilles: The Battle of the Single European Market. Achievements and Economics 1945–2000, London/New York/Bahrain 2003.

Hartmann, Jürgen: Das politische System der Europäischen Union – Eine Einführung, Frankfurt/New York 2001.

Hobsbawn, Eric: Das Zeitalter der Extreme. Weltgeschichte des 20. Jahrhunderts, München/Wien 1995.

Hrbek, Rudolf (Hrsg.): Der Vertrag von Maastricht in der wissenschaftlichen Kontroverse (Schriftenreihe des Arbeitskreises Europäische Integration 34), Baden-Baden 1993.

Hudemann, Rainer (Hrsg.): Europa im Blick der Historiker, Historische Zeitschrift, Beiheft 21 1995.

Hummer, Waldemar (Hrsg.): Die Europäische Union nach dem Vertrag von Amsterdam, Wien 1998.

Jachtenfuchs, Markus/Kohler-Koch, Beate (Hrsg.): Europäische Integration, Opladen 1996.

Jackson, Robert J.: Europe in Transition. The Management of Security after the Cold War, New York 1992.

Kaeble, Hartmut: Auf dem Weg zu einer europäischen Gesellschaft. Eine Sozialgeschichte Westeuropas 1880–1980, München 1987.

Kaelble, Hartmut: Europäer über Europa. Die Entstehung des Europaselbstverständnisses im 19. und 20. Jahrhundert. Frankfurt am Main 2001.

Kaiser, Wolfram: Großbritannien und die Europäische Wirtschaftsgemeinschaft 1955–1961. Von Messina nach Canossa, Berlin 1996.

Kaiser, Wolfram: Using Europe, Abusing the Europeans. Britain and the European Integration, 1945–1963, London/New York 1996.

Kaiser, Wolfram/Elvert, Jürgen: European Union. A Comparative History, London/New York 2004.

Kipping, Matthias: Zwischen Kartellen und Konkurrenz. Der Schuman-Plan und die Ursprünge der europäischen Einigung 1944–1952 (Schriften zur Wirtschafts- und Sozialgeschichte 46), Berlin 1996.

Knipping, Franz: Rom 25. März 1957. Die Einigung Europas, München 2004.

Knipping, Franz/Schönwald, Matthias (Hrsg.): Aufbruch zum Europa der zweiten Generation. Die europäische Einigung 1969–1984 (Europäische und Internationale Studien, Wuppertaler Beiträge zur Geisteswissenschaft 3), Trier 2004.

Krüger, Dieter: Sicherheit durch Integration. Die wirtschaftliche und politische Zusammenarbeit Westeuropas 1947 bis 1957/58, München 2003

Krüger, Dieter: Wege und Widersprüche der europäischen Integration im 20. Jahrhundert (Schriften des Historischen Kollegs), München 1995.

Kühnhardt, Ludger: Constituting Europe. Identity, Institution-Building and the Search for a Global Role, Baden-Baden 2003.

Kühnhardt, Ludger/Rutz, Michael (Hrsg.): Die Wieder-
entdeckung Europas. Ein Gang durch die Geschichte
und Gegenwart, Stuttgart 1999.

Laqueur, Walter: Europa auf dem Weg zur Weltmacht
1945–1992, München 1992.

Le Goff, Jacques: Jacques Le Goff erzählt die Geschichte
Europas, Frankfurt am Main/New York 1997.

Lipgens, Walter (Hrsg.): 45 Jahre Ringen um eine europäische Verfassung, Bonn 1986.

Loth, Wilfried: Der Weg nach Europa: Geschichte der
Europäischen Integration 1939–1957. 3. Auflage,
Göttingen 1996.

Loth, Wilfried (Hrsg.): Das europäische Projekt zu Beginn des 21. Jahrhunderts, Opladen 2001.

Loth, Wilfried/Wessels, Wolfgang (Hrsg.): Theorien europäischer Integration, Opladen 2001.

Ludlow, N. Piers: Dealing with Britain. The Six and the
First UK Application to the EEC, Cambridge 1997.

Lundestad, Geir: „Empire" by Integration. The United
States and European Integration, 1945–1997, Oxford/
New York 1998.

Marhold, Hartmut (Hrsg.): Die neue Europadebatte –
Leitbilder für das Europa der Zukunft, Bonn 2001.

McCormick, John: Understanding the European Union.
A Concise Introduction, London 1999.

Michels, Georg: Europa im Kopf – Von Bildern, Klischees
und Konflikten (ZEI Discussion Paper C93), Bonn
2001, S. 1–17.

Miles, Lee (Hrsg.): The European Union and the Nordic
Countries, London/New York 1996.

Milward, Alan: The European Rescue of the Nation State.
London 1992.

Mommsen, Wolfgang J.: Der lange Weg nach Europa.
Historische Betrachtungen aus gegenwärtiger Sicht,
Berlin 1992.

Nugent, Neill: Government and Politics of the European
Union, 5. Aufl., London 2003.

Pfetsch, Frank R.: Die Europäische Union. Geschichte,
Institutionen, Prozesse, 2. erweiterte und aktualisierte
Auflage, München 2001.

Pinder, John: European Community. The Building of a
Union, Oxford/New York 1991.

Pirenne, Henri: Geschichte Europas. Von der Völker-
wanderung bis zur Reformation, Frankfurt am Main/
Wien/Zürich 1961.

Richter, Pascal: Die Erweiterung der Europäischen
Union, Baden-Baden 1997.

Rifkin, Jeremy: The European Dream. How Europe's Vision of the Future is Quietly Eclipsing the American
Dream, New York 2004.

Salewski, Michael: Geschichte Europas. Staaten und Nationen von der Antike bis zur Gegenwart. München
2000.

Schmale, Wolfgang: Geschichte Europas. Wien/Köln/
Weimar 2001.

Schmale, Wolfgang: Scheitert Europa an seinem Mythen-
defizit? (Herausforderungen. Historisch-politische
Analysen 3), Bochum 1997.

Schneider, Heinrich: Leitbilder der Europapolitik. Der
Weg zur Integration (Europäische Studien des Instituts für Europäische Politik 3), Bonn 1977.

Schneider, Heinrich: Europäische Integration. Die Leitbilder und die Politik, in: Kreile, Michael (Hrsg.): Die
Integration Europas, PVS Sonderheft 23, Opladen
1992, S. 3–35.

Schöttli, Thomas U.: USA und EVG. Truman, Eisenhower
und die Europa-Armee (Europäische Hochschul-
schriften Reihe 3), Bern 1994.

Schulze, Hagen: Die Wiederkehr Europas, Berlin 1990.

Seibt, Ferdinand: Die Begründung Europas. Ein Zwischenbericht über die letzten tausend Jahre, Frankfurt
am Main 2002.

Simonian, Haig: The Privileged Partnership. The Franco-
German Relations in the European Community
1969–1984, Oxford 1985.

Steininger, Rolf: Großbritannien und De Gaulle. Das
Scheitern des britischen EWG-Beitritts im Januar
1963, in: VfZ 44 (1996), 1, S. 87–118.

Thiel, Elke: Die Europäische Union. Von der Integration
der Märkte zu gemeinsamen Politiken, Opladen
1998.

Tiersky, Ronald (Hrsg.): Euro-Skepticism. A Reader, Lan-
ham/Boulder/New York/Oxford 2001.

Tietmeyer, Hans: Der Beitrag der Währungspolitik zur
europäischen Integration, in: Europa – Idee, Geschichte, Realität, S. 43–70.

Wallace, Helen: Wallace, William (Hrsg.): Policy-Ma-
king in the European Union, 4. Auflage, Oxford 2000.

Weidenfeld, Werner: Europäische Einigung im historischen Überblick, in: Weidenfeld, Werner/Wessels,
Wolfgang: Europa von A bis Z. Taschenbuch der europäischen Integration, 7. Aufl., Bonn 2000, S. 10–50.

Wessels, Wolfgang: Staat und (westeuropäische) Integration. Die Fusionsthese, in: Kreile, Michael (Hrsg.):
Die Integration Europas, PVS-Sonderheft 23, Opladen
1992, S. 36–61.

Biographien, Memoiren und Selbstzeugnisse

Bossuat, Gérad/Wilkens, Andreas (Hrsg.): Jean Monnet,
l'Europe et les chemins de la paix, Paris 1999.

Bougeard, Christian: René Pleven. Un Français libre en
politique, Rennes 1995.

Coudenhove-Kalergi, Richard N.: Eine Idee erobert Europa, Wien/München/Basel 1958.

Coudenhove-Kalergi, Richard N.: Meine Lebenserinne-
rungen, Köln/Berlin 1966.

Delors, Jacques/Arnaud, Jean-Louis: Mémoires. Jacques
Delors, Paris 2004.

Dûchene, François: Jean Monnet. The First Statesman of Interdependence, New York/London 1994.

Duchhardt, Heinz (Hrsg.): Europäer des 20. Jahrhunderts. Wegbereiter und Begründer des modernen Europa. Mainz 2002.

Dumoulin, Michel: Spaak, Brüssel 1999.

Elvert, Jürgen: Hans von der Groeben: Anmerkungen zur Karriere eines Deutschen Europäers der „ersten Stunde", in: Die Bundesrepublik Deutschland und die Europäische Einigung 1949–2000. Politische Akteure, gesellschaftliche Kräfte und internationale Erfahrungen. (Hrsg.) von M. König, M. Schulz, Steiner, Stuttgart 2004.

Elvert, Jürgen: Heinrich von Brentano. Vordenker einer Konstitutionalisierung Europas, in: Koch, Roland (Hrsg.): Heinrich von Brentano. Ein Wegbereiter der europäischen Integration, München 2004.

Giscard d'Estaing, Valéry: Macht und Leben. Erinnerungen, Frankfurt am Main/Berlin 1991.

Groeben, Hans von der, Europäische Integration aus historischer Erfahrung. Ein Zeitzeugengespräch mit Michael Gehler (ZEI Discussion Paper C108), Bonn 2002.

Hallstein, Walter: Die Europäische Gemeinschaft, Wien 1975.

Jansen, Thomas/Mahncke, Dieter (Hrsg.): Persönlichkeiten der Europäischen Integration. Vierzehn biographische Essays (Europäische Schriften des Instituts für Europäische Politik 56), Bonn 1981.

Loth, Wilfried/Wallace, William/Wessels, Wolfgang (Hrsg.): Walter Hallstein – Der vergessene Europäer?, Bonn 1994.

Loth, Wilfried/Picht, Robert (Hrsg.): De Gaulle, Deutschland und Europa, Opladen 1991.

Monnet, Jean: Erinnerungen eines Europäers, München 1978, Baden-Baden 1988.

Naumann, Friedrich: Mitteleuropa, Berlin 1915.

Thatcher, Margret: The Downing Street Years, New York 1993.

Institutionen und Institutionengeschichte

Archer, Clive: Organizing Europe. The Institutions of Integration. London 1994.

Cini, Michelle: The European Commission – Leadership, Organisation and Culture in the EU Administration, Manchester 1996.

Devuyst, Youri: The European Union at the Crossroads. The EU's Institutional Evolution from the Schuman Plan to the European Convention, 2. Auflage, Brüssel 2003.

Edwards, Geoffrey/Spence, David (Hrsg.): The European Commission, 2. Auflage, London 1997.

Giering, Claus: Die Europäische Union vor der Erweiterung – Reformbedarf der Institutionen und Verfahren nach Amsterdam, in: Österreichische Zeitschrift für Politikwissenschaft 4 (1998), S. 391–406.

Koecke, Johannes: Der Rat der Europäischen Union, in: Weidenfeld, Werner/Wessels, Wolfgang (Hrsg.): Jahrbuch der Europäischen Integration 1998/1999, Bonn 1999, S. 61–70.

Maurer, Andreas: What next for the European Parliament?, London 1999.

Möstl, Markus: Verfassung für Europa. Einführung und Kommentierung mit vollständigem Verfassungstext, München 2005.

Niedermayer, Oskar: Die Europäisierung der Parteienlandschaft, in: Maurer, Andreas/Thiele, Burkhard (Hrsg.): Legitimationsprobleme und Demokratisierung der Europäischen Union, Marburg 1996.

Peterson, John/Sackleton, Michael (Hrsg.): The Institutions of the European Union, Oxford 2002.

Schmuck, Otto: Das Europäische Parlament, in: Weidenfeld, Werner/Wessels, Wolfgang (Hrsg.): Jahrbuch der Europäischen Integration 1998/99 ff., Bonn 1999 ff., S. 79–86.

Tauras, Olaf: Der Ausschuss der Regionen, Institutionalisierte Mitwirkung der Regionen in der EU, Münster 1997.

Simmert, Diethard B./Welteke, Ernst (Hrsg.): Die Europäische Zentralbank. Europäische Geldpolitik zwischen Wirtschaft und Politik, Stuttgart 1999.

Ternes, Stefan Johannes: Die Finanzkontrolle in der Europäischen Gemeinschaft, Frankfurt a. M. 1996.

Wessels, Wolfgang: Die institutionelle Architektur nach der Europäischen Verfassung: Höhere Dynamik – neue Koalitionen?, in: Integration 3/2004, S. 161–175.

Vierlich-Jürke, Katharina: Der Wirtschafts- und Sozialausschuss der Europäischen Gemeinschaften, Baden-Baden 1998.

Wessels, Wolfgang: Wird das Europäische Parlament zum Parlament? Ein dynamischer Funktionenansatz, in: Randelzhofer, Albrecht/Scholz, Rupert/Wilke, Dieter (Hrsg.): Gedächtnisschrift für Eberhard Grabitz, München 1995, S. 879 ff.

Westlake, Martin: The Council of the European Union, London 1995.

Wolf-Niedermaier, Anita: Der Europäische Gerichtshof zwischen Recht und Politik, Baden-Baden 1997.

Personenregister